基于流动人口管理数据的教育资源配置研究

徐文闻　杨　俊　著

中国人民公安大学出版社
·北 京·

图书在版编目（CIP）数据

基于流动人口管理数据的教育资源配置研究/徐文闻，杨俊著.--北京：中国人民公安大学出版社，2023.3
ISBN 978-7-5653-4621-7

Ⅰ.①基…　Ⅱ.①徐…②杨…　Ⅲ.①小学教育—教育资源—资源配置—研究—中国　Ⅳ.①G62

中国版本图书馆 CIP 数据核字（2022）第 220081 号

基于流动人口管理数据的教育资源配置研究

徐文闻　杨　俊　著

出版发行：中国人民公安大学出版社
地　　址：北京市西城区木樨地南里
邮政编码：100038
经　　销：新华书店
印　　刷：天津嘉恒印务有限公司

版　　次：2023 年 3 月第 1 版
印　　次：2023 年 3 月第 1 次
印　　张：13.5
开　　本：787 毫米×1092 毫米　1/16
字　　数：254 千字

书　　号：ISBN 978-7-5653-4621-7
定　　价：50.00 元

网　　址：www.cppsup.com.cn　www.porclub.com.cn
电子邮箱：zbs@cppsup.com　zbs@cppsu.edu.cn

营销中心电话：010-83903991
读者服务部电话（门市）：010-83903257
警官读者俱乐部电话（网购、邮购）：010-83901775
综合分社电话：010-83901870

前　言

劳动力人口"家庭化"迁移趋势直接引发了流入地学龄人口规模和结构的改变，使流入地义务教育资源配置面临发展难题，主要体现在学位供应不足、办学条件紧张、师资队伍建设薄弱、信息化建设水平不高等方面。因此，本书选取义务教育作为研究重点学段，针对学龄人口区域流动背景下义务教育资源配置面临的新问题、新挑战，从复杂性与开放社会系统层面，对人口与教育等系统间相互关联、牵拉的机制和规律进行探究，揭示各相关研究主题之间的内在逻辑关系、研究特点，对存在的问题和解决这些问题的研究思路与路径进行阐述。进一步说，流入地学校能否满足学龄流动人口对均衡、充足教育资源的动态需求，政府和社会各界如何构建义务教育资源配置系统并提升其调节能力，如何提升我国义务教育治理现代化水平，这些问题既是传统理论研究的创新问题，也是具有新时代意义的实践探索问题。

本书选取上海市虹口区、浦东新区，宁夏回族自治区及辽宁省部分区县作为典型梯级区域，全面采集研究区域中学龄流动人口流动规模、占比数据及学校资源配置情况等中微观尺度数据，建构义务教育资源配置的综合调节理论，并构架基于综合调节理论 PESE 分析框架的学龄人口流动趋势预测指标体系。通过梳理典型区域学龄人口区域流动的现状与义务教育资源适配情况，对典型区域义务教育阶段学龄流动人口状况进行预测分析，并针对预测结论提出义务教育资源动态、弹性配置的对策建议。

本书研究需要收集大量的宏观数据和微观数据。（1）笔者深入北京、上海、沈阳、大连、葫芦岛等地进行实地调研，围绕学龄流动人口这一关键群体，获取省市/直辖市、区县（县级市）、具体学校等关于学龄流动人口规模、比重、教育资源配置等方面宏观层面与微观层面的研究数据。（2）本书在进行模型预测时，全面采集预测区县（县级市）的人口、经济、教育、社会等指标数据进行计量分析，具体包括：①反映人口发展状况的预测因素：区域常住人口规模（万人）（X_1）、区域学龄人口流动率（%）（X_2）；②反映经济发展状况的预测因素：区域人均 GDP（元）（X_3）、区域产业结构优化指数（%）（X_4）、区域对外开放度指数（%）（X_5）；③反映社会影响的预测因素：区域公共财政支出（万元）（X_6）、区域社会消费品零售总额（万元）（X_7）；④反映教育影响的预测因素：区域教育事业费（万元）（X_8）、区域义务教育优质师资比重（%）（X_9）和区域公共财政预算义务教育学校拨款额（万元）（X_{10}）10 项统计数据，并对数据进行预测和模拟检验。（3）本书利用相关学术资源，对学龄人口流动趋势及其义务教育资源配置的课题目标、实现机制、预测模型、配置方案等国内外文献资料进行横向分类、纵向理流，建构义务教育资源配置的 PESE 理论分析框架，使研究在扎实的理论框架下进行预测，并提出有效的应对方案。

由此，本书在基于学龄人口流动趋势预测的义务教育资源配置的研究中，形成了基于学龄流动人口与义务教育资源配置相关问题的全方位、立体化研究成果，透彻分析全国四类典型区域学龄流动人口空间分异特征及驱动因素，建构学龄流动人口对义务教育资源配置的影响模型，揭示义务教育资源均衡水平的时空特征与演进机制，并对典型区域义务教育学龄流动人口进行趋势预测，最后形成基于趋势预测的义务教育资源配置方案。

本书主要从以下几个方面进行论述：

第一章，绪论。通过绪论对本书作出概括性说明及导入，详细介绍本书的研究背景及意义；全面梳理与研究主题相关的国内外文献，综合分析研究主题的基本研究现状；对研究内容、方法路径及本书的基本结构进行整理；阐述本书的研究价值及创新点。

第二章，学龄流动人口与义务教育资源配置的基本释义。该部分首先对研究关涉的核心概念进行溯源，对其概念界定中的内涵和外延进行解释、分析和界定，为后续研究的开展奠定基础。在厘清概念的基础上，围绕核心研究问题进行基于研究主题和方法论的理论基础梳理。

第三章，义务教育资源配置的综合调节理论。该部分通过对学龄人口区域流动背景下，义务教育资源配置系统的复杂性特征进行分析，确定义务教育资源配置的价值坐标，在此基础上，解析义务教育资源配置综合调节理论的逻辑基础，并搭建综合调节理论 PESE 分析框架，分析其对义务教育资源配置发生作用的综合调节机制。

第四章，基于综合调节理论 PESE 分析框架的学龄人口流动趋势预测指标体系构建。根据上述对义务教育资源配置综合调节理论 PESE 分析框架的阐述，采用德尔菲法（专家咨询法），从人口、经济、社会、教育四个方面构建学龄人口流动趋势预测指标体系，并确定每个预测指标的具体指涉与权威数据。

第五章，全国四类典型区域学龄人口空间流动现状及规律分析。根据"七普"人口数据对 10 年间全国流动人口基本状况及发展态势进行整理和分析，根据研究需要，区分城乡"四梯级"典型区域流动人口空间分布特征；在此基础上，进一步分析"四梯级"典型区域学龄流动人口的整体趋势及区域流动特征。

第六章，学龄人口区域流动现状与义务教育资源适配情况分析。以辽宁省微观数据为例，对辽宁省学龄人口区域流动的现状与义务教育资源适配情况进行分析。本部分在分析辽宁省学龄人口区域流动现状及变化趋势的基础上，进一步讨论学龄流动人口对义务教育资源适配情况的影响，归纳辽宁省学龄人口区域流动趋势及义务教育资源配置的基本适配特征。

第七章，义务教育学龄人口流动趋势预测。建成上海虹口区、浦东新区、宁夏回族自治区部分区县及辽宁省大连市、沈阳市等典型区域的区县（县级市）微观数据库，运用灰色预测模型对信息不完备情况下的学龄人口流动趋势进行预测，选取典型区县（县级市）进行试测及回推检验，并对典型区县（县级市）进行正式预测，得出基于预测模型的规律性结论。

第八章，基于学龄人口流动趋势预测的义务教育资源配置。在学龄人口区域流动视角下，义务教育资源配置应遵循高层次统筹、区域特色化、人民满意等原则，进一步提出基于学龄人口区域流动视角的义务教育资源动态、弹性的配置方案，即建立义务教育资源配置的弹性平衡机制；搭建信息预测监控及比对平台，及时发布学位预警；建立义务教育资源阶梯式适配标准，加强中小学的标准化建设和内涵建设等具体方案。

结束语。对本书的关键结论进行概括性说明。总结研究的设计及实施过程，客观评价研究结论在相关研究坐标中的空间坐标及贡献，提出需要完善和进一步解决的问题，为后续研究的开展提出展望。

著　者
2022 年 9 月

目　录

第一章 绪 论

人口是社会发展与进步的基础，作为影响社会经济发展的基础变量，人口也是衡量社会发展水平、评估城市综合发展进程的重要指标之一。非户籍劳动力人口大量涌入城市，逐渐在城市常住人口中占据越来越大的比重，无形中增加了当地的人口压力，加剧了当地有限公共资源的稀缺性。与此同时，劳动力人口家庭化迁移的趋势逐渐凸显，直接引发了城市学龄人口数量和结构的改变，首先表现为对当地义务教育的有限承载能力产生了冲击，同时也对现行义务教育资源合理、优化配置的模式和效率提出了严峻的挑战。

于是，随着现代工业化、城市化的发展以及人们生活与就业的地域选择与重构趋势，学龄人口区域流动与相匹配教育资源之间的关系，引起了相关领域研究者和教育政策制定者的深刻思考：（1）在新的社会经济发展环境下，学龄流动人口在时间和空间上的演化与分布特征，对义务教育资源需求和配置的不确定性影响，以及对学龄人口流动趋势科学、有效的预测，是义务教育资源合理配置研究中亟待解决的问题。（2）人口流动与义务教育资源配置之间的影响具有双向意义，一方面，学龄人口的流动会增加流入地学龄人口压力，降低当地义务教育资源的配置效率，减少学生充分享受教育资源的机会；另一方面，义务教育资源的配置会反作用于当地学龄人口数量与结构，对其产生一定影响。城市优于流出地教育水平的资源优势对非户籍学龄人口有稳定而持久的吸引力，有必要对学龄人口流动特征及其与义务教育资源均衡配置的关系进行探究。（3）义务教育资源的优质均衡配置要与学龄流动人口的迁移趋势和空间分布情况相适应，推动学龄流动人口均衡分布、有序流迁。可见，相关领域关于学龄人口区域流动与义务教育资源配置之间的关联已然建立，通过合理、优化的资源配置，满足城市多元人口结构的多元化教育需求，在解决城市化进程中人们教育需求不断增长与城市优质教育资源有限承载之间不相协调的矛盾中，发挥着越来越重要的作用。

然而，在现有的研究中，还没有从根本上解决基于学龄流动人口的义务教育资源优化配置问题。针对学龄人口流动下的义务教育资源配置面临的新问题、新挑战，需要从复杂性与开放社会系统层面，对人口与教育之间"牵一发而动全身"的机制和规律进行探究，揭示各相关研究主题之间的内在逻辑关系、研究特点，以及现有的研究结论在解决现实问题方面的意义与作用，同时对存在的问题和解决这些问题的研究思路和路径进行阐述。进一步说，即义务教育资源能否满足学龄流动人口对优质教育资源的动态需求，政府和社会各界如何构建义务教育系统的动态配置并提升其调节能力，如何提升我国义务教育治理现代化水平，上述问题既是传统理论研究的创新问题，也是具有新时代意义的实践探索问题。

由此可以推断，在社会经济不断发展的背景下，学龄人口家庭对城市优质资源产生越发强烈的向往和追求，将使得学龄人口流动趋势和规模继续保持增长态势。① 因此，要在人口必然流动的社会背景中重建"人口与资源""学龄流动人口与义务教育资源"的动态、弹性平衡，必须从教育学的角度，针对学龄流动人口与义务教育资源配置展开深入而细致的研究，对学龄流动人口家庭化迁移的决策选择及流动趋势进行合理估计和科学预测。只有大力发展教育、超前投入教育，才能从根本上满足城市人口多元教育需求，提高城市人口的综合素质，促使城市化建设真正朝结构优化、内涵发展的方向不断推进，以此对新时代义务教育治理的新要求作出回应。

一、学龄流动人口与义务教育资源配置研究的意义

（一）研究背景

社会流动越合理有序，表明社会运转越健康、顺畅。在社会日益开放的时代，政治、经济、教育、生态、人口等各子系统之间形成了相互交织、彼此关联的复杂格局，产生了许多具有时代性特征的现实问题。其中，由学龄人口流动引发的流入地小学教育资源配置难题，就是经济、人口、教育、社会等因素投射到小学教育资源配置中的具体表现。

1. 学龄人口区域流动是引发流入地义务教育资源配置难题的启动力量

人口变动和教育资源配置是相互建构的过程，学龄人口的增加应该直接关联教育资源的同频增加；反过来说，如果学龄人口增加了，而教育资源没有及时跟上，那么势必要面临教育资源的稀释和教育品质的下降。我国城市化建设在由计划经济向市场经济转型的过程中，人口与教育资源之间的博弈是无时无刻不发生

---

① 段成荣，程梦瑶，冯乐安. 新时代人口发展战略研究：人口迁移流动议题前瞻 [J].宁夏社会科学，2018（2）：103-107.

作用的，这种博弈必然要经历"平衡—不平衡—平衡"的过程，旧的平衡终将被打破，新的平衡亟待在新的探索和努力下重建。在这种背景下就引出了一个重要的学术问题，即在学龄流动人口保持长期、稳定增长的背景下义务教育资源的合理、优化配置问题，这不仅关系城市化发展进程中人口与资源的适度发展与合理匹配，也直接影响教育资源配置的公平程度与效率水平。

在我国，改革开放是学龄流动人口产生的关键节点，在这之前，我国长期处于计划经济体制下，城市化发展进程阻滞，人口在区域间或区域内的迁移或流动主要受国家计划经济体制下的政策驱动和引导，多属于有组织的集体移民、支援建设移民等，[①] 人口迁移和流动基本遵从有组织、有秩序地从经济发展较好地区流向人口稀薄、经济落后地区，因此，在计划经济体制下，基于政策驱动的人口流动并没有对教育资源配置产生显著的冲击作用。相应地，在学术领域，针对人口变动的研究主要集中在人口自然增长方面，流动人口并没有作为重要的研究对象进入公众的视野，也没有被纳入人口学、经济学、社会学、教育学的核心研究议题。

改革开放以后，市场经济繁荣发展，社会逐渐趋于交流和开放的状态，农村富余劳动力的资源优势恰好对大中城市建设中的劳动力资源不足形成补充，劳动力资源的城乡互补成为劳动力人口"乡—城"流动的直接推力，[②] 也因此实现了城市化建设中资源开发需要和劳动力资源供给之间暂时的供需平衡。之所以说是暂时的平衡，是因为劳动力人口的流动要对城市建设保持持久的贡献力，不可能仅局限于"单帮式"和以青壮年男性为主的流动模式。当以服务业为主的第三产业逐渐兴起时，劳动力人口男女性别比例均衡化趋势显现，人口流动的"家庭化"需要凸显出来，这必然会带来大量学龄阶段儿童的流入，从而引发尖锐的关于"人口与资源"的竞争困境。正如 20 世纪末，虽然在"严格控制学龄人口外流"的政策下，学龄人口被暂时限制在流出地学校，但几乎可以预见到的是，以城乡分割的制度壁垒会限制流动人口享受城市的教育、社保等公共资源，必然会引发对我国城市化建设与发展方向的思考与争议，暂时的平衡终将被打破。2001年开始，国务院相继出台多项决定，明确规定了流动人口适龄儿童小学教育"以流入地政府为主，以全日制公办小学为主"的"两为主"原则，自此，学龄流动人口开始获得随父母迁入城市就学和生活的有力的政策支持。尽管如此，政策

[①] 仇为之.对建国以来人口迁移的初步研究 [J].人口与经济，1981（4）：8-13.

[②] 陈俊生.要把农村劳动力资源开发工作引向深入 [J].中国劳动科学，1997（1）：4-6.

层面的支持并不代表现实中的流入地学校具备了接纳流动学龄人口的条件和容量，这就是在学龄流动人口按政策规定进入流入地义务教育学校，引发流入地义务教育学校出现"大班额""大型学校"的直接原因。

2. 学龄流动人口家庭对优质教育资源的向往是引发学龄人口流动的根本动力

从本质上讲，人口在城乡区域间合理有序地流动是社会进步的一种表现，人口流动是人们对优质资源再分配的一种诉求。当社会人口在地域与层级间的壁垒被打破时，原本处于社会资源配置不利地位或层级的人们，通过区域流动可以快速打破原有的资源不利格局，实现优质教育资源的快速获得。正如我们所看到的，农民工进城务工，优质廉价的劳动力资源流入城市，这不仅受经济发展利益驱动，更是人们对社会资源再配置或再获得途径的探索，是快速打破社会现有资源配置规则的一种尝试。有研究发现，父母进城务工，子女随迁进城就学，即流动人口群体基于对城市优质教育资源的向往和对提升子女未来人力资本积累与长期福利的远期规划，[①] 而作出的长期扎根城市、举家迁移的理性选择。而事实证明，随父母进城就学的学龄儿童在其社会化状况、学习成绩、营养健康等方面确实都要明显优于留守儿童。[②③]

学龄流动人口家庭对优质教育资源的追求和向往是嵌套在国家城市化发展历程中的，其对教育资源的选择过程是带有城市化发展特征的倾向性选择，既有其先进性，也有一定的局限性。对于国家和城市来说，城市化发展基本要经历大致相似的历程，它就像社会系统运行中的一针"催化剂"，将人口变动、经济发展、资源配置等子系统紧密关联起来，让其在社会大系统中充分地发挥作用，互为推进，相互制衡。在这一过程中，学龄人口的流动态势在"人口—经济—资源"三元交互作用下，受两种力量的影响和干预，一种力量是流动人口群体趋于流向优质资源的自组织力量，从这个意义上说，每个人或家庭都有从资源不利区域向资源有利区域流动的主观意愿，这是推动国内外人口"乡—城"流动、"城—城"流动的最根本动力，具有典型的自组织特征；而另一种力量源于政府的政策调控力，主要是防止人口流动自组织失控的调控和引导力量。两种力量之

① 吕利丹，程梦瑶，谭雁潇，等. 我国流动儿童人口发展与挑战（2000—2015）［J］. 青年研究，2018（4）：1-12.

② Xu H., Y. Xie. The causal effects of rural-to-urban migration on children's well-being in China［J］. European Sociological Review, 2015（4）:49-55.

③ 王水珍，刘成斌. 流动与留守——从社会化看农民工子女的教育选择［J］. 青年研究，2007（1）：22-30.

间的关联在于，人口流动的自组织特点意味着流动人口群体会根据自己的迁移偏好和对迁移环境的主观评估进行是否迁移或如何迁移的判断，但这样的评判多是从微观角度出发的，难以从宏观角度或中观角度客观合理地对其迁移决策进行评估。因此，在人口流动迁移的过程中，政府决策力量的加入是为了防止人口流动中的自组织失控现象发生，避免城市因为人口自组织流动引发无序困境。由此，我们可以得出这样的结论，社会自组织系统不同于复杂理论中耗散结构理论阐述的物理现象的自组织系统，在物理现象的自组织系统中，分子运动实现平衡是具有物理条件的自组织界限的，而社会系统中人口流动的自组织界限必须由政府的政策调控力进行引导和约束。

在国内外城市化进程中，基本都是在流动人口群体自组织流动和政府政策调控两种力量的博弈和较量中发展和进步的，而其博弈和较量的核心就集中表现为有限资源及其合理、优化配置问题。以美国为例，美国作为多种族、多民族的移民大国，劳动力人口在为城市发展建设作出贡献的同时，也促使社会整体状况和社会结构发生改变。根据美国国家教育统计中心数据，[①] 20 世纪 90 年代以后，美国的人口流动，包括州内、州际流动及外籍移民，人数达到年平均 4000 万人以上，占总人口的 15.9%~17.3%，而同期的流动学龄儿童显示出与之占比相似的迁移趋势。美国 2000 年人口普查数据显示，仅 1999 年，全美学龄流动人口规模超过学龄人口总数的 15%~18%；2005 年这一数据超过了 20%，流动儿童总数超过 1500 万人。这一数据在之后的 20 年间不断攀升，2005—2010 年，美国人口调查局[②]显示，5~17 岁儿童流动占比最高，一度高达 38.5%，学龄流动人口群体已经成为美国社会增速最快的群体，成为美国义务教育阶段不可忽视并亟须重点关注的群体。

美国联邦政府也逐渐意识到学龄流动人口群体的特殊性和重要性，重新审视学龄流动人口在流入地接受教育的紧迫性，[③] 并提出要从联邦政府和州政府层面

---

① Rumberser R. Student mobility and academic achievement [EB/OL]. http://www. academia. edu/19635791/Leading_Change_Building_Middle_School_Teams_to_Create_Positive_Impact _on_ Student_Moral_Growth_and_Academic_Achievement.

② U. S, Census Bureau. General mobility, by race and hispanic origin, region, sex, age, relation-ship to householder, educational attainment, marital status, nativity, tenure and poverty status:2005 to 2010[EB/OL]. http://www. Census. gov/people/.

③ 张人杰. 国外教育社会学基本文选 [M]. 上海：华东师范大学出版社，1989：172-192.

引起足够重视，① 流动儿童的教育需求是有其独特性的，必须是基于联邦政府对全国范围内教育资源的统筹和配置，才能使相应教育政策或财政政策的施行得到最大限度的保障。②

不仅是国内移民，国际间的跨国人口流动也对教育资源配置产生影响。就中国的移民潮来看，人口流向美国、英国、澳大利亚、新西兰、日本等国，使国外教育面临新的移民趋势，教育机构或相关学者针对这种跨国式的人口流动，也希望通过积极的学龄人口流动趋势预测并掌握其发展趋势，以便相应作出战略性调整，解决可变式的义务教育资源配置问题，有学者研究表明，第二代美国人的新生儿、移民会出现新的增长态势，③ 对原有教育资源的优质配置提出更高的要求，因此，政府亟须出台新的政策，以规划和应对新型移民对义务教育资源配置的冲击。

因此，对于政府和教育部门而言，如何充分考虑学龄流动人口优质教育需求变化而带来的自组织流动引发的规模、结构和空间布局变化，并针对学龄人口的流动趋势和分布态势，作出基于政策调控的积极、有效的回应，制定具有时空节奏的小学教育资源优化配置调控策略，以应对城市化进程中，学龄人口结构性转变对流入地义务教育的冲击，④ 真正满足学龄人口家庭对小学教育资源快速增长及优质均衡的教育需求。

3. 学龄人口结构多元化发展态势引发对教育资源配置的现实思考

人口区域流动与义务教育资源配置的关系是义务教育研究领域关注的核心问题之一。原有的小学教育资源配置方案是地方政府根据相应的教育资源配置标准而决策实施的，是一种基于户籍学龄人口规划的计划管理行为，其配置初衷是基于教育主客体（教育者和被教育者）供给与需求关系之上的，主要围绕的是户籍学龄人口增减与义务教育规模的数量特征。

基于学龄人口流动的义务教育资源配置已有较多的研究成果，从文献分析可以发现，现有的研究大都从现象描述问题，没有从义务教育的角度对学龄流动人口的影响因素及流动模式进行理论构建，许多实证分析也仅是对学龄人口时空分

① Carnoy，Martin，Levin，et al. Schooling and working in the eemocratic state［M］. Stanford：Stanford University Press，1985：145–170.

② 章志萍. 试析美国基础教育改革中的教育凭证制度［J］. 外国教育研究，2002（11）：37–41.

③ Roberto Suro，Pew Hispanic Center，Jeffrey S. Passel，Urban Institute. The Rise of the second generation：changing patterns in hispanic population growth［J］. Pew Hispanic Center，2003（10）：12–13.

④ 邓志强. 城市化进程中人口流动的结构性转变［J］. 中国名城，2015（5）：10–15.

布特征进行统计分析，对如何进行教育资源的配置以应对学龄人口多元结构及多样需求的现实，缺少有具体指导意义的诠释，尤其是对学龄流动人口引发的资源配置不确定发展趋势缺乏数据支持的必要关注。就此问题，笔者选取上海、宁夏、辽宁等典型区域为研究对象，进行政治、经济、人口等微观数据收集及调查研究。结果表明，学龄人口的非线性升降及多元教育倾向对学龄人口结构的影响，将引发学龄人口区域流动新趋势。

从人口发展的基本趋势来看，2020—2050 年我国学龄人口将进入"低增长、城镇化、高流动"时期，2020—2035 年各级学龄人口将会波动起伏，并可能出现不同程度的负增长。据有关研究，以 2021 年、2027 年为时间节点，中小学学龄人口将出现一定的起伏，波动范围为 3880.46 万~4332.96 万人，变异系数在 7%~8%浮动。除了西部地区有关省份学龄人口在 2021 年后有一定的增长，我国其他地区将会出现学龄人口数量下降的趋势，城镇化、义务教育倾向将会有复杂性的演化特征。也就是说，义务教育学龄人口数量的不稳定升降状态，会带来学龄人口区域流动的不确定性；区域内、区域间的义务教育倾向的差异性将会使学龄流动人口结构呈现非线性变化特征。因此，这种学龄人口区域流动的复杂性及其对教育资源配置的影响已经成为未来义务教育治理研究的热点问题。

（二）研究意义

从研究背景可知，我国义务教育正处于从公平均衡向优质均衡转变的新时代，本书从关注学龄人口区域流动特征着手，展开对义务教育资源合理、优质均衡配置的研究，其中既包含对义务教育研究的理论探索，又从义务教育社会治理角度探讨做好义务教育资源动态、弹性配置问题。义务教育资源配置是义务教育研究范畴的关键问题，而学龄流动人口与义务教育资源的动态、弹性配置是目前亟待解决的较为突出的问题之一。

1. 理论意义

（1）通过构建义务教育资源配置综合调节理论，对传统意义上的义务教育资源配置进行重构。传统意义上的义务教育资源配置主要从经济学资源配置角度对有限教育资源进行分配与安排，其理论主要来自经济资源配置理论。从教育资源配置理论方面来看，主要体现在教育系统内资源的合理配置，问题导向注重其资源的数量特征。如果从义务教育资源配置系统的角度来看，现有的理论研究是一种基于资源系统结构化的研究。

（2）通过对义务教育资源配置的概念内涵进行理论上的重新审视和探究，进一步对学龄人口区域流动背景下，义务教育资源的配置方式、规律性特征及动态、弹性适配标准进行深入的讨论。对具有教育倾向及需求的学龄流动人口特征进行分析，有利于形成一种基于学龄流动人口预测的教育资源配置综合调节理论，从优质教育资源选择角度来看，对学龄流动人口进行趋势预测，分析学龄流动人口与义务教育优质资源的因果关系，克服以往相关分析的局限性。

（3）通过探讨义务教育资源配置系统的复杂性，突出本书中理论研究的热点问题。由于学龄人口区域流动的非线性和不确定性，造成义务教育资源配置系统的复杂性，但在目前义务教育资源配置系统的研究方面，对义务教育资源配置的系统特征、复杂性问题尚停留在概念的描述上，并没有从义务教育资源配置的系统运行机理以及复杂性的存在和演化特点方面进行分析。本书根据我国义务教育系统的动态性与开放性特征，对义务教育资源配置系统的自组织运行机制进行研究，为探索学龄流动人口与义务教育资源配置之间的复杂性关系研究提供有效方法，有利于建立和研究义务教育资源配置系统的复杂性理论，有利于通过这种复杂性理论揭示人口与教育的动态演化规律。

2. 实践意义

（1）在教育问题的研究中，理论与实践是不可分离的统一体，教育学科实践性的特点在于理论构建过程需要实践研究，实践研究过程需要理论指引。就本书研究主题来说，学龄人口流动趋势预测是一种基于方法的实践预测，一个有效的、可信的趋势预测方法只有通过实践过程的理性分析才能确定。本书通过学龄流动人口成因信息获取方法，从理性分析角度得到实践分析结果，然后从义务教育优质资源配置的感知角度修正理性分析的信息缺失，这是一种智慧型的实践模式，有利于判断配置实践的可行性、可靠性，有利于形成实践智慧，更有利于为本书研究的主题提供有指导意义的实践模式。

（2）研究方法的应用领域创新。本书创造性地借鉴了灰色预测、神经网络等趋势外推法的基本理论和建模方法，对学龄人口的流动趋势进行趋势推演，借助学龄人口渐进式变化的流动过程，外推其流动规律，并依据流动规律进行学龄人口区域流动趋势的外推预测，在此基础上进一步讨论和充实小学教育资源配置依据。

（3）有利于建立基于社会治理理念的义务教育资源配置体系。首先，基于教育者的资源效用最大化是现有义务教育资源配置理论研究主题，本书从教育者与被教育者（教育对象）相互融合角度，研究教育资源配置的可信效用，是一种面向对象的教育资源配置思想，有利于明确优质义务教育的需求本质，阐释义务教育优质资源的基本内涵。同时，现有的义务教育资源配置理论基于政府管理体制下对资源标准制定、数量特征、利用效率等进行研究，因此，本书进一步对基于社会治理角度的义务教育资源配置的"量"与"质"进行研究，是对传统资源配置研究的创新性尝试，促进从社会治理现代化角度构建义务教育资源配置体系。

二、学龄流动人口与义务教育资源配置国内外研究现状

本书分两条线索进行文献梳理，一是以"学龄流动人口""义务教育资源配置"为关键词，检索近30年国内外针对学龄人口区域流动的义务教育资源配置的相关文献并进行梳理和解读，对配置依据、配置标准及影响因素进行分类解析；二是以"学龄流动人口""趋势预测""义务教育资源配置"为关键词，对近30年国内外文献进行梳理，获得有关学龄人口区域流动对义务教育资源配置的相关研究概况，并重点关注基于学龄人口流动趋势预测的义务教育资源配置方面的经典研究，梳理整体研究脉络及研究进展，包括使用了哪些新的研究方法、预测模型，出现了哪些新的研究视角，形成了哪些关键结论等问题。另外，因本书研究内容直接涉及人口学、经济学等领域中"人口流动""资源配置"等相关问题，是其下位概念，因此，在文献综述中，还参考了人口学与经济学理论中的相关经典文献，以便对研究问题进行更加全面的探讨和解析。

根据上述关键词，分别在 SprigerLINK、EBSCOhost、WorldSciNet、中国知网（CNKI）、人大复印资料数据库、维普数据库、超星图书馆、万方数据库等文献资源数据库收集相关文献，总计收集文献200余篇，其中国外文献40余篇，集中在20世纪六七十年代至今约60年时间；国内文献140余篇，集中在20世纪八九十年代至今约40年时间。这与我国近30年经济发展、社会进步及义务教育改革等发展契机存在密切关联，直接触及注重义务教育均衡发展、义务教育资源合理配置等教育核心问题。

基于对现有文献的分析，本书紧紧围绕"学龄人口流动趋势预测""义务教育资源配置"这两个核心点，按照研究背景中提出的研究问题及分析思路进行梳理，即：

问题一：学龄流动人口会对流入地义务教育资源配置产生怎样的影响？

问题二：学龄人口流动趋势预测与义务教育资源合理、优化配置之间，存在怎样的动态关联？

问题三：在学龄人口无序流动的复杂态势下，如何实现城乡义务教育资源的合理、优化配置？

结合研究问题，从"学龄流动人口"与"义务教育资源配置"两大主题的

研究进展进行回顾和梳理，将已有研究从学龄人口区域流动研究现有的理论、方法与实践聚焦到小学教育资源合理、均衡配置研究的理论、方法与实践上，从而建立二者之间的逻辑关联，理清逻辑层次，找到研究留白，准确定位本书在相关研究领域中的位置和价值，并进一步将研究向纵深方向推进。特别说明的是，鉴于小学教育是包含在义务教育阶段中的，因而，本书为了全面地收集、梳理与义务教育资源配置相关的文献资料，在以下对研究进展的分析中，涉及了大量义务教育资源配置的关联研究及成果。但笔者认为，义务教育阶段中，学龄人口的流入在小学阶段和初中阶段表现出了不同的数量、分布及集聚等特征，对义务教育产生了不可忽视的影响，因此，应在小学和初中的具体配置中确定不同的侧重点和配置依据。

（一）学龄流动人口与义务教育资源配置

随着人口流动的长期化、家庭化、扎根化特征日益凸显，[①] 学龄人口的流动逐渐呈现长期化、稳定化趋势，[②] 这种基于流动家庭理性选择的结果，体现在教育领域中，就是学龄阶段的随迁子女大量涌入城市，使得流入地学龄人口在结构、布局等方面发生了变化，以户籍学龄人口为规划依据的传统义务教育资源配置方式受到挑战，入学机会配置、教育经费需求及配置结构、义务教育空间布局、教育资源承载力等相关问题发生了连锁反应，客观上形成和加剧了教育系统中的资源"抢夺"状态。

在此背景下，学术界针对学龄人口区域流动与义务教育资源合理配置问题展开了丰富的研究，相关研究主要分析学龄流动人口群体在"教育资源空间布局""教育供容能力及供需关系""教育资源承载力"等方面对义务教育资源配置产生的影响。

1. 学龄流动人口区域不均衡分布与义务教育资源配置

学龄流动人口直接对流入地学龄人口的结构和分布产生影响，学龄人口流动导致人口结构的空间布局发生变化，引起了国内外学者的关注。教育资源空间配置的观点最早可以追溯到 20 世纪 40 年代末，美国芝加哥大学地理系 Philbrick 博士首次提出"教育空间规划"的概念，并呼吁学术界创建"教育地理学"这一新兴学科。但直到 20 世纪 70 年代初，英国学者 Hones 和 Ryba 才分别相继发表

---

① 段成荣，杨舸，张斐，等. 改革开放以来中国流动人口变动的九大趋势 [J]. China Population Today，2008，25（4）：32-39.

② 段成荣，吕利丹，王宗萍，等. 我国流动儿童生存和发展：问题与对策——基于 2010 年第六次全国人口普查数据的分析 [J]. 南方人口，2013，28（4）：44-55.

了题为《教育的区域性不平衡》《教育地理与教育规划》《中心地理论在教育规划中的应用》等论文,① 引发了教育地理视角下关于资源空间布局问题的研究,关于"区域不平衡""空间认知""教育发展规划"等方面的观点逐渐引起学者们的注意,相关研究结论对深刻揭示我国学龄人口流动的空间流向及空间布局问题有很好的借鉴作用。

从 20 世纪 60 年代开始,学者们开始关注人口流动与教育资源空间配置、教育设施布局问题。早期研究建立在公共设施区位理论的基础上,以兼顾效率与公平的空间均衡为目标指向,② 通过计量模型的构建,指导教育资源配置和布局。③ 为了更合理地阐述相关观点,学者 A. Gonen 和 Y. Shilhav 于 1976 年提出了"空间非均衡性"的概念,旨在用这一概念呈现不同教育体系在空间上的基本差异格局及其引发的学校间在规模、可达性等教育公平方面的冲突。④ 研究发现,义务教育资源发展规模及布局问题之间的冲突解决往往依赖地方和国家层面的规划与治理,带有显著的政治性,而且政府在判断、决策教育资源的空间配置中拥有更多的自由裁断权和更大的干预作用。⑤

近期,国外关于人口流动与教育资源空间布局的研究视角趋于多样化,形成了三种有代表性的研究倾向。

第一种代表性观点是通过教育资源的空间布局揭示学龄人口流动与区域义务教育资源配置之间的关联性。相关研究对伦敦东部地区主要族群范围内中产阶级的教育选择意识和行为进行研究。研究发现,中产阶级家庭的父母更倾向于为孩子选择优质学校接受教育,尤其是在义务教育阶段。⑥ 研究表明,中产阶级的教育理念和区域义务教育资源的配置与发展有着密切的交互作用,既可以引发中产阶级向优质教育资源区域流动,也可以促使中产阶级家庭所在区域的教育资源配

---

① Hones G. W. ,Ryba R. Why not a geography of education? [J]. The Journal of Geography, 1972,71(3):110–112.

② O'Brien R J. Model for planning the location and size of urban schools [J]. Socio-Economic Planning Sciences,1969,2(24):141–153.

③ Morrill R L. Efficiency and equity of optimum location models[J]. Antipode,1974,6(1):41–46.

④ A. Gonen,Y. Shilhav. Spatial competition between school systems:the case of state religious education in Israel [J]. Geoforum,1979,10(2):203–208.

⑤ Meier K. J. ,Stewart R. E. The politics of bureaucratic discretion:educational access as an urban service [J]. American Journal of Political Science,1991,35(1):155–177.

⑥ Tim Butler,Chris Hamnett. Praying for success? Faith schools and school choice in East London[J]. Geoforum,2012,43(6):1242–1253.

置水平不断优化和提升。这一结论对国内学龄儿童"乡—城"流动、"城—城"流动或区域内的微观流动具有较大的解释力，说明此类学龄人口流动是由中产阶级追求更优质教育资源的意愿带动的，中产阶级往往通过购买学区房等途径流动到更好的学区来获取更优质的教育资源，这一点在国内外的学龄人口区域流动中都有显著的趋势。

第二种代表性观点是通过教育资源的空间布局研究评判人口分布与教育资源配置的空间均衡性，并建立学校教育资源空间数据库，进行教育资源空间均衡的监控，形成关于教育布局规划的调整决策。① 相关研究借助 GIS 空间分析对区域教育资源配置的高密度聚集和稀疏分布情况进行分析，发现研究区域内教育资源分布不均衡，且在教育资源使用率方面，存在过高或过低的极端现象，研究结论建议，义务教育资源配置要综合考虑学龄人口分布、学校地理空间分布、适度规模及经济效益等因素。② 值得注意的是，学术界出现了将教育资源空间配置的多元化、多因素标准与 GIS 空间数据结合的研究倾向，并指出在未来研究中进行教育结构调整和教育资源配置的优化整合是非常有益的尝试，③ 在具体的研究方法和模型方面，进行了由最优模型向多准则决策模型（MCDM）转变的尝试。④

第三种代表性观点更多地关注研究对象所处时空背景，通过引入城市社会学、教育经济学的理论与方法，探讨人口压力、居住分异等要素⑤与教育资源配置的关联。⑥ 在教育资源配置格局中，空间距离等不利因素使教育资源配置的不均衡情况加剧，从而间接扩大了区域教育的不平等，并对学校学生的学习质量产

① Slagle M. GIS in community based school plarming：decision making，coo peration，and democratization in the planning proeess［R］. http://www£ rp. eornell. edu/steinandschools，2000-03-03.

② Oloko-Oba O Mustapha，Ogunyemi S Akintunde1，A T Alaga，et al. Samuel. Spatial distribution of primary schools in ilorin west local government area，kwara state，nigeria［J］. Journal of Scientific Research & Reports，2016（6）：1-10.

③ Malezew ski，Jaekson M. Multicriteria spatial allocation of educational resources：an overview［J］. Social Economics Platting Sciences，2000，34（2）：157-162.

④ Malczewski J，Jackson M. Multicriteria spatial allocation of educational resources：an overview［J］. Socio-Economic Planning Sciences，2000，34（3）：219-235.

⑤ Anderson B，Bretney F. Travel-to-school distances in Sweden 2000-2006：changing school geography with equality implications［J］. Journal of Transport Geography，2012（23）：35-43.

⑥ Guangqing Chi，Hung Chak Ho. Population stress：a spatiotemporal analysis of population change and land development at the county level in the contiguous United States，2001-2011［J］. Land Use Policy，2018（70）：128-137.

生了显著的负面影响。① 贫困家庭、流动人口等弱势群体很难打破空间地域的限制，实现优质教育资源的获取。② 世界银行发布了《世界的发展：公平与发展》的专题报告，提出要持续向贫困地区儿童或流动儿童等弱势群体扩大社会基本公共服务的公平机会，包括就近提供义务教育机会等;③ Eric 等④认为基础教育的投入不断增加，由于地区的收入和财产的差距，不同地区小学的财政拨款数目也不一样;而 Unni Vere Midthassel 等⑤认为社区类型的学校对教师参与学校发展活动有很大的影响，认为学校建设的地点选在社区附近至关重要。

在我国，基于空间均衡的教育资源配置研究引起了社会学、经济学、教育学、人口学等学科研究者的关注，他们从不同的学科角度，探讨人口变动趋势⑥、学校规模效益与义务教育资源布局的关系，⑦ 从而揭示学龄人口结构性变动及迁移发展趋势，对义务教育资源空间布局提出适应性要求。⑧ 学龄人口城乡间的大量、无序流动，给原本相对稳定和静态的教育资源配置带来巨大冲击，区域间的现实问题尖锐而严峻，导致相关研究的视角由宏观区域导入具体区域内部，从省际、市（县）际、中西部农村地区等多层次区域进行探究，⑨ 探索资源

---

① D Lehman. Bringing the school to the children：shortening the path to EFA［EB/OL］.［2004-02-12］. http：//siteresources. worldbank. org/EDUCATION/Resources/Educatio n-Notes/EdNotesRuralAccessInitiative. pdf.

② Caro F. Shirabe T. Guignard metal，school redistricting：embedding GIS tools with integer programming［J］. Journal of the Operational Research Soeiety，2004，55（2）：56-58.

③ World Bank. Equity and development［R］. The World Bank，2006.

④ Eric J Brunner，Kim Rueben. Financing new school construction and modernization：evidence from California［J］. National Tax Journal，2001，54（3）：109-112.

⑤ Unni Vere Midthassel，Terje Manger，Torbjorn Torsheim. Community effects on teacher involvement in school development activity：a study of teachers in cities，smaller towns and rural areas in Norway［J］. Research Papers in Education，2002，17（3）：90-95.

⑥ 石人炳. 我国人口变动对教育发展的影响及对策［J］. 人口研究，2003（1）：55-60.

⑦ 段成荣，贾云竹，武晓萍，等. 第二届全国人口、资源、环境与发展学术研讨会综述 2000［J］. 中国人民大学学报，2000（2）：124.

⑧ 张文新. 北京市人口分布与服务设施分布的协调性分析［J］. 北京社会科学，2004（1）：78-84.

⑨ 翟博. 中国基础教育均衡发展实证分析［J］. 教育研究，2007（7）：22-30.

配置的区域差异①、供需匹配度②等。

从研究视角来说，国内研究经历了从宏观视角向中观视角的转变。宏观视角的研究一般从大的区域性差异入手，研究学龄流动人口与义务教育资源配置之间产生差异的原因。比如，探讨我国东部、中部、西部等宏观区域间教育资源配置的区域性差异问题，并有针对性地提出有效配置建议。③ 还有学者基于我国学龄流动群体城乡间游离的不确定状态的考虑，将我国教育布局划分为三个域，即城市域、农村域和学龄流动人口大量聚集的城乡接合域，以此描述在现行制度设计中，"第三域"（即城乡接合域）的学龄流动人口被置于"体制外"群体的尴尬境地，④ 揭示其在义务教育资源配置中最突出的问题是流入地学校就学的学位数不足问题。类似的研究从大处着眼，试图对我国广大的研究范围进行分类聚焦，以清晰化和具体化地区分不同区域问题的特殊性，但这也不禁让我们产生疑问：区域内部是否存在差异呢？

基于对此疑问的回答，中观视角、微观视角的研究试图聚焦不同类型区域，对某一特定区域内的差异性问题进行深入研究，视角聚焦到同区域内各省市的差异，如特（超）大城市⑤、大城市⑥、国家级新区⑦、中小城市⑧及农村⑨等具体区域，以此揭示特定研究区域中学龄人口区域流动与对应区域义务教育资源配置之间存在的核心差异特征。我国目前正处于城市化高速发展阶段，对于流入地来说，义务教育资源本身存在总量不足的状况，因此，当学龄流动人口集聚性涌入

---

① 李生滨，傅维利，刘伟. 从"追求均衡"到"鼓励差异"［J］. 教育科学，2012（2）：1-5.

② 范先佐. 我国农村中小学布局调整的背景、目的和成效［J］. 华中师范大学学报（人文社科版），2008（7）：121-127.

③ 李远帆. 挑战教育公平：流动儿童的义务教育资源配置研究［D］. 曲阜：曲阜师范大学，2015.

④ 许丽英. 教育资源配置理论研究［D］. 长春：东北师范大学，2007.

⑤ 佘宇，冯文猛. 破解特大城市流动儿童义务教育问题的思路与建议［J］. 发展研究，2017（11）：27-39.

⑥ 丁学森，邬志辉，夏博书. 城镇化背景下人口流动对大城市义务教育学龄人口规模与结构的影响［J］. 湖南师范大学教育科学学报，2018，17（4）：66-74.

⑦ 陈晓华，周显伟. 国家级新区基于人口发展的教育资源配置研究［J］. 上海经济，2017（5）：20-32.

⑧ 耿继原，宋伟东，李振. 区域教育资源配置评价与规划分析［J］. 辽宁工程技术大学学报（自然科学版），2017，36（9）：1004-1008.

⑨ 范先佐，郭清扬. 我国农村中小学布局调整的成效、问题及对策——基于中西部地区6省区的调查与分析［J］. 教育研究，2009（1）：31-38.

城市学校时，必然造成教育资源配置的紧张与不足。为了更好地呈现区域内各城市间的差异，丁学森等[①]根据 2012—2015 年《中国城市统计年鉴》数据，对数据涉及的 288 座地级及以上城市人口数据进行测算，并根据人口流动与分布态势，将城市划分为人口净流入型城市、基本稳定型城市及人口净流出型城市，每一种城市类型中义务教育学龄人口规模与结构呈现出不同的特征类型。比如，有研究表明，2000 年以后，上海学龄流动人口呈现地带性空间位移的特征，同时表现出区域分散与集中相结合的特征；[②] 2013 年，上海常住学龄人口的综合分布总体呈现内环以外—外环以内的封闭式带状分布，并且在其带状分布中，呈现出典型的"高密集聚点"的分布特征。[③] 对于中小城市来说，同样存在公共服务资源区域校际师资非均等化、教学条件非均等化等问题，必须从交通、人口分布、资源分布、用地性质等方面对其义务资源配置进行评价规划。[④] 相关研究进一步印证了外来常住人口的空间分布引发教育资源配置失衡等问题，首先表现为优质教育资源、教育经费投入等资源配置在空间上的严重不均衡问题，并在教育资源供需关系中，直接引发二者之间的结构性矛盾。[⑤]

总体来说，研究视角由宏观向中观、微观的转变实际上反映了学者们对问题的关注逐渐由宏观表层进入问题内部的现实需要，但可以推断出，基于教育资源空间格局的研究视角还有待进一步深入区域差异的内部。虽然现有研究中研究者根据数据对城市进行了分类，但大范围的数据统计极易抹平区域内部的具体差异，随着研究问题的不断凝练，研究视角必然会进一步聚焦到城市区域内部的差异性特征，而只有进入微观空间内部才能真正精准地探究问题的解决对策。

2. 基于承载力视角的义务教育资源配置研究

2001 年以来，国务院相继出台多项决定，明确提出"两为主""两纳入""两统一"原则，明确规定学龄流动人口按照"以流入地政府为主，以全日制公办中小学为主"的政策要求予以安排，接受义务教育。而居住证是流动学龄人口

---

① 丁学森，邬志辉，夏博书. 城镇化背景下人口流动对大城市义务教育学龄人口规模与结构的影响 [J]. 湖南师范大学教育科学学报，2018，17（4）：66-74.

② 吴瑞君，王漪梦，钟华. 上海外来常住学龄人口空间分布及其对教育资源配置的影响 [J]. 统计科学与实践，2012（11）：21-23.

③ 张强，高向东. 上海学龄人口空间分布及其对基础教育资源配置的影响 [J]. 上海教育科研，2016（4）：5-10.

④ 耿继原，宋伟东，李振. 区域教育资源配置评价与规划分析 [J]. 辽宁工程技术大学学报（自然科学版），2017，36（9）：1004-1008.

⑤ 吴瑞君，王漪梦，钟华. 上海外来常住学龄人口空间分布及其对教育资源配置的影响 [J]. 统计科学与实践，2012（11）：21-23.

在流入地接受义务教育的主要凭证，学生在流动过程中将携带"两免一补"资金和生均公用经费基准定额资金，同时，政府还"将常住人口纳入区域教育发展规划，将随迁子女纳入财政保证范围"。自此，学龄流动人口进入流入地学校读书，并以常住人口身份纳入流入地教育发展规划，有了明确的政策支持。尽管如此，全纳入式的教育政策在落实过程中受到流入地具体时空条件的约束和修正，仍然有大量学龄流动人口游移在校门之外，流入地义务教育学校在教育经费、师资等方面的教育资源增长速度和调整速度很难及时对快速扩张的教育需求作出调整，无法在短时间内满足学龄流动人口在流入地就学的需求。也就是说，流入地学龄人口流入的数量和速度超过了流入地义务教育学校的最大容量和承载力，导致流入地学校不能对所有学龄流动人口进行有效的容纳和承载。由此，由教育资源承载力衍生出的义务教育资源配置问题日益凸显，学术界开始对教育资源承载力产生广泛关注，并提出了"教育资源承载力"的概念，[①] 即一个国家或地区在各种教育资源合理配置和确保质量的前提下，现有教育资源对该空间内人口接受各级各类教育的支撑能力。由其概念可知，教育资源承载力并不是单一的教育资源问题，它与一定国家或地区的综合发展水平有密切关联，要把教育资源承载力放到更广阔的场域空间去理解。

回溯"承载力"的相关研究，无论是18世纪末马尔萨斯在《人口原理》中关于"食物资源承载力对人口增长具有约束力"的论述，[②] 还是20世纪40年代威廉·福格特在《生存之路》中提出的关于"世界人口在规模与速度方面的增长，已经远远超过了土地资源和自然资源承载力"的悲观论断，[③] 都在反复阐述一个观点：人类要努力恢复人口数量与各种资源之间的平衡，并致力于建设一种基于承载力的人口与资源之间的动态平衡关系。那么，怎样才能达到人口与教育资源之间的动态平衡呢？首先要建立人口、空间、教育资源三者之间的系统思维。系统论认为，任何系统的有效运转都要依靠一种稳定的结构，结构意味着系统中的各个构成要素能够按照一定的组织形式、结合方式和秩序，达到彼此间相互关联的状态，从而完成要素间的物质、能量和信息的交换与传递。由此推断，如果教育系统中因为流入大量的学龄人口导致义务教育资源配置出现不足及失配现象，不仅意味着学龄人口总量超出了义务教育资源的承载力，还意味着学龄人口与义务教育资源等要素之间出现了组织失灵、秩序混乱的结构性问题，导致二

---

① 吴培乐. 教育资源承载力及其测评研究 [J]. 陕西教育学院学报，2010，26 (3)：1-4.

② [英] T. R. 马尔萨斯. 人口原理 [M]. 马箕，译. 北京：商务印书馆，1961：12.

③ [美] 福格特. 生存之路 [M]. 张子美，译. 北京：商务印书馆，1981：3-5.

者之间的物质、能量和信息流通不畅。

我国城市化发展进程为义务教育发展与改革带来了机遇与挑战，面对大量流动人口的教育需求，对义务教育资源承载力的研究应放在一定的具有时空属性和结构性的开放空间中，并认识到承载力问题不单纯是教育资源本身的问题，更是一个需要多要素融合考虑的综合性问题。在当前的研究中，大多数学者对义务教育资源承载力的影响要素进行了较多的探讨，并围绕诸要素进行模型建构，试图更好地解释和拟合多要素相互关联的运行结构。为了更形象地阐释义务教育资源承载力的相关因素及其结构性问题，丁学森[①]基于系统论观点尝试构建了大城市义务教育资源承载力人口、教育、社会、资源四要素 PRES 理论分析模型，从深层揭示人口与资源之间的结构性问题。该研究得出的结论是，大城市教育资源承载压力不单纯是学龄人口聚集的结果，更是学龄人口区域流动的典型性和异质性与流入地城市教育结构、社会结构相互嵌套的结果。义务教育资源承载力应以"可持续承载"与"有质量承载"为价值坐标，协调教育内外部价值差异和认识，联动教育资源系统内外要素，共同改进义务教育资源配置，提升义务教育的供容能力和支撑能力。而杨凤萍等[②]认为，教育资源承载力不仅具有区域间的差异，而且在一定区域内部也存在差异，要对义务教育资源承载力有基于微观视角的细致考察。

既然社会系统具有开放性特征，而学龄人口的流动又具有持续性和自组织性，那么，在学龄人口持续流动的情况下，义务教育资源配置面临要不断为义务教育资源承载力扩容的问题，这实际上反映了义务教育资源动态配置的思想。刘静等[③]基于教育承载力视角，对人口流动与教育资源再配置进行了研究。研究认为，学龄流动人口的流入对城市教育资源的承载力提出了挑战，义务教育资源配置中悬殊的区域差异和严重的供给失衡，必然带动义务教育资源再配置的发生。因此，由学龄人口区域流动所带来的流入地城市教育需求的变动，必须要通过采取更有针对性的教育布局规划方式予以应对。而在教育资源再配置中应对某些区

---

① 丁学森. 大城市义务教育资源承载能力指标体系建构及应用研究 [D]. 长春：东北师范大学，2017.

② 杨凤萍，沈亚芳. 人口流动背景下上海市小学教育资源承载力分析 [J]. 上海教育科研，2017（2）：16-20.

③ 刘静，沈亚芳. 人口流动与教育资源再配置——基于教育承载力的视角 [J]. 教育导刊，2017（2）：18-23.

域教育资源总量增长和空间分布差异并存、不同类别发展失衡等问题,[①] 也是对持续投入的配置理念的更新。

同时,由教育资源承载力的再配置或动态配置思想,延伸出学术界关于义务教育资源承载力可持续扩容问题的思考。从理论上讲,义务教育资源承载力是可以测算或预测的,借鉴人口学中对承载力的测算,从使用 Logistic 曲线的恒定 K 值对承载力进行计算到后期受动态平衡思想影响对承载力阈值或极值进行测算,教育资源承载力在人、财、物资源的使用上是受到一定的时空约束的,因此其不是固定不变、静止的,而是会受资源、制度、技术、配置偏好和"生产—消费"结构等自然因素及社会因素的影响和修正。[②③]基于此,丁学森建构了背景领域(人口、经济投入、城市空间)、输入领域(人力、物力、财力资源)、输出领域(学校、学生)三维指标体系,阐释了指标间的结构关系与具体指涉,并通过对东莞市中观、微观全样本数据分析,发现具有先发优势区域的义务教育资源承载力相对更高,更容易具有较高的义务教育资源承载"条件",也更能吸引学龄人口的大量聚集,而普通公办学校、高端民办学校、普通民办学校三者之间的教育资源承载力呈降序排列。[④] 关于义务教育资源承载力的可持续投入还可以具体表述为承载力的"存量"与"增量"问题。[⑤] "存量"指现有义务教育资源中人口、空间布局、教育资源之间的数量及配比情况,是义务教育资源再配置的基础,是科学计算和预测"增量"的基数;"增量"表示对未来人口规模、空间规划、教育资源追加的数量及配比情况,需要科学计算、合理规划。在如何科学计算与预测存量和增量的问题上,虽然尚没有形成突破性成果,但相关研究从科学预测和规划获得问题解决的思路,推动义务教育资源配置研究朝科学化、可预测化方向前进了一大步。

---

① 陈晓华,周显伟. 国家级新区基于人口发展的教育资源配置研究 [J]. 上海经济,2017(5):20-32.

② Arrow K. Economic growth, carrying capacity, and the environment[J]. Science, 1995(268):520-521.

③ 邱东. 我国资源、环境、人口与经济承载能力研究 [M]. 北京:经济科学出版社,2014:13.

④ 丁学森. 大城市义务教育资源承载能力指标体系建构及应用研究 [D]. 长春:东北师范大学,2017.

⑤ 丁学森,邬志辉. 浅析义务教育资源承载力的学术概念 [J]. 教育理论与实践,2016,36(7):16-20.

（二）基于预测视角的义务教育资源配置研究

本书通过对上述文献进行横向分类、纵向理流的分析，基本梳理了学龄人口区域流动引发义务教育资源配置难题的核心问题，形成了学龄流动人口与义务教育资源在空间布局及教育资源承载力等问题的动态格局。人口是具有极大不确定性因素的，在区域学龄人口结构日益复杂的情况下，人口已经作为影响义务教育资源配置的核心要素凸显出来，以地区户籍人口为基数配置当地义务教育资源的模式已经不能真实地反映当地实际学龄人口的教育需求，并且其将直接导致教育规划与实际教育需求的脱节。可以说，供需关系发生变化是资源配置效率必须转变模式的"风向标"，在此背景下，如何实现义务教育资源配置对象的超前预测和精准规划，成为政府和规划部门首要关注的问题。

1. 基于教育资源配置与学龄人口供需变动的义务教育资源配置研究

如前所述，学龄流动人口对义务教育资源空间布局的均衡性产生影响，其根本原因在于人口的流入或流出打破了以往义务教育资源相对稳定的静态配置格局，使教育资源供给和学龄总人口就学需求之间产生不可调和的矛盾，因而，要解决义务教育资源配置的均衡发展问题，就不能回避义务教育资源配置与学龄人口之间供需关系的探讨。国内外关于教育资源与人口供需关系的研究多基于传统的框架（人、财、物），主要围绕教育资源的供需关系展开研究，基本研究模式是首先研究地区学龄人口特征，在此基础上研究其对义务教育资源配置的影响。

国内外针对学龄流动人口与义务教育资源供需关系展开了多角度、多层次的研究。虽然美国流动儿童群体的出现可以追溯到 20 世纪初，但在 20 世纪中期，社会公众对流动儿童公平受教育问题没有给予足够的重视，[①] 也没有配套的教育政策和相应的财政补偿，这种状况一直持续到 1960 年下半年的民权运动。1960年，美国学者爱德华·阿·莫若（Edward R. Murrow）在著作《谦卑的收获》（*Harvest of Shame*）中首先开始了对美国学龄流动人口教育研究的关注。到 20 世纪末，越来越多的学者、政客、媒体人及社会人士开始对流动儿童现象，尤其是对如何通过增加义务教育资源的投入，保证流动儿童平等接受教育的问题展开了广泛而深入的讨论。[②]

---

① 张绘.美国不同类型流动儿童的教育政策及启示［J］.上海教育科研，2011（6）：25-27.

② 赵家慧.中美流动儿童教育公平的比较研究［D］.南京：南京师范大学，2016.

以美国为例，美国在处理义务教育资源供需矛盾方面，主要以加大投入的方式进行应对。为了满足流动儿童平等接受义务教育的需要，保障符合条件的流动儿童接受义务教育的权益。[①] 美国政府主要通过立法、政策制定和专项教育活动计划进行推行，允许其享受各种教育补偿措施提供的系列服务，流入地各州政府也能从联邦政府申请相应的流动教育经费，用于保障流动儿童的教育需要，这与美国的教育资源配置体系有密切关系。除此之外，美国还颁布了一系列法案，包括《初等与中等教育法案》《流动儿童教育计划项目》《双语教育法案》《霍金斯斯塔夫法案》《提升美国学校质量法案》和著名的《"不让一个孩子掉队"法案》，使流动儿童享受到更多的资源、资助和保障。

尽管美国作为移民大国，在应对流动儿童受教育问题方面已经做了超过百年的努力，但近20年来，美国在一定程度上也受到国际流动人口的冲击，主要表现为跨国人口流动对教育资源配置的影响。Roberto Suro 等[②]认为，在第二代的美国人中，新生儿及移民逐渐增多，因此需要对流入地学校资源进行长远规划。就中国的移民潮来看，人口流向美国、英国、澳大利亚、新西兰、日本等国，使得国外教育面临新的移民趋势，政府、教育机构或相关学者针对这种跨国式的人口流动，也希望通过积极的流动人口预测掌握其发展趋势，以便相应作出战略性调整，以解决可变式的义务教育资源配置问题。有学者研究表明，第二代美国人的新生儿、移民会出现新的增长态势，[③] 对原有教育资源的充分配置提出更高的要求，因此，政府在应对新的供需矛盾中，还需要不断出台新的政策，以预测、规划和应对新型移民对义务教育的冲击。

在我国，对流入地学校如何接纳流动人口子女，满足其基本的教育需要的思考，已经成为政府、学校及学术界共同关注的关键问题，并上升到关系城乡协调

---

① 美国政府十分重视对"流动儿童"的界定，因为这直接关系目标儿童相对应的教育政策。在美国，"流动儿童"是指学龄期未满，由于监护人工作变动而导致学区变动，并转移到不同学校就读的适龄儿童，通常包括国际儿童流动和国内儿童流动两种类型。国内儿童流动主要指随监护人季节性迁移，通常符合三个条件：一是监护人从事种植业、渔业等和季节变化息息相关的工作；二是监护人季节性工作或短期迁移工作是家庭主要经济来源；三是流动儿童就读学校变换频繁，生活和学习处于持续流动状态。符合上述三个条件的流动儿童，联邦政府会将其认定为"流动儿童"，为其提供资助。

② Roberto Suro, Pew Hispanic Center, Jeffrey S. Passel, Urban Institute. The rise of the second generation: changing patterns in hispanic population growth[J]. Pew Hispanic Center, 2003(10): 15–19.

③ Roberto Suro, Pew Hispanic Center, Jeffrey S. Passel, Urban Institute. The rise of the second generation: changing patterns in hispanic population growth[J]. Pew Hispanic Center, 2003(10): 59–63.

发展及城市化进程的重要地位。① 国内学术界对义务教育资源与学龄流动人口供需矛盾的研究是基于充分的数据分析的。比如，孟兆敏等②从上海市教育资源供给与需求两个方面，对上海市基础教育资源软硬件投入情况及学龄常住人口的分布特点进行适应性分析。相关的类似研究揭示了义务教育资源供需之间存在的结构性矛盾和问题，概括起来，主要包括人口总量快速增长与教育资源不足问题、人口年龄结构变化与教育资源结构性适应问题、人口导入空间次序与教育资源分层次倾斜问题③等。在结构性矛盾的影响之下，外来人口城市化、中心区人口郊区化两股力量的叠加，导致郊区教育资源短缺突出，而优质教育资源地区不均衡的现象突出，进一步导致跨区域选校等社会矛盾的发生。④

与此同时，从国家的现实情况出发，我国幅员辽阔，区域间及区域内部的经济发展水平存在差异，且差异显著，因而对于不同区域来讲，寻求义务教育资源供给与流动儿童教育需求之间矛盾困境的解决，需要更多地关注现实条件，而效果往往存在更多的不确定性。在寻找解决供需矛盾的过程中，应充分考虑教育政策与区域城镇化发展政策之间的张力与冲突，提前预估国家教育政策与地方政府之间及府际之间功能和利益的冲突，重点关注政策在不同地域条件下实施可能受到的现实的修正，例如，在学龄流动人口的教育经费中的"钱随人走"转变为现实操作中的"钱随籍走"。流动儿童在流入地公办学校的准入门槛不断提高，民办学校特别是打工子弟学校教师待遇没有保证、流动性大等问题，都有可能影响国家保障流动儿童接受义务教育政策实施实际效果，影响供需矛盾的解决。⑤

2. 基于人口预测方法及模型的教育需求预测研究

"凡事预则立，不预则废。"人类社会以来，预测在人们正确认识世界和理解世界中发挥着越来越重要的作用，而预测理论作为重要的方法论，既普遍应用

---

① 张铁道，赵学勤. 建立适应社会人口流动的接纳性教育——城市化进程中的流动人口子女教育问题研究 [J]. 山东教育科研，2002（8）：3-7.

② 孟兆敏，吴瑞君. 上海市基础教育资源供需的现状、问题及对策研究 [J]. 上海教育科研，2013（2）：5-9.

③ 陈晓华，周显伟. 国家级新区基于人口发展的教育资源配置研究 [J]. 上海经济，2017（5）：20-32.

④ 吴瑞君，王漪梦，钟华. 上海外来常住学龄人口空间分布及其对教育资源配置的影响 [J]. 统计科学与实践，2012（11）：21-23.

⑤ 佘宇，冯文猛. 破解特大城市流动儿童义务教育问题的思路与建议 [J]. 发展研究，2017（11）：27-39.

于自然科学领域，如自然灾害预测①、自然资源预测②③④等，又广泛应用于社会科学领域，如人口与社会发展预测⑤⑥⑦⑧、经济周期预测⑨⑩、政治走向预测⑪及军事行动预测⑫等。在诸多领域的预测中，对人口的预测可以追溯到1696年，英国社会学家G. King对英国2296年的人口数量及变化情况进行计算预测，⑬标志着人类社会实现了从经验性预测向实证性预测的转变。虽然经过实践的验证，G. King的预测结果并不理想，但其运用数学方法和数学模型对人口进行预测的思想对后世产生了重要的影响。直到1983年，西方著名的罗马俱乐部第一次用实证研究方法预测100年之后的世界发展情况，建构1990—2100年世界资源、人口、污染等要素的综合模型，并发表研究报告《增长的极限》，⑭标志着人类第一次真正实现了系统地使用实证性预测方法，通过建立数学模型和使用计算机

① Science-Operations Science. Researchers from Swansea University Report on findings in Operations Science(event classification and location prediction from tweets during disasters)[J]. Bioterrorism Week,2020(3):45-47.

② 朱瑜馨. 基于GIS的森林资源神经网络动态预测理论与实践研究 [D]. 兰州：西北师范大学，2003.

③ 赵庆建. 河北省水环境安全评价体系及水资源可持续利用技术研究 [D]. 哈尔滨：哈尔滨工业大学，2007.

④ 马涛. 通辽市平原区地下水环境承载力评价研究 [D]. 北京：中国地质大学，2016.

⑤ 杨光辉. 中国人口老龄化与产业结构调整的统计研究 [D]. 厦门：厦门大学，2006.

⑥ 迟明. 中国人口生育政策调整的经济学研究 [D]. 长春：吉林大学，2015.

⑦ 李岩. 中国社会发展预测理论与实践研究 [D]. 长春：吉林大学，2012.

⑧ 徐晓飞. 人口老龄化对我国GDP及其构成的影响 [D]. 大连：东北财经大学，2012.

⑨ Michael Wegener, Frank Westerhoff. Evolutionary competition between prediction rules and the emergence of business cycles within Metzler's inventory model[J]. Journal of Evolutionary Economics,2012,22(2):67-71.

⑩ 孙皓，石柱鲜. 中国利率期限结构对经济周期波动的预测能力检验——基于动态Probit模型的研究途径 [J]. 经济与管理研究，2011 (4)：64-71.

⑪ 成汉平. 越南未来五年政治经济发展走向预测——基于对越共"十一大"制订的发展目标之分析 [J]. 东南亚研究，2011 (3)：39-43.

⑫ 李元左，杨晓段，郭瑞平. 非战争军事行动装备保障资源需求预测模型 [J]. 价值工程，2013, 32 (9)：281-282.

⑬ 孟令国，李超令，胡广. 基于PDE模型的中国人口结构预测研究 [J]. 中国人口·资源与环境，2014, 24 (2)：132-141.

⑭ [美] 德内拉·梅多斯，乔根·兰德斯，丹尼斯·梅多斯，等. 增长的极限：罗马俱乐部关于人类困境的研究报告 [M]. 李宝恒，译. 成都：四川人民出版社，1983：1-13.

技术，对世界的发展情况进行预测，自此，预测真正走向模型化计算与试验操作的实证性预测阶段。

目前，社会预测的具体研究方法有很多，应用于人口预测的方法主要包括趋势外推法、时间序列法、莱斯利矩阵法①、队列构成法（Cohort Component Method，CCM）、灰色系统分析法、贝叶斯参数估计法、系统仿真法等，并建构了许多成熟的预测模型，如马尔萨斯（Malthus）人口指数增长模型、罗杰斯特（Logistic）的阻滞型人口模型、灰色预测（Grey Model）模型、王广州系统仿真模型、宋健人口预测模型、"人口—发展—环境"（PDE）分析模型②等，在国内外进行了大量的经典预测研究，并形成了一系列有代表性的研究结论。例如，1992年加利福尼亚州大学学者 Ronald Lee 通过时间序列法预测死亡率，建立了 Lee‐Carter 死亡率预测模型，从时间维度、年龄维度、性别维度对影响死亡率变化的趋势参数和年龄差异参数进行估计，预测其发展趋势及置信区间；③；Hardel（2009）对 Lee‐Carter 模型进行改进以处理年龄别迁移率，预测出德国 2007—2060 年合计 53 年的人口总量变化和结构特征，④ 后来相关方法和模型被学者们广泛应用到人口预测中。Alders M 等⑤还利用贝叶斯参数估计法，随机预测了欧洲 18 个国家的人口变化情况，研究还将预测结果与其他预测方法进行对比，以进一步明确不同预测方法在区域人口发展预测中的差异性及优缺点，除此之外，贝叶斯参数估计法还可以用于数据稀少的小区域人口预测。⑥ Heilig 等⑦对 196 个国家 1950—2005 年的历史数据进行了分析，利用贝叶斯方法对出生人数和死亡

①　Leslie P H. On the use of matrices in certain populationmathematics［J］. Biometrika, 1945（33）:183-212.

②　孟令国，李超令，胡广. 基于 PDE 模型的中国人口结构预测研究［J］. 中国人口·资源与环境，2014，24（2）：132-141.

③　Lee R D, Carter L. Modeling and forecasting U. S. mortality［J］. Journal of the America Statistical Association, 1992(87):659-671.

④　Hardle W K. A stochastic population forecast for germany and its consequence for the german pension system［R］. SFB 649 Discussion Paper, 2009(2):8.

⑤　Abel G. J, Sander N. Quantifying global international migration flows［J］. Science, 2014, 343（6178）:1520-1522.

⑥　Raftery A E. Alkema L, Gerland P. Bayesian population projections for the United Nations［J］. Statistical Science: a Review Journal of the Institute of Mathematical Statistics, 2014, 29(1):58.

⑦　Heilig G, T Buettner. A Stochastic version of the United Nations world population prospects: Methodological improvement by using bayesian fertility and mortality projections［R］. Joint Eurostat/UNECE Work Session on Demograghic Projections, Lisbon, 2009(12):28.

人数进行了拟合，并基于两类不同的生育率随机变化情景，对 2006—2050 年的人口进行了随机预测。而且，随着对研究精度要求的不断提升，在具体应用中，预测方法和预测模型也出现了相互融合、提高拟合度的趋势，如 Hyndman 等①在对澳洲人口进行预测的研究中，利用蒙特卡洛方法确定参数的随机变化情况，并进一步利用队列要素模型对澳洲人口变化情况进行随机预测。在 Hyndman 的研究中，根据研究需要进行方法和模型的选择和组合，以最大化地发挥不同预测方法的优势，规避其不足，这一趋势在近几年的国内外研究中都有所体现。从国外的研究特点和得到的结论来看，预测研究比较注重数据的收集和模型的可信度分析，在人口预测方面得到的结论，比较能够令人接受。

中国人口信息中心采用系统仿真思想，研发了中国人口预测系统（CPPS），并广泛应用于国内人口的预测。针对人口教育需求预测的研究需要，国内学者不仅将经典预测理论与方法用于人口教育需求的相关研究，而且对经典方法及模型进行了改进，形成了教育需求动态预测法、拟合优度检验法等新的预测方法和模型。

3. 基于人口预测方法及模型的学龄人口预测研究

预测理论作为重要方法论，在指导国内学龄人口预测和教育资源配置等研究中发挥着越来越重要的作用，相关研究主要存在两种预测取向。

预测研究的第一种取向是以固定化的点估计预测为主的单一方法预测取向。在这一阶段，研究者选取一种预测方法对研究问题进行预测，如马守春②基于灰色系统理论建立出生人口预测模型，对西藏小学和初中招生数、分年级在校生规模、在校生总量进行预测，建立预测模型；李玄③则通过 Leslie 矩阵人口预测模型，对北京未来的基础学龄人口进行高、中、低三种预测方案的预测，并针对三种预测结论提出对策建议；张曼丽④关注广东省流动人口的增长问题，运用时间序列法中的指数平滑（Exponential Smoothing, ES）模型，对非户籍人口未来 10 年的增长情况进行预测。无论是灰色系统预测，还是时间序列预测，都以同一现象或同一对象在不同时间节点上的连续观察值为数据分析基础进行排列，根据排

① Hyndman R J, Booth H. Stochastic population forecasts using functional data models for mortality, fertility and migration [J]. International Journal of Forecasting, 2008(24): 323-342.

② 马守春. 人口与基础教育发展趋势预测模型研究及应用 [J]. 数学的实践与认识, 2006 (11): 159-163.

③ 李玄. 北京市基础学龄人口预测及教育资源需求分析 [D]. 北京：首都经济贸易大学, 2016: 38-42.

④ 张曼丽. ES 方法在人口趋势分析中的应用 [J]. 才智, 2016 (31): 261.

列规律寻找其演变趋势，从而进行趋势外推预测。^① 因此，在预测中，趋势预测的准确、可信程度与历史数据中数据点的完整、充足及准确程度密切相关。以固定化的点估计预测为主的单一方法预测一般适用于单区域或封闭区域的短期人口预测，每一种预测方法或模型都存在一定的预测盲区，无法满足多因素联合预测和总体分析的需要，因此，随着相关研究的推进，逐渐产生了多元方法组合预测的研究趋势。

预测研究的第二种取向是以动态化趋势预测为主的多元组合方法预测取向。联合国教科文组织指出，"教育发展规划的各个方面几乎都与人口规模、结构和分布有关，必须充分考虑人口动态变化"，^② 这对学龄人口预测提出了更高的要求。我国学者运用中国人口预测系统（CPPS）对学龄人口进行了一系列区分城乡的预测，^{③④⑤}根据预测方案要求进行参数设定，模拟预测研究区域学龄人口年龄结构的动态变化趋势，并对其变化过程及特征进行描述。^⑥ 尽管 CPPS 是基于系统仿真思想设计的人口预测软件，但必须说明的是，CPPS 的预测是基于单区域、封闭人口的假设，在对学龄人口区域间频繁流动的预测中，必须依靠增加政策调整参数或人口城乡流动指标参数的设定^⑦对预测进行控制；或者在使用CPPS 进行预测时，同时使用其他预测方法，实现对 CPPS 预测结论的修正，如唐一鹏利用 CPPS 对 2016—2025 年两市小学、初中、高中（包括普高和中职）的学生规模进行预测。同时，利用时间序列方法中常用的递归平滑算子（Recursive Smoother）来获得调整系数，控制预测偏差，弥合学龄人口数和在校生数量

① 钟丽燕. 趋势外推法在人均 GDP 预测中的应用［J］. 经贸实践，2017（7）：84，86.

② UNESCO-international institute for educational planning. demographic aspects of educational planning［EB/OL］.［2019-02-23］. https://www. iiep. unesco. org/en.

③ 李玲，杨顺光，韩玉梅. 我国城乡义务教育资源需求探析——基于学龄人口的预测［J］. 教育科学，2014，30（5）：1-6.

④ 张辉蓉，黄媛媛，李玲. 我国城乡学前教育发展资源需求探析——基于学龄人口预测［J］. 教育研究，2013（5）：60-67.

⑤ 李玲，杨顺光. "全面二孩"政策与义务教育战略规划——基于未来 20 年义务教育学龄人口的预测［J］. 教育研究，2016，37（7）：22-31.

⑥ 袁桂林，宗晓华，陈静漪. 中国分城乡学龄人口变动趋势分析［J］. 教育科学，2006（1）：16-18.

⑦ 梁文艳，杜育红，刘金娟. 人口变动与义务教育发展规划——基于"单独二孩"政策实施后义务教育适龄人口规模的预测［J］. 教育研究，2015（3）：25-34.

二者之间的误差，修正 CPPS 的预测结果。① 可以说，CPPS 实现了学龄人口的区分城乡预测，改变了以往对各类教育的学龄人口预测按总量进行预测计算的情况。②③

在第二种取向的其他预测研究中，也出现了多种预测方法叠加使用的情况，主要是通过预测方法的叠加达到多方修正预测结论的目的。比如，周志等④在运用灰色预测理论的单因素灰色预测 GM（1，1）模型的基础上，结合线性回归原理，建构多因素的灰色模型 GM（1，N），预测未来天津市义务教育非户籍学龄人口各时间点的具体规模，采用人均教育消费支出、义务教育生师比等 7 项数据作为影响天津市非户籍学龄人口规模的主要因素构建预测模型，并针对义务教育阶段学龄人口规模及其变化趋势进行预测。⑤⑥ 赵佳音⑦主要采取基数加增长的方式对学龄人口进行预测，先使用队列构成法对学龄人口基数进行预测，然后对"全面二孩政策"适用人群进行生育意愿调查，进一步算出新增"二孩"数。研究中使用的莱斯利矩阵模型是一种线性的种群数量动力学模型，对学龄人口流动等非线性人口变动预测具有解释力方面的局限性，因而，为了保持预测区域的相对封闭性，研究将学龄人口的迁移假定在省内迁移。尽管在预测参数设置及预测精度提升方面仍然需要作进一步的完善，但以动态化趋势预测为主的多元组合方法预测取向的现有研究中，基本实现了分城乡、多要素、多元方法及动态预测的要求，在预测的有效性和精准度方面有了很大的进步。

在对研究的预测期设定中，学者们根据研究对象呈现出不同的研究偏好。在宏观预测中，研究者倾向遵从全球化发展中人口变动、技术进步的长周期演变规

① 唐一鹏．我国特大城市基础教育规模变动及其趋势预测——以北京、上海为例［J］．上海教育科研，2018（3）：10-14.

② 朱光华．上海中小学学龄人口现状、发展趋势及对教育资源需求的研究［J］．上海教育科研，2008（9）：8-11.

③ 许小君，霍登奇，张艳，等．四川省 2008—2015 年中学教师需求预测［J］．教师教育研究，2008（1）：60-64.

④ 周志，田楠，赵宇红．天津市义务教育学龄人口规模预测与分析——基于多因素灰色预测模型和人口推算法［J］．西南师范大学学报（自然科学版），2017，42（3）：49-55.

⑤ 李玻，蒋艳，杨秀文．优化背景值的灰色 MGM（1，n）模型［J］．西南大学学报（自然科学版），2013，35（1）：89-94.

⑥ 姚翠友，王泽恩．北京市义务教育学龄人口多因素灰色预测分析［J］．数学的实践与认识，2019，49（12）：129-136.

⑦ 赵佳音．"全面二孩政策"背景下全国及各省市学龄人口预测——2016 至 2025 年学前到高中阶段［J］．教育与经济，2016（4）：64-69，91.

律，应用长周期趋势外推和统计学中的随机抽样推断原理进行预测，如杜秦川等①先将 1951—2050 年全球各国经济发展情况大体分为三个阶段，利用 Conference Board 世界经济数据库中 1951—2015 年经济指标数据完整的所有国家数据进行计算，预测出 2050 年人均 GDP 排名前一半国家的人均 GDP 均值。在长周期趋势预测中，对其预测参数的认定一般采用直接延续认定法，即在拟定的预测期内对同一组预测参数保持延续使用的状态。考虑到社会经济环境、科学技术进步和人口变动等要素趋于日益活跃的动态变化的基本特征和社会事实，长周期预测极易陷入用一组固定不变的参数去描述不断变化的社会事实的困境，因而要对长趋势预测参数的设定及其发展趋势的描述持谨慎的态度，也要在研究初期区分适用于长周期、短周期预测的不同研究主题。为了弥补长周期趋势预测的不足，研究还可以考虑使用分时段设置参数的方法，拟合客观实际的变化。比如，如果预测期为 50 年，可以按照每 10 年一个时段，分为 5 个时段，并根据每个时段的实际情况对预测参数进行调整。分时段参数设置法不仅要求研究者熟练掌握人口预测模型技术基础，还要求其对社会发展状况有深刻的认识和严谨的分析，这样才能保证在设置参数时能兼顾不同预测时段在政策、科技、人口等方面的差异性变化，提高预测的准确度。②

科学预测是合理规划的重要组成部分，致力于认识决策和预测外部重大事件可能产生的效果。③ 但是，随着社会的发展，我们要预测的问题和对象往往呈现出紧密的复合性和交织性的特点，使预测具有显著的复杂性、系统性和不确定性。自 20 世纪 70 年代以来，托夫勒相继发表《未来的冲击》④《第三次浪潮》⑤等著作，对未来社会的变化和趋势进行预测，在这之后的 40~50 年，各类预测研究汗牛充栋，人们对社会预测的意识和需求也不断增强，甚至有学者认为"如今的世界充满变数，要在变化中求得生存与发展，必须有一定的预见能力"⑥，

①　杜秦川，易信，马琳．"2050 年中等发达国家"收入标准的量化研究——基于长周期趋势外推和随机抽样推断原理的估计［J］．中国物价，2017（6）：6-9．

②　李永胜．人口预测中的模型选择与参数认定［J］．财经科学，2004（2）：68-72．

③　勒·汤·夸，张人杰．教育预测的历史经验［J］．全球教育展望，1984（3）：50-56．

④　［美］阿尔温·托夫勒．未来的冲击［M］．孟广均，吴宣豪，黄炎林，等，译．北京：中国对外翻译出版公司，1985：39．

⑤　［美］阿尔温·托夫勒．第三次浪潮［M］．朱志焱，潘琪，译．北京：北京三联书店，1983：20-30．

⑥　沈恒炎．未来研究丛谈［J］．未来与发展，1983（1）：56-59．

拒绝预测，就意味着拒绝生存。在学龄人口预测与义务教育资源配置之间的匹配研究中，同样存在显著的动态性、复杂性和不确定性，是典型的具有博弈性质的问题。学龄人口与义务教育资源之间的动态平衡关系，从博弈论的观点来看，往往是在"多次博弈"之后逐渐形成的，体现了博弈论中"多次"或"重复游戏"的实质，所以在社会学领域中，多数预测都不是一步到位的。① 同理，学龄人口预测与义务教育资源配置之间要想真实实现远期动态平衡，必须在对学龄人口准确预测的基础上调整义务教育资源配置模式，学习、借鉴国内外教育资源配置的多种模式，如"资源共享"模式、"财政充足"模式、"学校效能"模式，建立预测与规划之间的密切关联，在不断预测和调整中，逐渐靠近理想配置的目标，逐步实现"纳什均衡"的基本要求。

乔纳森·T. 休斯（Jonathan T. Hughes）② 对共享的起因、模式选择及相关措施等方面进行了分析，并建立了完善的教育资源共享理论。休斯的理论为学校资源配置改革提供了新的路径，通过实现学校间的资源共享能够使有限的资源得到充分的利用，并最终实现教育的均等化发展。

教育经费改革是 20 世纪 90 年代在美国兴起的。随着社会的发展，人们对高质量教育的需求越来越强烈，美国的教育经费投入体制也开始了改革。以往美国更关注与教育经费有关的投入，改革后教育的产出也就是学生的学业效果也得到了同等的重视。③ 关于提供充足的教育经费问题也就此开展。从美国义务教育经费投入的历史发展来看，仅关注公平是不能满足教育需求的，教育公平必须与效率和质量相结合，才能保证教育高质量的发展。这为我国义务教育资源配置多元需求问题提供了有益经验。21 世纪初，学校的效能改革起始于西方国家的教育改革思潮。在这场思潮中，学者的关注从对学生提供资源转向了关注学生毕业时的学业成绩，对相应学业标准予以规定，并对学生学业成果进行考核，为学校提供相配套的教育资源。英国 2002 年就推出了新的学校管理办法，英国政府根据学校学生学业成绩继续相应的奖励，教师的工资也与此相关，即"按绩效付酬"（performance-related pay）。④ 特别需要指出的是，这与我国以升学率为标准的绩

---

① 阎耀军. 社会预测学基本原理［M］. 北京：社会科学文献出版社，2005：16-17.

② 刘扬，高洪源. 美国教育资源共享的经验及其启示——休斯的理论观点［J］. 外国教育研究，2005（7）：69-72.

③ 李文利，曾满超. 美国基础教育"新"财政关注财政充足［J］. 教育研究，2002（5）：1-9.

④ 冯大鸣. 美、英、澳教育管理前沿图景［M］. 北京：教育科学出版社，2004：241-242.

效考评不同，国外是根据学生进步程度以及学校改革的程度来考评的，二者存在本质差别。

公平与效率是西方国家义务教育资源配置的核心关注点。西方国家的改革更加强调教育质量的提高，原因在于西方国家已经基本实现了教育公平，是在此基础上的发展方向的转变。正如我国学者所提到的，"欧美国家义务教育改革不是在量上的改革，而是在质上的改革，通过对质的改革，提高未来公民的素养和能力，来应对日趋复杂的社会竞争"①。所以，在借鉴西方国家的经验时，我们要先考察相应的社会背景，并结合我国的实际，再进行借鉴。

（三）文献述评

从国内外研究总体来看，学龄流动人口群体基本上可以划分为两个方面：一是从农村迁移到城市的学龄人口；二是根据就业、家庭化生活特征转移、人口吸引、经济投资（买房、创业）等造成的学龄人口迁移流动。通过对国内外研究成果的横向分类和纵向理流，我们不难看出，近几十年来，国内外学者围绕学龄流动人口群体作了大量的研究，他们致力于揭示学龄流动人口的流动趋势特征集聚状况以及学龄流动人口引发的流入地教育资源供需变动情况，并尝试通过对预测方法和模型的使用，建立对学龄人口流动趋势变化状况的关注。虽然国内外在教育资源配置方面，积极关注了供需矛盾带来的问题，并出台了一系列的政策、法案、办法等，对学龄流动人口群体进行补助和支持，但遗憾的是，诸多研究中尚未建立学龄人口常态化的流动预测与教育资源配置之间的明确关联，没有对学龄人口的流动趋势形成有效的预测路径，因而难以把控和设计相应的资源配置模式，导致资源配置被动和滞后。同时，没有形成基于学龄流动人口与义务教育资源配置之间的梯度匹配关系。

而且，不可忽视的是，现有文献多从宏观层面对学龄人口区域流动的诸多因素进行论证，缺少充足的中微观视角统计数据验证，仅基于学龄人口流动的总体数据，将学龄人口流动的数据纳入区域整个学龄人口数据之中，极易导致总体数据中和，以及掩盖城乡之间、区域之间及区域内部学龄人口流动的巨大差异和趋势变化。在此基础上对未来学龄流动人口的变化和教育资源配置进行研究，必然会使不同区域间的差异模糊化，因此，现有研究并没有真正地反映出学龄流动人口在规模与比重方面的变化规律以及对教育资源配置的影响程度。另外，在研究方法上，仅依靠户籍学龄人口变化数据来建立预测模型，而不是依靠实际的常住

---

① 吴文侃，杨汉清．比较教育学［M］．北京：人民教育出版社，1999：423.

学龄人口进行预测，从而无法体现不同类型的学龄流动人口在分布规律、作用、影响等方面的差异。

关于教育资源在教育系统内部配置的问题受到国内许多研究者的关注，尤其是教育资源配置在区域间不均衡、不平等的问题仍然严峻，同时也存在使用效率低和一定的资源浪费问题，相关研究更多地关注有限的教育资源如何使各级各类教育培养人才的数量与质量满足经济发展对不同类型与层次人才的要求，却忽视了教育结构应与经济、社会、区域发展等综合方面保持"功能性"协调的问题，具体到学龄流动人口教育资源配置的问题上，相关研究并未作深入展开。

从国内外研究现状来看，对于有关学龄流动人口与义务教育资源配置的适配问题，国内学者的研究更多地从地区学龄流动人口变动情况与教育资源适配水平等角度进行研究。虽然在研究中涉及了学龄流动人口问题，但并没有完整地对学龄流动人口产生的原因及演化规律进行深入分析，因此，研究角度仍停留在区域的自然人口变动框架内。实际上，当前社会经济发展趋势、学龄流动人口的变化已经对地区的学龄人口变化规模产生了常态化的影响。但在现有研究中，多数是针对随迁子女流入为主的区域（如超大城市、特大城市、国家级新区或大城市中）学龄流动人口对义务教育资源配置的影响和主要发展态势，但对人口相对稳定区域与流失区域的分析严重不足，尤其是针对义务教育资源配置的研究缺乏系统性，也没有提出针对性强的政策建议。因此，只有针对学龄流动人口的具体研究才能对地区义务教育资源配置提出完备性的规划与布局，这也是本书要解决的第一个问题。

在人口流动趋势预测与教育资源配置问题中，近几年开始有学者对学龄流动人口的变化趋势进行建模预测，相关研究主要对人口规模、结构进行预测，采用的是不同的人口预测方法，着重了解各级教育供求结构的变化趋势，有学者结合学龄流动人口预测数据，对高中阶段和本科阶段的教育需求进行估算，并以此为依据，预测未来我国高中教育及大学教育要应对人口变动的挑战，从而采取适应性的调整。可以说，研究者已经开始注意到趋势预测对于教育问题研究的意义，但其具体的研究路线、方法使用、模型建构等核心问题尚不成熟，仍处于探索阶段。从现有国内外的研究现状来看，一些文献曾提到教育资源的合理配置问题研究应体现信息时代的基本特征，也就是在教育资源合理配置研究上，应充分运用数据分析及模型建构技术，将潜在的、有价值的、决定教育资源配置的数据运用到研究问题之中，这是本书第二个有价值的问题。

综上所述，现有研究存在两个偏向，第一种偏向是从宏观数据描述角度，阐释人口总量变化对教育产生的复杂影响，从"宏观的战略规划"或"受教育权"

"教育公平"等角度提出相对泛化的对策建议，因而，现有研究对这一复杂问题的理解至今仍停留在浅层或比较片面的阶段，对于区域差异较大的中国现实情况而言，其指导意义是极为有限的，甚至是无效的；第二种偏向是基于人口学的实证研究，倾向于依据单纯数据统计进行分析，但在这一类研究中，对统计数据背后深刻原因的剖析相对缺乏和不足，很多研究虽然围绕人口流动和教育资源之间的关系进行探讨，但对于义务教育资源可预测的适配问题没有实质性的触及，无法揭示更深层的规律性问题，也无法针对不同类型区域进行独特性分析，对症下药，有的放矢地解决错综复杂的实际问题。

综合上述观点，本书在基于学龄人口空间流动趋势预测的基础上，结合多因素综合调节修正作用，探讨在大规模的、无序的学龄人口流动过程中，政府、教育、人口等部门发挥怎样的作用和如何发挥作用，对学龄人口流动中的教育资源配置做到动态调节、弹性平衡以及阶梯式适配，这是我们必须面对的难题，也是特殊的中国国情赋予我们的艰巨任务。应该说，前人的成果为我们的进一步研究提供了开阔的思路和丰富的参考资料，使我们得以站在他们的肩膀上，进行更深入的探索。

三、学龄流动人口与义务教育资源配置研究的主要内容

（一）主要内容

1. 主要理论问题

（1）建构基于学龄人口流动趋势预测的义务教育资源配置综合调节理论。本书旨在借助理论体系建构及预测数据与模型分析，深入探究在城市化发展进程中，学龄流动人口涌入对城市义务教育，尤其是小学阶段教育资源配置产生的影响，从而揭示在新的社会条件下，义务教育资源配置面临的在内涵、外延、特征、结构等方面的改变，以确定对学龄人口的流动趋势产生影响的主要要素，建构义务教育资源配置的综合调节理论，进一步挖掘和探究义务教育资源合理、优化配置的动态方案，丰富和完善学龄人口区域流动背景下义务教育资源配置的理论体系。

（2）建构基于综合调节理论 PESE 分析框架的学龄人口流动趋势预测指标体系。在建构义务教育资源配置综合调节理论的基础上，建立学龄人口流动趋势预测指标体系及预测模型，遵循指标体系建构的原则、方法，确定指标体系拟解决的预测要素和要素之间的逻辑关系，以此揭示学龄流动人口趋势预测关联义务教

育资源配置的理论实质及操作策略，对现有义务教育资源配置模式进行有益补充，进一步丰富和完善现有配置模式的理论体系及操作实践。现阶段，在我国，以户籍学龄人口为基数进行义务教育资源配置的规划已持续多年，近几年，一些学龄流动人口大量涌入问题突出的一线城市或大城市，义务教育资源的配置思路正在转向对学龄流动人口的关注，这说明在义务教育资源配置过程中，户籍学龄人口规划基数已体现出相当大的局限性；而国外小学的义务教育资源配置，对学龄流动人口的关注要更早一些，这与国外经济发展带动人口流动的现实有密切关联，针对学龄流动人口这一群体，国外更倾向于依靠专项经费或项目制经费投入的方式予以支持。因此，本书基于现有研究进展，提出一种以科学预测思维为基础的资源配置思路，即针对学龄人口流动趋势的预测，匹配相应的资源配置方案。

（3）建构义务教育资源配置弹性平衡机制及阶梯式适配标准。借助预测，描述学龄人口流动趋势对义务教育资源配置产生影响的复杂、动态过程，确定义务教育资源配置的刚性配置要求及弹性配置要求，充分考虑社会经济发展、政策环境、生态与社会资源等因素在资源配置中的修正作用，重视多因素综合调节在资源配置中的导向作用和预测作用。因此，弹性平衡机制及阶梯式适配标准是从复杂性科学及系统论角度出发的，注重形象、直观地揭示各配置要素间的交互作用及逻辑关系，全面、科学地预测对合理、优化资源配置起到支撑作用。

2. 基本假设

本书将学龄人口流动趋势预测作为义务教育资源合理、优化配置的一个关键指标，以回应教育现实中由于学龄人口流动引发的资源配置困境，具体提出基于预测的义务教育资源适配模式及方案，分析学龄人口区域流动的引发要素，建构预测指标体系及预测模型，并由此展开对义务教育资源科学、高效配置的研究。本书的基本假设是：

（1）学龄人口流动趋势受多因素共同影响，因素系统中的某一因素对学龄人口流动趋势发生作用的贡献度，即各因素发生作用的系数，是可以通过确定参照时间点（以某时间点为原点）前10年、前5年的连续数据外推得到的，因此，在外推预测未来3~6年学龄人口的流动趋势过程中，可以通过计算并设置某影响要素的弹性变动系数，计算出学龄人口在未来3~6年的流动趋势，在此基础上进行相应的教育资源匹配或调整，减少资源配置的盲目和被动，把握城市化发展需要与教育适度超前配置的主动权，设置资源配置预警，及时优化匹配方案。

（2）可以进一步建立或优化义务教育资源配置的结构组成，在考虑人、财、物、信息技术等资源配置满足刚性标准配置的基础上，增加弹性配置部分，补充原有配置模式的实际需要，给出最不利地区的最低配置标准及梯度提升方案，以应对义务教育资源配置现实中的风险及不利状况，形成刚性与弹性相结合的资源配置模式，增加配置的精准性、科学性。因此，应针对不同区域配置对象的实际需要及具体困难，将刚性配置与弹性配置有机结合，最终达成义务教育资源配置的充分、合理、优化等目标。

总之，外推预测是为了提前预知学龄流动人口的区域变动情况，并以此为切入点，找准实现义务教育资源精准配置的基本路径，进一步丰富和完善义务教育阶段教育资源配置的理论体系及实践应用价值。

（二）研究方法与基本路径

资源配置是一门古老的学问，具有典型的综合性与交叉性。目前，学龄人口区域流动问题是社会热点问题，也是我国城市化发展必须经历的阶段，因此，义务教育资源配置的传统理论在应对新形势、新问题的过程中，无论是对其概念内涵、外延的界定，还是开展研究的理论基础都尚显不足，对一系列复杂问题的研究亟须更深入地探讨和完善。本书采取多元研究方法，旨在揭示学龄流动人口及义务教育资源适配状况的复杂性、系统性特征。

1. 文献研究法

本书涉及人口学、经济学、教育学、地理学等多学科的研究方法及分析视角，因而在研究正式开展的前期阶段，笔者运用文献研究法对研究涉及的主题词进行文献的搜集与处理，形成对核心研究领域的横向分类和纵向理流，积累相关领域的最新理论进展及研究动态，为本研究的推进积累大量的理论储备，夯实研究基础。

2. 德尔菲法

在进行学龄人口流动趋势预测的影响要素分析中，涉及预测要素的权重分配研究，即影响要素的贡献度分析，主要采用德尔菲法，让专家学者、学校管理者、学龄流动人口家庭成员（主要是家长）等不同利益关涉群体对预测指标发挥的作用、地位及重要性给出相应的权重数，经过反复权衡、评判，最终得到综合结论，形成完整的预测指标体系。

3. 趋势外推法—多因素灰色预测模型

目前，趋势外推法主要运用于科技、经济和社会发展等领域，是较成熟的预测方法，本书将其引入教育领域，以此对学龄人口的流动趋势进行预测。学龄流动人口的发展变化符合渐进式的变化特征，符合趋势外推法的基本理论假设。因此，可通过找出引发学龄人口流动的主要影响因素，并通过权威数据对接相应的影响因素，从而建立学龄流动人口的迁移发展规律。依据诸影响因素与学龄人口区域流动之间的规律推导，就可以外推出学龄人口在未来的流动趋势和分布状态。本书主要应用趋势外推法中的多因素灰色预测模型进行预测。

四、学龄流动人口与义务教育资源配置研究的价值与创新点

（一）理论价值

本书围绕我国城市化发展进程中的典型问题展开，即学龄流动人口引发区域教育资源失配问题，对学龄人口区域流动背景下义务教育资源合理、优化配置的理论问题进行了探讨，包括义务教育资源配置在新时代特征下的内涵与外延的变化，对合理配置的理论框架、特征及模式等基本理论问题进行了解析，厘清了现有研究的不足及欠缺；同时，对建立学龄人口流动趋势预测与义务教育资源合理、优化配置之间的关联进行了系统的阐述与分析，以便我们更深刻地认识在城市化建设引发人口流动的背景下，义务教育资源配置的特殊规律。

（二）实践价值

本书通过综合调节理论 PESE 分析框架的建构和德尔菲法，对我国当前学龄人口区域流动背景下义务教育资源合理、优化配置的基本过程进行了预测研究，在此基础上提出动态、弹性配置的模式及方案，形成了基于学龄人口流动趋势预测与义务教育资源配置之间的匹配关系，并针对不同类型区域提出具体、可操作的配置方案，为区域或地方形成刚性配置与弹性配置有机结合的配置模式提供实践支持，以弥补现有研究中虽然提出了动态配置的观点但缺乏具体操作办法这一不足之处。

（三）创新点

科学研究的价值在于能够通过对前人已有研究成果进行选择性吸收的基础上，有所突破和创新，并不断推进相关研究问题领域的发展。综合考量本书，主要在以下三方面取得了一定的突破和创新：

第一，理论创新。在理论方面，本书为了能够深度解读学龄人口区域流动与义务教育资源配置之间的复杂关系，建构了义务教育资源配置综合调节理论，将人口、经济、社会、教育等子系统对学龄流动人口及义务教育资源配置的影响和复杂关系进行详尽的阐述。理论的创新有利于为后续预测指标的建立和资源配置

对策的提出提供分析问题和解决问题的研究框架。

第二，预测指标体系创新。本书中，预测指标体系的建立是基于义务教育资源配置综合调节理论 PESE 分析框架的，并从始至终指导研究的开展和研究结论的得出，改变了以往研究中指标确定的随意性、偶然性、经验性等特点，提升了后期预测结论的合理性和科学性。

第三，研究尺度创新。本书是采用多尺度研究视角（或介尺度研究视角）的一次有益尝试。研究主要基于对全国四类典型区域的调研，主要包括典型区域学龄人口区域流动及义务教育资源配置的区县数据和区县内微观学校数据等，是关注宏观尺度下的中观视角及微观视角的研究。研究改变了以往基于数量特征的义务教育资源配置研究大多体现在宏观尺度上的特点，仅描述国家或地区义务教育资源配置系统运行状态和发展趋势的限制。义务教育资源配置系统的复杂性特征具体表现在微观尺度上，仅采用宏观研究模式会造成中微观信息的缺失，所得到的义务教育资源配置系统理论和实践分析结果也会有较大的偏差，因此，本书建立起中微观尺度的相互联系，从而揭示学龄人口在区域流动过程中与义务教育资源配置之间的复杂关系。

第二章 学龄流动人口与义务教育
资源配置的基本释义

一、学龄流动人口与义务教育资源配置的核心概念界定

（一）学龄流动人口及相关重要概念

1. 学龄人口

一般认为，学龄人口是指本辖区常住人口中达到规定入学年龄的人口，也就是指接受义务教育的适龄儿童。本书涉及的常住学龄人口是指在一个行政辖区内实际居住的学龄人口，即所在辖区内的实有学龄人口，其中既包括有户籍且实际居住的学龄人口，即"户籍常住学龄人口"，也包括无户籍且实际居住的学龄人口。无户籍且实际居住的学龄人口包括"外来学龄人口"和"本地其他行政辖区流入学龄人口"。《中华人民共和国义务教育法》① 第十二条明确规定："在非户籍所在地工作或者居住的适龄儿童、少年，在其父母或者其他法定监护人工作或者居住地接受义务教育的，当地人民政府应当为其提供平等接受义务教育的条件。"本书针对义务教育阶段的学龄流动人口及教育资源适配问题进行研究，因此，将学龄人口的年龄界定在 6（7）~13（14）周岁。②

2. 人口流动及学龄流动人口

（1）人口流动。在现有的许多文献中，大多用"迁移"概念来描述人口流动。但从概念角度，迁移和人口流动是两种人口移动形式，即人口流动与人口迁移统称为人口移动。人口迁移与人口流动是与我国的户籍制度紧密关联的。在我

---

① 全国人民代表大会常务委员会. 中华人民共和国义务教育法［A/OL］.［2019-01-17］. http://www.chinalaw.gov.cn/Department/content/2019-01/17/592_227073.html.

② 《中华人民共和国义务教育法》第十一条明确规定，凡年满六周岁的儿童，其父母或者其他法定监护人应当送其入学接受并完成义务教育；条件不具备的地区的儿童，可以推迟到七周岁。

国，迁移是一个法定概念，涉及户口由原户籍所在地迁出并注销，同时在迁入地完成落户，因此，迁移人口涉及人口户籍的空间位移。相较而言，未改变户籍所在地，但其常住地与户籍所在地不同的人口移动，就是我们常说的人口流动，实际上是指"人户分离"的人口，包括流入人口和流出人口两部分。在本书中，人口流动侧重指户籍仍在原户籍所在地，而本人到非户籍所在地工作或生活的群体。

在我国经济发展与城市化发展过程中，农村的剩余劳动力人口流入有用工需求的城市工作，是形成现有人口流动现象的主要引力。20世纪90年代以后，非户籍劳动力人口"家庭化"流动趋势凸显，义务教育学龄流动人口与其家庭同趋流入城市，并在城市的某些区域呈现集聚状态。从一定意义上说，劳动力人口的大规模流动为学龄人口的大规模流动提供了重要基础。

（2）学龄流动人口。目前，我国学龄流动人口一般指"打工子弟""进城务工人员随迁子女""流动儿童"等，但国内对于"学龄流动人口"尚没有准确、统一的定义。根据1998年3月国家教委颁布施行的《流动儿童少年就学暂行办法》，流动儿童是指6~14周岁（或者7~15周岁）随父母或其他监护人在流入地暂时居住半年以上有学习能力的儿童。根据2000年第五次全国人口普查资料推算，2000年11月1日我国流动人口总量为1亿人，其中1~14周岁流动儿童为1400万人，占总流动人口的13.78%；6~14周岁义务教育阶段学龄流动人口为878万人，占总流动人口的8.69%。①

学龄流动人口的一般特征包括迁移、贫困、社会保障低等，在以公平、自由为基本价值观的新时代，流动学龄人口毫无疑问是社会发展进步过程中亟须得到更多关注的群体，其公平受教育问题日渐受到广泛关注，并代表人口城市化的实际发展进程。

本书围绕学龄流动人口对流入地区域的集聚规模、变化、性别、学习地区变动等情况展开研究，尤其重点关注学龄人口变动特征以及由此引发的义务教育资源配置问题。学龄流动人口流入地就学问题，涉及人口与教育、人口与经济以及教育与经济的关系问题。也就是说，学龄流动人口相关研究建立在人口、经济和教育的三位一体的框架下。

3. 学龄人口流动率

从近10年的流动人口统计数据可以发现，流动人口的变化向家庭化趋势发展，家庭化人口流动在一定程度上形成了学龄流动人口，为了比较确切地描述学

---

① 段成荣. 关于流动儿童义务教育问题的调查研究 ［J］. 人口与经济，2005（1）：12.

龄流动人口分布特征，本书建立了学龄人口流动率指标。将学龄人口流动率定义为学龄人口流动数量占学龄人口总数的比例，并由如下公式表示：

$$学龄人口流动率 = \frac{学龄人口流动数量}{学龄人口总数} \times 100\%$$

根据人口学观点，人口流动是指某一特定地区人口的迁入和迁出，实质上描述的是区域人口的重新分布，包括人口暂时或长期改变居住地或工作地的移动。人口区域间的迁移变动使得某一区域的人口结构发生变化，尤其是流入地常住人口的年龄结构、性别构成、职业构成等基本特征发生变化。因此，学龄流动人口主要是指跟随在非户籍所在地工作和生活的父母一起随迁到非户籍所在地就学和生活的学龄人口。

4. 义务教育资源配置弹性系数

学龄人口区域流动给义务教育资源的科学合理配置带来了极大的不确定性，因此，义务教育资源配置弹性系数概念的提出，直接建立了学龄流动人口与具体资源配置之间的关联，为应对和解决学龄人口区域流动带来的资源配置不足问题提供了有效的解决思路。

义务教育资源配置弹性系数是教育资源投入增长率与学龄人口增长率的比值，即教育资源投入增长1个百分点可接受学龄人口增长的百分值，比值越大，义务教育资源配置能力就越强，反之则越弱。从有效配置角度来说，学龄流动人口对流入地义务教育资源的弹性配置提出要求，应充分考虑经济、人口、社会等要素对资源配置的影响，保证资源配置的弹性增长尺度与经济增长、人口增长、社会公共服务增长等方面有同趋增长态势，由此保证在经济保持高增长态势状况下，其对义务教育资源配置也有同趋拉动作用，以弥补现有配置模式下，义务教育资源配置弹性不足的缺陷。

（二）资源与教育资源

1. 资源

学术界对"资源"的研究非常丰富，涵盖了自然科学和社会科学等相关领域，"资源"的概念界定也主要遵循自然资源和社会资源两种研究视角。自然资源是人类对"资源"最初、最直观的认识。在《辞海》中，资源指"生产资料或生活资料的来源"[①]，着重体现了资源的自然性，但同时应看到，"资源"的概念明确地揭示了人与资源的密切关系是通过生产与生活建立的。由此可见，"资

---

① 辞海编辑委员会. 辞海（第6版）[M]. 上海：上海辞书出版社，2009：3053.

源"的自然属性和社会属性是共生存在的。

"资源是创造人类社会财富的源泉"①，最早揭示"资源"社会属性的学者是马克思和恩格斯，他们认为"劳动是财富之父，土地是财富之母"②，"劳动和自然界一起才是一切财富的源泉。自然界提供劳动所需的必要材料，劳动力则通过劳动把自然材料变为各种生产、生活资源"③。从上述论述中，我们能够知道，"资源"应包括自然资源和劳动力资源两个基本要素，这是人与自然界之间的物质变换关系，即社会生产力诸要素之间的关联。随着时代的发展，资源的含义被不断地深化和拓展，劳动力资源衍生出各种非实物形态的资源，如技术资源、信息资源等，在对自然资源的开发利用过程中，把劳动力资源的生产与创造物化到各种实物资源中去。而人口与资源之间的矛盾，归根结底，要依靠自然资源与体现为人口的劳动力资源二者之间的优化组合求得解决。可见，对于"资源"的理解必须要打上社会的烙印，如果不能从社会的视角对"资源"进行深入研究，那就无法给"资源"下一个准确、客观的定义。

社会学领域对"资源"的界定聚焦在了不同的视角，吉登斯（Anthony Giddens）④ 认为，"资源可分为配置性资源和权威性资源，其中，配置性资源指人对物质工具的支配过程中所需的实物资源，包括自然资源和生产的物资产品；而权威性资源则指对人类自身生产生活过程中，驾驭各种资源或活动的能力与手段"⑤。资源成为"权力得以产生并实施的中介"⑥。也有学者⑦认为，在社会生态学中，资源是指那些在人类生态系统中始终参与并持续发挥作用的能量流、物质流和信息流，是主要通过参与系统代谢功能的正常运转，使系统保持有序、稳

---

① 《中国资源科学百科全书》编辑委员会. 中国资源科学百科全书 ［M］. 北京：中国大百科全书出版社；东营：石油大学出版社，2000：1-6.

② ［德］卡尔·马克思，弗里德里希·恩格斯. 马克思恩格斯全集（第二十三卷）［M］. 中共中央马克思恩格斯列宁斯大林著作编译局，译. 北京：人民出版社，1972：57.

③ ［德］弗里德里希·恩格斯. 自然辩证法 ［M］. 郑易里，译. 北京：人民出版社，1971：149.

④ ［英］安东尼·吉登斯. 民族—国家与暴力 ［M］. 胡宗泽，赵力涛，译. 北京：生活·读书·新知三联书店，1998：7-8.

⑤ Anthony Giddens. The constitution of society ［M］. Cambridge：Polity Press，1984：258.

⑥ ［英］安东尼·吉登斯. 历史唯物主义的当代批判 权力财产与国家 ［M］. 上海：上海译文出版社，2010：111-122.

⑦ 范国睿. 试论教育资源短缺及其对教育生态系统发展的影响 ［J］. 河北师范大学学报（教育科学版），1998（1）：73-78.

定运行的各种物质。而科尔曼（J Coleman）① 从理性选择理论的视角重新认识了资源，他认为，资源是能够满足人们需要和利益的实物形态或非实物形态。

至此，"资源"的概念逐渐形成其现代解释框架，社会性含义不断深化，"资源"研究日益丰富化、多样化，权力、财富、技能等标签也逐渐被纳入资源的范畴。

笔者认为，资源是保证系统得以正常运转的一切要素的总和，这一概念具有典型的时代性特征，即随着时代的发展，"资源"的构成要素会不断地丰富和充实。因此，根据系统论研究视角，笔者认为，资源包括能量型资源、物质型资源和信息型资源，其中，能量型资源是资源系统中带有动力特征的资源总和，能推动和促进资源的能量流动和转化，如人力资源、制度资源、政策资源等；物质型资源是以实物形式参与能量交换的资源总和，是产生新的能量的物质基础，如财力资源、物力资源等；信息型资源是资源系统中以非实物形式参与能量交流的资源总和，其在能量交换中正发挥着越来越重要的作用，如信息资源、信息技术资源等。

2. 教育资源

基于对已有文献的梳理，如表 2.1 所示，"教育资源"的概念最早于 1982 年出现在国内学术界，主要指"社会为进行各种教育所提供的人、财、物等方面的综合条件"②。令人遗憾的是，自此之后，对"教育资源"的研究并没有继续深入，一直搁置了 10 年之久，直到 1993 年才再次出现在国内学者的学术论文中。③近 30 年来，对于"教育资源"的研究相对集中体现在教育经济学领域，并形成关于"教育资源"的基本共识，即是指"教育系统从社会资源总额中获取的人、财、物等资源总和"④。这期间，学者们将"教育资源"定义的起点放在了经济学范畴的"资源"概念，在"资源"上直接嫁接了"教育"的概念，更强调经济因素在"资源"中的占比和重要性，形成了"教育资源"的概念，这意味着，在对"教育资源"的研究中必然会不自觉地带有经济学研究的偏好和依赖，而忽视其在教育学研究中的特殊性，弱化了"教育资源"相关研究特有的教育价值。新近研究逐渐注意到经济学研究视角的局限性，将"教育资源"研究的落脚点重新放回教育学领域，并形成"教育资源"系统构建的研究视角。从相关

---

① ［美］詹姆斯·S. 科尔曼. 社会理论的基础上［M］. 北京：社会科学文献出版社，2008：58.

② 韩宗礼. 试论教育资源的效率［J］. 河北大学学报（哲学社会科学版），1982（4）：60-70.

③ 王善迈. 市场经济体制下的教育资源配置方式［N］. 中国教育报，1993-01-08.

④ 王善迈. 教育经济学简明教程［M］. 北京：高等教育出版社，2000：122.

学者的研究定义中，我们了解到"教育资源"实质上涵盖了"教育资源系统中的一切要素和条件"，是"教育资源配置"的基础概念。

表2.1　"教育资源"定义

年份	学者	出处	定义
1982	韩宗礼	《试论教育资源的效率》	教育资源，指社会为进行各种教育所提供的财力、人力、物力条件①
1983	Roe L Jones	The Economics and Financing of Education	教育资源，指会以某种方式影响学生学习的人、财、物、事投入的总和，包括教师、家长、管理人员、课本、文具、校舍、教学时间、教育经费等，在一切教育资源中，教育经费几乎可以看作所有其他资源必须依赖的基础性资源②
1995	胡梦琼（我国台湾）	《台湾地区城乡国民小学教育资源分配之比较》	教育资源，是指学生所能享受到的教育经费、活动空间、教学设备、师资及其教学活动方案等资源③
1998	顾明远	《教育大辞典》	教育资源亦称"教育经济条件"，指教育过程中所占用、使用和消耗的人力、物力和财力资源，即人力资源、物力资源和财力资源的总和。人力资源包括教育者人力资源和受教育者人力资源等。物力资源指学校中的固定资产、材料和低值易耗物品等。财力资源指人力、物力的货币形式，包括人员消耗部分和公用消费部分④

① 韩宗礼.试论教育资源的效率［J］.河北大学学报（哲学社会科学版），1982（4）：60-70.

② Roe L Jones. The economics and financing of education［M］. Englewood Cliffs：Prentice-Hall，Inc，1983：349.

③ 胡梦琼.台湾地区城乡国民小学教育资源分配之比较［J］.中正大学学报（社会科学分册），1995，6（1）：28.

④ 顾明远.教育大辞典［M］.上海：上海教育出版社，1998：799.

续表

年份	学者	出处	定义
2000	王善迈	《教育经济学简明教程》	教育资源是指教育领域通过社会总资源配置所取得的所有人力资源、物力资源和财力资源的总和①
2005	王卓	《教育资源配置问题的理论研究》	教育资源不仅包括上述的人力、物力和财力等经济资源，还应该包括信息资源、技术资源、文化资源、课程资源、制度资源等，教育资源是在教育过程中所投入的一切要素和条件的总称②
2007	许丽英	《教育资源配置理论研究》	教育资源指维持、组成、参与并服务于教育系统的一切资源，包括人力资源、物力资源、财力资源、时空资源、信息资源、文化资源、权力资源、制度资源、政策资源、关系资源等，这些资源构成了一个完整的教育资源系统③
2018	慕彦瑾	《西北农村义务教育资源配置合理性研究》	教育资源指保障并服务于教育活动以使教育目标达成的所有保障条件，包括人、财、物、时空、信息、制度等④

在本书的研究中，教育资源不仅是一种经济资源，还是一种特殊的社会资源，兼具经济资源及社会资源的稀缺性、准公共性及非排他性特点。同时，教育资源是一个历史的、可变的社会研究范畴，因此，要以历史的、系统的、动态的视角关注"教育资源"研究。

---

① 王善迈. 教育经济学简明教程［M］. 北京：高等教育出版社，2000：22.
② 王卓. 教育资源配置问题的理论研究［D］. 长春：东北师范大学，2005.
③ 许丽英. 教育资源配置理论研究［D］. 长春：东北师范大学，2007.
④ 慕彦瑾. 西北农村义务教育资源配置合理性研究［D］. 成都：四川师范大学，2018.

　　笔者从研究主题出发，为"教育资源"下了一个综合性定义，所谓"教育资源"，不仅包括教育过程中所使用和消耗的人力资源和物力资源、财力资源的总和，还包括具有时代性特点，能在教育过程中使用和消耗的其他一切资源，如信息资源、技术资源等。换言之，教育资源是教育系统在应对系统内外动态变迁及能量交换过程中，所能获得并使用的一切要素和条件的总和。根据系统复杂性视角进行分类，教育资源包括能量型教育资源、物质型教育资源和信息型教育资源，其中，能量型教育资源是教育资源系统中带有动力特征的资源总和，能推动和促进教育资源的能量流动和转化，如人力资源、财力资源等；物质型教育资源是以实物形式参与能量交换的教育资源总和，是教育系统中新的能量交流和产生的物质基础，如学校办学条件、学校软硬件配置等物力资源；信息型教育资源是教育资源系统中以非实物形式参与能量交流的资源总和，其在能量交换中正发挥着越来越重要的作用，远超过物质型教育资源在能量交换和流动中的作用，如教育人口信息平台、教育资源信息技术等信息、技术资源。

　　这一定义说明，"教育资源"应关注宏观层面的动态变迁及微观层面的能量交换，与单一的、静止的"教育资源"有本质上的不同，是能够深入揭示"教育资源"内涵、外延，并在此基础上，充分阐释其配置机制的概念。

（三）教育资源配置与义务教育资源配置

　　经济学家普遍认为，"资源配置"归属于微观经济范畴，"配置"具有"按计划匹配、安排"的意思。经济学理论认为，资源配置是要素投入与产出的优化组合状态，通过优化组合实现最小投入与最大产出的最佳比例。[①] 由此可见，经济学领域的"资源配置"，本身就带有"投入—产出效益最大化"的意涵，同时也体现了对有限的稀缺资源进行"优化配置"和"有机组合"的配置思想。

　　根据《经济大辞海》对"资源配置"[②] 的定义可知，"资源配置"与"资源分配"二者基本是可以通用的。而传统义务教育资源配置理论主要是将经济学的资源配置理论进行了迁移，因而，在整个教育资源配置过程中，更多地强调体现为人、财、物等状态的教育资源在各级各类教育中的分配情况，以及各类资源在投入与产出中的组合状态。由此，制定教育资源分配规则的职能部门或工作人员，根据分配规则或标准，将待分配资源在待分配系统或群体中进行分配的行为。从其概念的表述中，分配行为结束，分配的任务即完成，对于分配后各类资

---

① 周月秋. 资源配置理论探索 [J]. 河南金融管理干部学院学报，1994（3）：11.
② 张跃庆，张念宏. 经济大辞海 [M]. 北京：海洋出版社，1992：77.

源之间如何发挥作用、建立联系，并没有过多的关注。因而，教育领域更多地关注如何合理地分配、怎样的分配方式能获得最大化的经济效益，实现充足而且不浪费的效率。而在"配置"的概念中，《现代汉语词典》中认为"配置"是指配备、布置，① 即在资源配置中，不仅要进行合理的分配，还要对分配后的资源进行布置和安排，使其发挥最大效用，由此可见传统资源配置理念的欠缺之处。从资源科学②的角度来看，资源概念的外延非常广泛，绝不仅局限于人、财、物三个方面的资源，因此，教育资源的概念外延也是如此，凡是在教育过程中能够服务于教育目的，能够支持教育目的达成的各种资源，都属于广义的教育资源范畴。比如，网络课程资源、校园文化资源等信息技术类教育资源和人文类教育资源，都应该归入教育资源配置的范畴，传统教育资源配置中的人力、财力和物力资源都与其他教育资源发生着千丝万缕的关系。由此可见，教育经济学中将教育资源配置局限于人、财、物三方面资源的配置是不可取的，而将经济学的资源配置观直接"嫁接"到教育领域，也在一定程度上抹杀了教育领域资源配置的特殊性，有必要对教育资源配置的概念作进一步发展性探索。

国内外"教育资源配置"的研究十分丰富而多样，每位研究者都基于自己的研究视角和研究需要，给出了与自己研究主题相契合的概念，如表 2.2 所示。从诸多学者的概念比较中，笔者发现，绝大多数学者对"教育资源配置"的表述都移植了"资源配置"的概念解释，并且，无论是宏观的教育资源配置，还是微观的教育资源配置，都倾向于把教育资源的配置限定在教育系统内部或各子系统之间的最优流动和交换。值得注意的是，一些学者引入了"教育资源系统"的概念，试图借此阐释"教育资源配置"应涵盖教育资源的一切组成要素和条件，并厘清各构成要素之间动态的相互关系。但是，遗憾的是，现有的对于"教育资源配置"的概念界定，并没有建立基于系统思维的教育资源配置观，对"教育资源系统"的认识仍然没有摆脱静态教育资源的桎梏，或者说，"教育资源配置"本质上仍没有突破经济学资源分配理念的局限。

---

① 中国社会科学院语言研究所词典编辑室. 现代汉语词典［M］. 北京：商务印书馆，1983：320，861.

② 刘成武，黄利民. 资源科学概论［M］. 北京：科学出版社，2004：4-11.

表 2.2 "教育资源配置"定义

年份	学者	出处	定义
1995	上海市教育资源优化配置课题组	《上海教育资源优化配置研究主报告》	教育资源配置是指全社会（政府、社会、企业、家庭与个人）对教育事业投入的人力、物力、财力在各种不同使用方向上的分配，以符合经济、社会发展的需要。教育资源配置可以分为两个层次，其中，宏观层次的教育资源配置是指在国家或地区的宏观规划指导和人才市场的基础导向作用下，如何有效地将总体教育资源分配到各级各类教育，使教育资源流向最需要的且能够取得最大效益的教育机构；微观层次的教育资源配置是指在资源总量分配既定的条件下，各类学校如何组织并有效利用有限资源使之发挥最大的效益①
1997	范先佐	《论教育资源的合理配置与教育体制改革的关系》	教育资源配置，通常是指在教育资源数量一定的情况下，如何将有限的人力、物力、财力等在教育系统内部各组成部分，或在不同子系统之间进行分配，以期投入教育的资源得到充分有效的使用，求得教育持续、协调、健康发展。② 要实现教育资源的合理配置，在相当大的程度上取决于教育体制和教育资源配置方式是否合理
2000	王善迈	《教育经济学简明教程》	教育资源配置是指将各种渠道取得的教育资源以一定的配置方式配置到教育的各个组成部分，形成一定的资源配置结构。资源配置结构的优化是教育资源配置问题的归宿③

---

① 上海市教育资源优化配置课题组.上海教育资源优化配置研究主报告 ［J］.上海高教研究，1995（5）：37-43.

② 范先佐.论教育资源的合理配置与教育体制改革的关系 ［J］.教育与经济，1997（3）：7-15.

③ 王善迈.教育经济学简明教程 ［M］.北京：高等教育出版社，2000：22.

续表

年份	学者	出处	定义
2005	王卓	《教育资源配置问题的理论研究》	教育资源配置是指教育机构（学校）如何获得人力、物力、财力和信息等社会资源的投入，又如何为消费者提供教育产品，使得教育服务能最大限度地满足人的发展需要和社会发展需要的过程①
2005	靳希斌	《教育经济学》	教育资源分配是教育资源在教育系统内部各级各类教育间合理有效地分配②
2006	吕海鸿	《城乡义务教育资源配置研究》	教育资源配置主要是指各级政府或其他投资主体，在一定时期内将所拥有的有限的教育资源，包括财力、物力、人力和科技资源等，通过不同的渠道、方式和程序配置到各级各类学校中，以取得好的办学效益③
2007	许丽英	《教育资源配置理论研究》	教育资源配置是指各种教育资源，包括人力、物力、财力、时空、信息、文化、权力、制度、政策、关系等，在各种不同的使用方向之间的分配。资源一般是相对于主体而言的，教育系统的利益主体主要有政府、学校、企业、家庭、个人等。相对于这些利益主体，教育资源配置主要是一组与教育资源分享有关的利益主体的相互关系的规则，集中表现为对权力的分配和使用，即人、财、物和事权的配置④

① 王卓. 教育资源配置问题的理论研究 ［D］. 长春：东北师范大学，2005.
② 靳希斌. 教育经济学 ［M］. 北京：人民教育出版社，2005：146.
③ 吕海鸿. 城乡义务教育资源配置研究 ［D］. 长春：东北师范大学，2006.
④ 许丽英. 教育资源配置理论研究 ［D］. 长春：东北师范大学，2007.

续表

年份	学者	出处	定义
2010	王伟清	《论基于需求的教育资源配置系统观》	教育资源配置就是根据某一待配教育系统已构建的教育目标系统对各种教育资源在质与量及其他属性等方面的需求而进行的配备和依据这些教育资源本身的性质特点及其之间的相互关系而进行的布置，以构建、完善和维护能最大限度地实现该教育系统之系统目标的教育资源系统[①]
2014	刘学超	《新型城镇化进程中农村基础教育资源优化配置研究》	教育资源配置是指对各种教育资源，在教育系统的各个组成部分以及子系统内部进行分配，其优化配置过程就是通过对有限的教育资源进行整合、聚集，科学合理地制定教育资源的分配组合，并把这些组合投入教育系统内部进行配置[②]

　　笔者试图借鉴系统复杂性理论中的"自组织理论"和"耗散结构"来阐释"教育资源配置"的概念。耗散结构理论认为，处于非平衡状态的开放系统从无序走向有序的过程中，始终需要与外界进行物质交换和能量交换，当外界条件变化达到临界阈值时，系统将在内部产生自组织现象，在时间维度和空间维度逐渐形成趋向有序的状态和结构。一个稳定、有序的自组织系统会形成一种良性运转的耗散结构，其开放性使得教育系统在与系统内外进行交换的过程中，实现系统运行的功能。因此，教育系统是一个典型的开放系统，只有突破封闭系统的局限，同时与其他资源在社会总资源中接受配置，并和社会其他部门之间始终保持物质、能量和信息交换，才能增强系统的运行功能，建立人口复杂流动的社会环境下小学教育资源配置的有序机制。

　　基于"教育系统是开放系统"的论断，结合上述对相关核心概念的界定，本书将从核心问题"基于学龄人口流动趋势预测的小学教育资源配置研究"的研究需要出发，对"教育资源配置"及"义务教育资源配置"的内涵、外延及特征三个方面进行概念界说，给出"教育资源配置"与"义务教育资源配置"的基本概念。

　　所谓"教育资源配置"，不仅包括对教育过程中使用和消耗的人力、物力和

---

① 王伟清. 论基于需求的教育资源配置系统观 [J]. 教育与经济，2010（1）：46-50.

② 刘学超. 新型城镇化进程中农村基础教育资源优化配置研究 [D]. 秦皇岛：燕山大学，2014.

财力等资源的能量交互与匹配，还包括对具有时代性特点的能在教育过程中使用和消耗的如信息资源、技术资源等其他一切资源的能量交互与匹配。换言之，教育资源配置是指教育系统在应对系统内外动态变迁及物质、能量、信息交换过程中所能获得并使用的一切要素和条件的总和，对其进行合理规划，使其动态、弹性配置到教育系统，使配置后的教育系统运行顺畅、合理有序。

"义务教育资源配置"是指对义务教育阶段的教育过程中投入的一切要素和条件的科学匹配及系统调配，它包括对教育过程中使用和消耗的人力、物力和财力资源，即人力资源和物力资源、财力资源之间的能量交互与匹配，还包括对具有时代性特点的能在教育过程中发挥重要作用的其他一切资源，如信息、技术等资源的能量交互与调试匹配。换言之，即是将义务教育系统在应对系统内外动态变迁及物质、能量、信息交换过程中所能获得并使用的一切要素和条件的总和，通过合理预测和规划，动态、弹性配置到小学教育系统的各个构成要素中，使得配置后的义务教育系统运行顺畅、合理有序。小学教育资源配置具有自组织性、变革性和可持续性的特征，对教育资源的配置，包括对教育系统中人力资源、物力资源、财力资源、信息及技术资源等能量型教育资源、物质型教育资源和信息型教育资源的合理优化配置。

本书进行义务教育资源配置适配情况的研究，主要以典型区县（县级市）数据为例，参照政府文件，以辽宁省为例，关于辽宁省义务教育阶段学校标准化建设的 8 项指标要求,① 详见本书附录，并根据研究需要，对配置指标及指标间的关系进行梳理。为了便于研究数据的统计与分析，本书将义务教育资源配置阐述为人、财、物、信息技术等资源类型的交互与调配，但在指标设置及数据统计中，由于很大一部分教育经费最终投入在校园建设、图书购置、教学设备安装维护及教师工资等方面，因此，在一定程度上造成了数据的重叠和交织，遵循指标选取的科学性、简洁性和可获得性原则，研究将从师资力量、办学条件、信息化建设三个方面对接学校标准化建设 8 项指标，使研究具有更明确的指向性，使数据收集与分析具有更准确的解释力。

---

① 《辽宁省教育厅关于进一步加强义务教育学校标准化建设工作的通知》（辽教发〔2013〕97 号）中，明确提出辽宁省义务教育学校标准化建设 8 项指标，即生均教学及辅助用房面积（m²）、生均体育运动场馆面积（m²）、生均教学仪器设备值（元）、每百生拥有计算机台数（台）、生均图书册数（册）、职生比、生均高于规定学历教师数（人）、生均中级及以上专业技术职务教师数（个）。

(四) 义务教育阶段教育资源配置的核心观点

要实现义务教育阶段教育资源的合理、优化配置，就要超越对资源供需关系矛盾的浅层认识，转向对教育系统中资源配置相关要素间的动态关联及弹性调节模式进行深度思考，即围绕资源配置的核心问题，对关涉其中的诸配置要素间彼此关联的方式和相关作用的路径进行深度思考，同时考虑不同情境、不同配置背景对配置要素的影响和扰动作用，从而真正实现义务教育资源配置在不同情境下，面对不同受教育群体均能达到满意状态，充分保障教育活动的顺利开展和有效运转。义务教育资源配置的对应群体是 6~12 周岁的小学生，他们是有特殊的身心发展规律和发展需求的群体，尤其是非户籍的学龄流动人口群体，在学龄流动人口与义务教育资源配置供需失衡过程中产生的矛盾和问题，实际上反映的是教育资源各配置要素及要素间配置模式中隐含的深层次问题，其公平接受高质量义务教育的权利保障问题尤为重要。因此，笔者认为，在教育资源配置的过程中，学龄流动人口的出现成为思考义务教育资源动态、弹性配置的重要诱因，在此背景下，笔者认为，有效的"义务教育资源配置"至少围绕三个核心观点展开，一是确定待配教育系统各配置要素之间的动态关联方式；二是确定待配教育系统内部，相关涉的核心配置要素之间的作用路径及配置模式；三是在社会总系统的发展与变迁过程中，依据各配置要素之间的相互作用对义务教育资源配置的贡献度，确定其在具体配置中的弹性系数。只有与时俱进地完善"教育资源配置"的内涵建设，才能及时感知教育系统的开放性特征，在教育资源配置过程中，通过弹性、动态配置理念的引领力量，确定弹性配置方案，实现教育资源与社会资源总系统和教育内部各子系统之间的均衡、优质配置，激发教育系统的自组织协调，并借助科学的预测和规划手段，使之与动态变革的社会环境相匹配。

二、学龄流动人口与义务教育资源配置研究的理论框架

明确了相关概念及其内涵、外延和主要特征后，接下来建构和解释本书的理论框架。本书围绕三个核心研究问题，以"动因—机制—预测"为主要研究线索，借助"人与情境交互作用理论"及系统复杂性理论对学龄流动人口及区域小学教育资源配置之间的关联进行深描与刻画，形成研究思路；通过问卷法与访谈法，对学龄流动人口家庭的流动意愿及教育需求进行驱动因素提取，为学龄人口区域流动倾向及趋势进行预测建构理论框架；同时，在方法论上，借用系统复杂性理论对研究进行结构和逻辑层次的解释，规范研究过程，使我们清晰地认识

所要解决问题的理论依据和研究逻辑。

（一）义务教育资源配置符合学龄人口身心发展特征的基本理论

义务教育对学生一生的成长和发展有着重要而不可替代的作用。义务教育资源的配置除了要满足学校教育的目的性、计划性等基本特征，还必须首要做到符合学生身心发展规律。《国家中长期教育改革和发展规划纲要（2010—2020年）》明确指出："尊重教育规律和学生身心发展规律，为每个学生提供合适的教育。"[①] 这一要求在义务教育阶段应是一切教育资源规划及教育行为实施的首要依据。

人与情境交互作用理论是在经典交互作用理论基础上发展起来的，主张人与情境构成一个有机的整体，二者互相作用，并作为一个整体发挥自身的功能，按照一定模式形成现有的功能、结构和过程。这一宏大的理论框架具有深刻的指导意义，尤其强调采用人的方法（a person approach），着手对所研究问题的社会现象分析，并把研究结论放到更大结构、过程和系统中来解读，强调人的个体发展及功能与社会文化情境的交互作用。一方面，个体发展需求对情境提出要求和约束；另一方面，情境为个体发展提供条件，两者在交互作用中不断磨合与调试，并通过互动对交互作用效果予以反馈，管理者需要在不断对人与情境交互作用进行系统评估的基础上，及时作出动态调整，逐步推动人与情境之间达到最优配合状态。

人与情境交互作用理论关注研究问题整体交互的研究视角，将其迁移到本书学龄流动人口对小学教育资源配置的影响及作用机制中，更加明确地指导我们要在学龄人口与义务教育学校教育情境的整体交互作用中，理解"义务教育要遵循教育规律，符合学生身心发展规律"的配置原则，并首要关注义务教育资源的配置是否符合学生生理和心理全面发展的需要。因此，在学龄人口区域无序流动的背景下，有限义务教育资源的配置要符合义务教育的总体培养目标，考虑不同年级、不同年龄学生的身心特点，在学龄人口大量流入的区域，要根据学龄人口流动的趋势、方向和特征调整资源配置策略，明确有效资源配置的数量边界，避免班级学龄人口超限，对有限教育资源的育人功能产生稀释作用。只有在人与情境整体交互作用理论框架下对研究方向进行把握，才能提高义务教育资源在学龄人

---

① 国家中长期教育改革和发展规划纲要工作小组办公室 . 国家中长期教育改革和发展规划纲要（2010—2020 年）［A/OL］.［2010－07－29］. http：//www. moe. gov. cn/srcsite/A01/s7048/201007/t20100729_ 171904. html .

口频繁流动的背景下进行有序、最优配置的科学性、有效性。

同时，人与情境整体交互作用理论是围绕个体发展展开论述的理论体系。个体的良好发展有赖于个体与其发展情境之间的良性交互，以共同实现人与情境系统的既定目标，而系统的运行应遵循最优化原则，而非最大化原则，即各组分均达成满意状态。在个体发展满意状态达成的过程中，是伴随着个体的选择和评估的。毕生发展心理学观点认为，发展是通过选择实现最优化结果的，个体在进行选择的过程中，会对其发展的方向、目标和结果进行趋近或回避，而最优化原则主要体现在个体为了趋近最有利发展结果，而避免最不利结果所使用的手段和资源。如果处于不利境况，个体将通过创新资源获取手段或调整既定目标的方式，进行补偿性选择。

就本书而言，学龄流动人口个体及其家庭在作出子女随迁到父母工作地就学的迁移策略中，有着非常明确的目的性和价值判断，并体现在持续、能动地与教育情境发生交流与互动作用的过程中，其间伴随决策个体的价值观念、行为动机、发展目标等心理系统的中介作用，如迁移决策是为了补偿原有不利就学资源及环境对孩子个体发展的需要等。正如学者 Magnusson 和 Stattin 对"重大事件"发生机制的研究，"重大事件"看似是随机发生的，但实际上，个体并不会自己处于毫无准备的心理状态，他们会让自己始终对外界环境保持警惕，并随时做好应对准备。但是，不可避免的问题是迁移家庭的选择并不一定是基于学龄儿童身心发展特点及规律作出的决策，即可能是非理性的判断；而父母工作地中小学的资源配置也未必能够实现符合学龄儿童身心发展特点及规律的要求，如"大班额"现象、"巨型学校"问题等。这些都是个体的非理性评估与学校情境超限运行导致系统失衡的表现，表面上是人口区域流动的无序性引发了义务教育资源的不足，实际上是在人与情境交互作用过程中，人与情境系统之间整体无序以致失控的表现。

对于受教育群体而言，学龄人口在区域内或区域间的流动是社会进步与发展的必然表现，但学龄人口的无序流动对区域教育资源产生的稀释、缺乏和混乱等方面的负面影响，在根本上违背了义务教育资源配置符合学龄人口身心发展规律的基本要求，也不符合国家关于义务教育要达到资源优质、均衡配置的远期目标。那么，在人口流动背景下，如何促使学龄流动人口与当地义务教育情境之间形成动态、弹性、优化的交互作用，尤其是如何在人与情境之间建立有序、动态、优化的交互状态——这是我们思考问题、解决困境的基本出发点，也是未来研究的对策指向。

因此，结合上述分析，义务教育阶段的资源配置应确立学生与学校情境之间整合、动态、发展的良性交互取向，充分重视义务教育资源配置对学龄流动人口个体发展产生的"微小效果放大效应"，警惕教育资源在学龄流动人口个体发展过程中由于资源配置稀释或缺乏而导致远期不利状况的发生。

（二）资源配置理论

资源配置理论的形成与发展，为经济学、管理学等视角中关于稀缺资源在不同领域之间的分配和流动问题提供了合乎逻辑的解释。"理论的东西本质上包含于实践之中"①，因此，西方资源配置理论经过百年的演进与发展，也对我国教育资源合理配置问题的解决产生了越来越深刻的影响。本章从研究主题出发，重点对义务教育资源配置、开放系统理论、耗散结构理论、自组织理论等相关研究的理论沿革进行总结和回顾，并试图寻找系统复杂性理论与义务教育系统资源最优配置研究的结合点，最终为架构基于学龄人口区域流动视角下，开放义务教育系统资源的合理配置分析框架，提供理论基础及有益借鉴。

资源配置问题是经济学的经典研究主题之一，最早的萌芽可以追溯到古希腊哲学家柏拉图在《理想国》中的阐述。尽管萌芽较早，但古典经济学繁盛时期并不以资源配置理论为主要研究主题，这种状况一直持续到 19 世纪 70 年代新古典经济学时期才有所改观。

在经济学百余年的发展和变迁中，经历了古典经济学、新古典经济学、马克思主义经济学等发展阶段，其对资源配置理论的研究也产生了诸多争论，主要历经了三个阶段，并形成了三个有代表性的视角。第一个阶段是"静态资源配置"阶段，它突破了古典经济学关于紧绷资源、累积力量以推动经济进步的局限，转向对待配资源的静态配置理论。② 以英国学者罗宾斯等为代表的经济学家，第一次正式将经济学的研究对象确定为稀缺资源的合理配置。③ 根据罗宾斯及其追随者的阐述：人的需求的无限性和资源的稀缺性、有限性，决定了一切社会问题的根源是无限需求和有限资源的冲突，而经济学的意义在于人类如何在对资源的有

---

① ［德］黑格尔. 法哲学原理 ［M］. 范扬，张启泰，译，北京：商务印书馆，1993：11.

② 周月秋. 资源配置理论探索 ［J］. 河南金融管理干部学院学报，1994（3）：9-13.

③ ［英］莱昂内尔·罗宾斯. 经济科学的性质和意义 ［M］. 伦敦：艾克米伦，1935：16.

限选择中进行资源配置。①②③ 罗宾斯的观点在经济学界引发了宏观经济学和微观经济学的"一场真正的轰动",④ 也引来了学者们强烈的批判,局限在于他们"试图创立的超制度的资源配置理论",但脱离了一定时空条件,从而忽视了带有时代特点的特定生产方式的局限性。⑤ 第二阶段是"动态资源配置"阶段,"动态资源配置"观点认为,资源并非出于静止状态,资源配置是在一个连续、动态的演进过程,应促使资源配置模式与特定时空条件相匹配,在此基础上,进一步探讨最优的资源配置方式,由此,便具有了先导理论观点的支持。第三个阶段是"资源优化配置"阶段,不平衡引发流动,资源配置理论不是仅提供资源动态调节的方案,而是要从宏观、中观与微观层面,结合横向与纵向等多个角度,进行资源的多重优化。上述三个视角反映的是经济学领域、管理学领域对资源配置的研究核心,主要探讨经济资源配置路径及效率问题,对于其配置效率的评估集中在"投入—产出"的关系中,尤其密切关注资源配置与价值增值过程的统一。

我国教育资源配置理论主要来源于经济学中关于资源配置的基本理论,并逐渐形成了一门独立的学科——教育经济学。因而,教育经济学中关于教育资源配置的阐述不可避免地带有明显的经济学思考问题的痕迹。比如,倾向于关注有限教育资源的公平分配问题,关注学校教育的规模与效益问题,或者以户籍学龄人口为基数进行教育资源配置的规划问题等,逐渐形成了以教育资源供给为主导思想的教育资源配置观。

产业经济学认为,教育是一种具有特殊属性的产业。一方面,教育不再是单纯的公共产品,尤其是义务教育,具有了准公共产品的属性,而且对社会经济发展具有先导性、全局性作用;另一方面,从投入—产出关系的视角来看,教育资源配置是由社会和经济的发展进行检验的,基础教育的强弱直接影响国家和社会

---

① ［美］瓦尔特·尼科尔森.微观经济理论——基本原理与扩展［M］.朱宝宪,译.北京:中国经济出版社,1999:3.

② ［美］凯斯,菲尔.经济学原理 宏观经济学［M］.北京:清华大学出版社,2011:15-19.

③ ［美］斯坦利·费希尔,鲁迪格·唐布什.经济学上［M］.北京:中国财政经济出版社,1989:3.

④ ［英］马克·布劳格(Mark Blaug)等著,［英］罗杰·E.巴克豪斯(Roger E. Back-house)编.经济学方法论的新趋势［M］.张大宝,译.北京:经济科学出版社,2000:37.

⑤ 外国经济学说研究会.现代外国经济学论文选(第二辑)［M］.北京:商务印书馆,1982:40-45.

的发展，因而教育的产业化发展就意味着教育产业同社会其他产业之间要通过市场来建立联系，① 教育资源应该采用计划与市场两种配置方式相结合的资源配置模式。当然，针对公共产品属性较高的教育类型，如义务教育，其参与市场调节的方式尚没有形成成熟模式，也没有被社会各界广泛接受。

福利经济学中对资源配置进行了基于"效率"和"公平"的论述，概括来说，福利经济学的研究内容围绕社会资源最优配置及有限资源的公平配置两个问题展开。有"福利经济学之父"之称的学者庇古认为，自由竞争存在弊端，必须依靠国家干预以消除这种资源自由配置的弊端。1928 年，庇古提出征收"庇古税"，并提出"庇古税"方案，② 以减少市场资源配置中私人需求的自由性与社会调控的有限性之间的矛盾。而新福利经济学在帕累托理论基础上，提出并论证了"帕累托最优"，并进一步清晰地界定了"帕累托有效"和"帕累托改进"。③ 当然，帕累托最优对资源的配置是在完全竞争条件下，通过市场对经济活动中涉及的有限稀缺资源进行调节。

综上，随着时代的发展，社会政治经济环境发生了翻天覆地的变化，无论是产业经济学还是福利经济学，其对资源配置的阐释都是首要强调市场在配置中的重要性，而政府决策对于配置的作用更主要地集中在修正和调节上，因此，经济学中关于资源配置的相关理论迁移到教育领域，尤其是义务教育资源配置中，必然面临着研究视角和立足点的转变。概括来说，关于教育资源配置的相关理论，为我们研究新的历史条件下的教育资源配置提供了一定的研究基础，但从研究的社会经济环境及教育学自身发展规律出发，在不确定的、动态可变的、开放的条件下研究人口流动背景下的义务教育资源配置规律，相应的理论发展尚没有形成

---

① 张海莹. 产业经济学参与式教学模式应用设计与思考 [J]. 教育教学论坛，2015，17（17）：154-155.

② 根据庇古的观点，导致市场配置资源失效的原因是经济当事人的私人成本与社会成本不一致，从而私人的最优导致社会的非最优。因此，纠正外部性的方案是政府通过征税或者补贴来矫正经济当事人的私人成本。政府通过向那些私人成本大于社会成本（正外部性）的厂商提供补贴、向那些私人成本小于社会成本（负外部性）的厂商征收税收，使得私人成本等于社会成本，以此实现资源的最优配置和经济活动的高效率。这种纠正外部性的方法称为"庇古税"方案。

③ 帕累托有效是指在一种配置下，如果不使某一些人的境况变糟就不能使另一些人的境况变好，从社会的角度来看，这种配置就是帕累托有效，也是帕累托最优。帕累托改进是指在某种经济境况下如果可以通过适当的制度安排或交换，至少能提高一部分人的福利或满足程度而不会降低所有其他人的福利或满足程度，即在一种制度的改变中没有人的利益受损而至少能有一部分人赢。

明确的、强有力的支撑，理论基础的缺失是导致教育资源配置研究裹足不前的根本原因。因此，本书试图从增强教育资源配置系统运行功能的视角进行资源配置的预测和规划。

（三）系统复杂性理论

当我们承认了社会发展的流动性、资源配置的整体性，我们也逐渐认识到社会在流动中逐渐形成的复杂性。随着时代的发展和进步，劳动力人口打破地域空间壁垒，在区域间自由流动，开启了社会政治、经济、教育、文化等领域在更大的社会空间范围内的交流融合，进而打破了义务教育资源配置的原有模式。义务教育资源配置不再是过去人们习惯认同的"确定性的、线性的配置"，而应该对现有义务教育资源配置的影响要素进行非线性思考，并在资源配置中始终保持一种"弹性修正"的观点，充分承认配置过程中已经出现的或可能出现的不可预测的变量，并对这些变量进行基于系统复杂性理论的探究。

人口流动背景下，义务教育资源配置为什么具有复杂性？当我们试图对错综复杂的现实状况进行分析和因果解释时，甚至会出现越理越乱的情况。不得不说，这与长期以来教育研究领域传统的简单分析的视角和因果解释的方法取向有密切关系，研究者习惯于将一个问题分解成局部，再进一步探究局部与局部、局部与整体之间的关系。当然，侧重局部的研究有利于我们进入问题内部细节，但应该认识到，对问题整体意义的把握不是局部的简单加和。正如埃德加·莫兰所说："划分的学科，使知识接受了片段化处理，这使人们产生了学科之间彼此割裂的误区。这种认知模式将逐渐被能够全面在其背景、复杂性、整体中把握研究对象的认知模式所取代。"① 因此，本书尝试从整体系统视角，研究整体与局部的关系，并借助系统复杂性理论，对以往义务教育资源配置中存在的简单线性思维模式进行反思，从而建立以系统复杂性理论为指导的系统配置思维。

复杂性科学的研究最早可以追溯到 19 世纪热力学和进化论等学科的兴起，为人类走出易解科学时代提供了研究范式转变的萌芽。1928 年，贝塔朗菲在毕业论文中描述了生物有机系统的观点，在"有机系统"基础上，他于 1937 年提出了"一般系统论"，科学界明确地将"系统"作为研究对象的一座里程碑。自此，一般系统论成为应对复杂问题的基础理论工具，并始终贯穿人类简单思维模式向复杂思维模式转变的全过程。正如贝塔朗菲认为：系统科学本质上就是一种

① ［法］埃德加·莫兰. 复杂性理论与教育问题［M］. 陈一壮，译. 北京：北京大学出版社，2004：7.

研究复杂问题的科学。当社会变得复杂，现代技术和信息交流日益复杂，传统研究手段和思维方式受到挑战，以至于不能满足现有研究需要，这就迫使我们重拾系统理论关于"探索复杂性"的初衷，建立整体思维和系统思维，从而完成对复杂问题的探索。①

20 世纪 40 年代开始，系统理论开始对科学研究的简单性和复杂性进行区分，并进一步将复杂性确定为科学研究的对象，同时，系统理论中出现的控制论、信息论、神经网络等理论和技术，在推动系统科学进入鼎盛时期的同时，为系统复杂性研究的发展提供了一系列重要概念及理论基础，提升了系统科学认识复杂性现实的重要意义。②

20 世纪 70 年代开始，系统复杂性理论进入高速发展阶段，尤其是在自组织理论及非线性科学方面取得实质性进展。以普利高津的耗散结构理论，哈肯的协同论，艾根的超循环论、混沌理论、分形理论、突变论等为代表的一系列系统理论的产生，集中凸显了对系统非线性关系的阐述和模型建构。③

20 世纪 80 年代开始，复杂科学又将着眼点放在了传统自然科学和人文社会科学的全部领域在 21 世纪的发展与融合，并试图通过在不同系统之间寻找共性的方式进行学术的碰撞，旨在通过打破传统学科的固有界限，加强学科间的融合，对某一特定学科中遇到的复杂问题进行基于系统复杂性的全新解读。因此，系统复杂性理论对于复杂问题处理方式的转变标志着科学范式的转变。在我国，以钱学森为代表的系统科学界提出了开放的复杂巨系统理论，并明确提出系统的不可还原性问题。④ 钱学森认为，两类问题必须从复杂性研究着手，一是解决国家重大实际问题；二是在基础科学中加强系统理论的指导。⑤ 以此建立国家重大问题解决与系统复杂性理论之间的密切联系，这就为目前我国城市化发展进程中解决与人口城市化相匹配的教育系统建设提供了问题解决的方法论基础。

复杂科学逐渐开启了跨学科、跨领域的繁荣盛况，几乎在人类的科学领域和社会实践中都渗透着复杂理论，而且它对其他学科具有极大的包容性，并促使我们看问题的视角聚焦于跨学科的复杂系统研究的问题中。在所有系统复杂性理论

① ［美］冯·贝塔朗菲.一般系统论基础、发展和应用［M］.林康义，魏宏森，译.北京：清华大学出版社，1987：2.
② 窦学诚.社会地理关系本体模态研究［J］.甘肃社会科学，2011（1）：54-56.
③ 赵凯荣.复杂性哲学［M］.北京：中国社会科学出版社，2001：4.
④ 钱学森，于景元，戴汝为.一个科学新领域——开放的复杂巨系统及其方法论［J］.自然杂志，1990（1）：3-10.
⑤ 苗东升.复杂性研究的现状与展望［J］.系统辩证学学报，2001（4）：3-9.

中，"自组织"是复杂理论的核心观点，系统复杂性的相关理论围绕"自组织"建立了丰富的关联；协同理论关注系统组态转化过程中各组成部分之间的协同作用，实质上关注的是"自组织"的组织动力问题等。

　　总之，系统复杂性理论以整体论为基本方法论，为我们研究义务教育资源配置理论开辟了一条蹊径。复杂科学方法论启发我们，从简单思维走向系统复杂思维，这是破解学龄人口区域流动背景下义务教育资源动态、优化配置难题的必备思维路径。

第三章　义务教育资源配置的综合调节理论

一、学龄人口区域流动背景下义务教育资源配置的系统复杂性分析

基于前文的阐述，从教育对社会的特殊价值和职责来说，教育资源不仅是一种经济资源，更是一种社会资源。教育资源的配置不仅要关注教育投入的价值增值过程，还要关注教育资源配置的教育效益和社会效益，[①] 因此，义务教育资源配置在符合经济学、管理学中资源配置理论的基本规律基础上，更要遵循教育学、系统科学中教育资源配置的特殊规律。这就意味着本书要从教育学视角出发，以系统复杂性理论为分析工具，解释义务教育资源配置在开放系统及学龄人口流动背景下的复杂性特征及最优配置的基本规律。

义务教育资源配置系统作为社会系统中的一个重要组成部分，在社会开放性日益提升的时代，体现出一系列的复杂性特征，具体阐述如下。

（一）义务教育资源配置系统的开放性特征

传统教育理论认为，义务教育资源配置近似一个闭环系统，各子系统之间不存在交流、互动的内在关系，如某省内某县市如何配置义务教育资源，并不对外省或省内的其他县市产生影响，尤其在学龄人口相对稳定的时代，如改革开放初期，各区域、各层级之间教育资源的状态体现为封闭式的暂时性稳定。当劳动力人口在区域间自由流动，学龄人口在空间区域中的位移成为开启连锁反应的一把钥匙，启动了教育子系统内部与外部之间的动态关联。当各区域间的闭环被打破，我们看到了耗散结构中提到的系统无序状态，这是由于系统的开放性要求无

---

① 傅维利，刘伟. 学校规模调控的依据与改进对策 [J]. 教育研究，2013，34（1）：44-52.

法在现实条件下得到满足而产生的应激反应。但同时，开放也带来了不同闭环之间的差异，使得在现实条件下存在诸多的不平衡态。

在系统呈现开放性特征时，义务教育资源的配置模式应首先取决于我们对教育系统开放性特征的认识。教育作为社会子系统之一，其运行过程不可能独立于社会其他子系统之外，这就意味着，教育系统的顺畅运行始终与社会其他子系统之间保持紧密的能量、物质和信息交换。如同我们现在感受到的，教育系统对社会资源配置系统的调节更直接地体现为教育与人口、地域之间的关系，劳动力人口在社会层级及空间区域间的位移成为直接对社会资源配置系统产生变动的启动力量，并牵一发而动全身，迫使社会其他子系统之间产生联动作用，亟须通过系统之间的自组织调节达到新的平衡。很显然，教育与社会系统之间良性生态的建立，必须促使系统形成高水平的开放程度，以方便系统间的各个要素能够自由流通，并逐渐形成一种基于生态的自组织调节过程。

（二）义务教育资源配置系统的不确定性特征

义务教育资源的最优配置是一个极为复杂的世界性难题，尤其在教育规划确定性终结的今天，诸多复杂因素交织在一起，配置体系中的构成要素具有极其不确定的可变性，我们很难找到或确定一种稳定、完美的教育资源配置模型，并使其在兼具经济效益、教育效益、社会效益的同时，还具有良好的短期与中长期效益。学龄人口区域流动带来了对义务教育资源配置的冲击，本质上对长期以来传统计划经济体制下义务教育资源配置体系提出了新的挑战和要求。尽管多年以来，政府和学术界尽可能调整教育资源配置的运转方式，使其最大限度地适应国家在市场经济发展下的配置要求，但是当面对学龄流动人口大规模、大跨度地向流入地涌入时，义务教育资源配置便常常出现捉襟见肘、首尾不能相顾的运转失灵现象。

以城市或发达地区为例，外来流入的学龄人口压力呈现不断增长的趋势，就目前我国经济、社会、文化迅速发展的实际状况判断，流入的劳动力人口属于发展型流动和迁移，教育需求强烈，他们希望通过职业能力培训获得新岗位和更强的社会适应能力，从而获取更高的经济回报。同时，在城市或发达地区的小学教育条件远优于农村或不发达地区的现实面前，有能力向更高梯级区域流动和迁移的劳动力人口，更希望通过流动和迁移，使其子女能够进入流入地中小学就学，快速打破其原生活区域的教育资源不利状况，是实现优质教育资源快速获取的捷径，这实际上也是人们对优质教育资源再分配诉求的一种体现。而流入地中小学因为学龄流动人口教育需求的激增，必然会在政策允许条件下寻求多种解决途径，以缓解教育供求之间的强大压力。

劳动力人口区域内或区域间的流动导致了可变的社会发展状态，直接引发了系统的不确定性。无论是人口向城市或发达地区流入，还是人口由农村或不发达地区流出，都体现出社会资源系统在配置中面临的学龄人口"涨落"问题，正如普利高津所说，"在非平衡过程中……涨落决定全局的结果"，① 但是对于义务教育学校而言，并不能准确地预知学龄人口的流向和数量，从而使得中小学教育资源配置系统的不确定性大大增加，这是由人口流动的随机涨落性决定的。教育系统中小学教育资源配置的自组织在系统自身反馈调节范围内的涨落，迫使系统建立新的结构，以适应系统内及系统间物质、信息、能量的交流带来的涨落或挑战，实现义务教育资源配置系统的不断完善和演化。

（三）义务教育资源配置系统的非线性特征

在劳动力自由流动的社会背景下，义务教育资源配置系统呈现出越来越显著的非线性特征，即各影响变量之间的数学关系，并非呈现简单的线性对应关系或线性增益、亏损关系。正如复杂科学认为，非线性关系更接近客观事物性质本身。应该认识到，系统每一个要素都可能与其他要素发生作用，产生类似"蝴蝶效应"的结果，使可能很轻微的一个涌现，导致系统呈现混沌状态。也就是说，非线性特征决定了系统极有可能因为简单行为的引发，导致复杂行为组合的出现，这样的要素通常会对原有简单系统产生扰动，导致自组织系统发生一定的突变，或变得更加复杂。

在义务教育资源配置中，学龄流动人口这一变量与区域的经济、政策、资源环境、城市化水平等变量之间存在密切的耦合关系，而且各要素之间不是简单的线性叠加关系，尤其明显体现在学龄人口的流动与流入地城市、学校、社区等复杂的连锁关系中。学龄人口的流动方向（流入或流出）、流量（流入量或流出量）及其空间分布可以对义务教育资源配置产生不成比例的影响，这种影响可以是连续的、断裂的或者有折点的。换言之，二者之间的变化率不是恒量的，学龄人口增量与义务教育资源的配置之间存在不完全对称的关系。

上述非线性特征，反映在义务教育资源配置中，就是义务教育资源配置在设定目标与具体实施的过程中，必然产生自组织与不断调适的需要，经过复杂演化过程和不同阶段，由低级向高级演进，逐步实现系统有序发展的状态。但同时在

---

① ［比］伊·普里戈金，［法］伊·斯唐热. 从混沌到有序 人与自然的新对话［M］. 曾庆宏，沈小峰，译. 上海：上海译文出版社，2005：177-189.

向优化、高级演进的过程中，其非线性特征决定了混沌与秩序并存，要在具体配置的复杂过程中建立具有一定有效性的秩序是整个研究的难点所在，难点就在于如何通过权衡，巧妙地行走在依据人口流动态势进行动态配置的混沌与秩序之间，及时准确地把握资源配置系统自组织的界限和弹性空间。"从某种意义上说，就是主动寻找问题与结论的有限性或者边界所在"①，从而找到"研究一切表现出复杂特征的实体或系统的最合适的解决方式"②。

　　当然，在本书的研究命题中，学龄人口在流动状态之前，只是作为区域教育资源的一个基本构成要素和基本规划依据，参与到资源配置当中；但是，当学龄人口进入流动状态，义务教育资源就无法根据原有户籍学龄人口的预估进行准确规划，这就意味着学龄人口在空间区域内的流动对原本封闭有序的系统产生扰动，导致影响资源配置的内在因素和外在环境发生变化，学龄流动人口成为原有简单系统转变为复杂系统的一个重要扰动因素，激发系统由封闭向开放转变，促使系统由简单走向复杂。

（四）义务教育资源配置系统的动态性特征

　　人口流动背景下，社会及教育资源的配置过程体现出显著的动态演化特征，当劳动力资源在社会不同阶层、地域间进行频繁"流动"，教育对社会资源配置的调节和反作用力更加呈现出动态、反馈的状态。一方面，教育系统本身需要社会资源总量提供适当份额，以保障教育系统的正常运行；另一方面，现有教育资源具有自我调节的功能，表现为通过配置效率及公平过程中出现的具体问题不断反馈社会总资源中教育资源的份额是否充足，从而体现教育资源对社会总资源产生的持续不间断的调节及反作用力。

　　社会劳动力资源空间布局的动态演化对教育资源配置的调整产生了不可忽视的冲击作用，带来教育系统中，尤其是义务教育资源配置的失衡。我国义务教育资源配置实行县级统筹制度，配置的主体是乡镇和区县级地方人民政府，国家统一调配义务教育资源的能力相对较弱，因而当与劳动力人口进行同趋势随迁的学龄流动人口进入流入地义务教育学校时，流入地义务教育系统很难针对学龄人口的流动和迁移迅速作出及时、准确的动态反应，这也与我国长期以来计划经济体制下形成的以户籍人口为基数进行教育规划的配置体制有密切的关系。从系统开

---

①　蒋园园．复杂理论视阈下的教育政策执行研究［D］．上海：华东师范大学，2010.

②　［美］菲利普斯．社会科学中的整体论思想［M］．吴忠，译．银川：宁夏人民出版社，1988：1-4.

放性的角度来说，我国现行的义务教育资源配置策略，更多地延续封闭区域学龄人口的义务教育资源配置策略，对于教育资源如何配置的问题，更多的是以区域内自然学龄人口数量为基数进行计算，并主要根据自然人口增长率进行义务教育资源规划的制定。比如，某一地区，本地在自然人口状况下，教育资源如何配置，确定科学、弹性的比例，解决诸如师资力量、学校用地、教育财政等可持续投入的问题。当社会区域间的壁垒被打破，社会系统的动态性增加，社会经济发展更加活跃，增加了社会各系统间资源良性循环和交流的可能性。但同时，也直接引发流动人口及其学龄阶段子女在区域间的流动。可想而知，在资源配置模式和资源规划模式不变，特定区域延续封闭系统的义务教育资源配置模式的情况下，很难满足教育资源动态发展的需求，主要体现为无法满足流动人口对教育资源在数量方面的充足性需求，这其中并不包括对其高质量资源配置的需求评估，反过来会在一定程度上制约区域政治经济的发展，从而影响或制约劳动力人口的流动意向。正如托达罗模型提出的假设，教育能够更好地开发农村的劳动力资源，增强劳动力从事复杂劳动的能力水平，增加他们在城市中的就业机会，实现以同等劳动强度或较低劳动强度获取更高劳动收益的预期收入。当然，表层的利益驱动实质上源于深层的决策选择，而教育对劳动力形成迁移的决策起到十分重要的作用。因此，在社会开放环境下，有必要激活义务教育资源配置系统的自组织能力。

（五）义务教育资源配置系统的关联性特征

在学龄人口无序流动的现实状况下，学龄流动人口群体的选择偏好，政治、经济、文化、地域等因素的多层面交织与互动呈现出关联性特征，促使资源配置呈现复杂性。当学龄人口的无序流动作为扰动因素，对义务教育资源的配置目标产生冲击影响，并形成强大的惯性时，会使资源配置在原有配置模式下无法满足现实的需求，难以达成资源合理、优化配置的既定目标。

在一定意义上，正是义务教育资源的配置系统内、外要素的关联作用，使配置系统具有了闭环要素系统原本不具有的一种开放式的复杂性特征。系统内部各组成要素的复杂性相互转化，导致系统运行发生结构变化，最明显的表现是在配置的实施过程中受到学龄流动人口的影响，系统启动自组织功能进行修正，调整系统保持有序运行。扰动因素的出现使系统运行突破原有环境在时空上的限定，导致要素与结构之间复杂性的涌现，对配置的工具、目标及有效性产生更加复杂的影响，最直接的影响是使得原有资源系统脱离固定的、静态的、相对有序的配置模式，而表现出一种变动的、动态的、暂时无序的配置模式，或者说，如果要在暂时无序的情况下实现新的有序配置，系统必然要在丧失原有系统对应的结构和秩序的情况下，揭示其中蕴含的复杂性特征，重新建立要素间的有序秩序。

因此，在动态、开放的资源配置过程中，影响系统运行的耦合因素比较复杂，要素间存在的千丝万缕的关联性，促使本书进入义务教育资源配置系统内部进行梳理。在诸多耦合要素关联中，既包括在具体配置中，义务教育资源在国家、地方之间不同配置层级之间的多元目标和配置期望，配置主体的不同认知水平和模式等，也包括资源配置的执行人、涉及资源配置的利益相关者及修正执行的相关活动，这些要素之间的密切相关关系，必然会对系统的稳定性造成一定的扰动，引发系统内各要素之间的竞争与对抗，导致配置目标价值导向的实质性缺位。

如前文所述，尽管有相关的理论论述，但由于我国义务教育资源配置问题在当前复杂的社会、经济、文化发展背景及特殊的人口流动模式下，具有不同于以往任何时期的配置要求和运行特点，已有的概念解释和理论体系已经很难清晰地描述和解释当前复杂的学龄人口空间位移现象对义务教育资源配置的影响。要得到合理的解释和具有可行性的配置策略，我们必须在已有的理论基础上，从实际出发，重新审视、概括和描述我国学龄人口区域流动的类型特征，并据此进行科学预测与合理规划，在此基础上进一步提出适切的义务教育资源配置策略。

二、义务教育资源优化配置的价值坐标

学龄人口区域流动虽然直接改变了对义务教育资源的需求状况以及供需的匹配状况，但要明确学龄人口区域流动的"推拉"力量来自社会系统运行，要建立系统耦合思想，明确其"牵一发而动全身"的作用机制。具体来说，在特定的时空维度中，要确保学龄人口区域流动背景下的义务教育资源配置与社会系统耦合协调发展，并致力于建立动态的弹性配置关系。可以说，"系统耦合—弹性动态配置—时空维度"三者结合，构成义务教育资源优化配置的最基本的立体价值坐标。

（一）确保社会系统耦合协调发展

一般来说，耦合是指产生关联的多重要素之间，相互适应、彼此依赖的程度水平。社会问题的出现和解决一般都是多系统叠加的问题，社会问题的深层解读和顺畅解决离不开对社会多系统耦合协调发展的思考，因此，系统耦合协调发展是本书的第一价值坐标，其中蕴含的整体性、协调性意义，对本书具有启发性价值。

学龄人口区域流动引发的教育资源失配问题，实质上是社会、经济、资源、人口等系统间非耦合发展投射到义务教育系统中产生的问题。在社会经济发展的初期，吸引劳动力人口进城务工的拉动力量，主要是城乡之间的预期收益差，"单帮式"外出务工的模式由于没有对流入地义务教育学校产生需求，因而对义务教育的冲击尚不明显。但随着劳动力人口逐渐扎根并融入城市，其家庭化流动的趋势开始显露，劳动力人口的发展需求也从单纯追求较高的经济收益，转向使子女获得更好的教育及发展机会等方面的需求，由此，经济发展、劳动力人口进城与义务教育之间潜在的关联正逐步建立起来。上述情况在全国各地的城乡中都有所体现，其主要原因在于，小学教育资源的投入与规划主要建立在对政治、经济和文化等要素系统的考量之上，而人口系统作为社会变动较大的系统，相对静态或滞后，并没有在教育资源的战略规划中成为社会各系统耦合协调的一个重要环节，从而导致在其运行过程中出现了脱节的现象。因此，义务教育资源优化配置应建立在社会系统耦合协调发展的基础上，各社会要素及子系统之间，建立紧密而顺畅的关联度、协调度，彼此之间既不阻碍也不滞后，就仿佛咬合紧密的齿轮，彼此关联、支撑与配合。

而且，值得注意的是，在问题解决的过程中，切忌"头痛医头，脚痛医脚"，比如，1996—2001 年是我国学龄人口控制外流期，实行"以户籍所在地为主""以借读为主"的就学原则，并要求"严格控制义务教育阶段学龄人口外流"。① 相关政策的出台，直接反映出流入地政府义务教育资源配置不足的问题，希望通过限制流入，缓解大量学龄人口流入给当地教育资源带来的冲击和失控，但很显然，限制的政策并不能有效缓解学龄人口的流动，反而学龄流动人口数量屡次超前打破流入地规划的学龄人口限制界限，这说明学龄人口随迁就学的需求日益增长。由此可见，我国学龄人口区域流动引发的资源紧张问题，原因不单单在于学龄流动人口，一定要从系统整体出发，找到问题的症结，提前做好"经济—人口—教育"的关联性规划，秉持"宜疏不宜堵"的准则，促进社会系统的耦合协调发展。

---

① 中华人民共和国教育部. 流动儿童少年就学暂行办法（教基〔1998〕2 号）［A/OL］. （1998－03－02）［2010－01－29］. http://www. moe. gov. cn/s78/A02/zfs＿＿left/s5911/moe＿621/201001/t20100129_3192. html.

（二）确保建立动态的弹性配置关系

由于劳动力人口在流入地定居的成本要远高于其流动的成本，这使得劳动力人口的区域流动具有典型的不确定性，也对学龄流动人口在流入地就学的不稳定性产生直接影响，二者叠加成为一种嵌套式的结构性矛盾，并在深层次上反映出流入地城市义务教育资源配置结构的调整节奏和速度没有与学龄流动人口的集聚及流动速度相匹配的问题。因此，在嵌套式结构性矛盾中，必须将动态的弹性配置作为本书的第二价值坐标，提高教育系统自组织调节的能力，建立动态配置准则，计算教育资源的弹性配置区间，以应对学龄流动人口高流动性和异质性对当地教育资源的冲击，做好学龄流动人口接纳、非户籍人口转化及流入地教育资源扩容等密切相关的工作与规划。

基于动态要求的弹性配置，至少包括两层含义：一是保持教育资源配置的动态性。学校的学生数量每年都会有一定的变化，这些变化中一部分是学龄人口自然变动，如二胎政策放开后，户籍学龄人口的自然增长；另一部分是学龄人口区域流动带来的变化，如学龄人口的区域流出带来流入地和流出地学龄人口的增减情况。有效的教育资源配置要保证对学龄人口数量的动态变化进行及时的跟踪调查，并准确反映到下一年的资源配置中。二是基于标准线建立有效的弹性配置范围。资源的配置要能够满足流入地学龄流动人口的基本教育需求，贴合学龄人口数量变化的需要，确定资源配置的标准线及有效的弹性范围，在超前预测学龄流动人口流向趋势及大致流量的基础上，在科学的弹性范围内进行义务教育资源的增减。

（三）确保在特定的时空维度中探讨配置的实现层次及模式

义务教育资源配置务必要在不同的时空维度中，探讨学龄人口区域流动基础上义务教育阶段的配置层次和模式。我国地大物博，区域差异悬殊，在均衡发展的内涵解读中，必然包含着对区域差异动态变化的关注和对弹性操作的认可，一切脱离了特定时空维度的资源配置模式都将因为无法与特定的社会系统耦合而失去生命力。因此，要保证系统耦合运行和动态弹性配置的顺利实施，必须要将落脚点放在体现资源配置特点的时空维度中。

在教育现实中，学龄流动人口与义务教育资源配置模式之间存在的不耦合运行状况，不断地引发不同时空维度中的一系列相关问题。比如，学龄人口流入城市，生源数量迅猛增长，导致城市的教育资源捉襟见肘，"大班额""巨型校"等问题触目惊心，教育资源规划及增长远滞后于学生增长的规模和速度；再比如，学龄人口流出区域，生源逐年减少，办学规模萎缩，教学及教师资源欠缺，难以维持正常运转，更别说乡村教育振兴等目标的实现。而面对乡村义务教育的凋敝，很多地方采取了中小学合办或停办的办法，这又进一步削减了农村中小学作为当地主流文化的承载者和辐射中心的社会意义。[①]

从这个意义上说，只有坚持在"系统耦合—弹性动态配置—时空维度"的立体价值坐标宏观指引下，义务教育阶段学校的资源配置才能坚守科学的价值取向，否则，缺少价值坐标指引的资源配置，必将失去其基本的出发点和立脚点。

三、义务教育资源配置综合调节理论的
逻辑基础及 PESE 分析框架

（一）义务教育资源配置综合调节理论的逻辑基础

基于上述分析，本书认为，义务教育资源配置是一个与复杂环境相互依存、彼此作用的自组织系统。在学龄人口进行区域间自由流动的社会现实中，各影响因素以参量的形式影响学龄人口在不同的时间、空间条件下发生区域流动趋势的演进和变化，使义务教育资源配置在开放的社会环境下，能够自组织地进行义务教育资源的综合调节及最优配置。

通过基于系统复杂性理论的义务教育资源配置概念体系的建立，本书给我们提供了义务教育资源配置全新的理论解释框架或研究范式，以弥补传统因果线性方法分析的欠缺及不足。当然，本书并不直接使用系统复杂性理论中的关键结论对问题进行解释和解决，而是用复杂性思维和理论统领义务教育资源配置研究，通过研究范式的转换，生成系统复杂性理论视角下义务教育资源配置的综合调节理论。在此基础上，将原本看似无关、对立的概念在整体、复杂的研究范式之下进行对接，实现理论、方法等层面的多样性统一，建立起以复杂性理念与复杂性方法为指引的探讨学龄人口流动背景下义务教育资源配置的理论体系框架。

在对我国不同区域进行现实考察的过程中，学龄人口无序流动对义务教育资源配置产生的影响体现了极大的区域不均衡性，主要体现在受学龄人口流动的影响，资源配置在实现有序均衡的目标过程中，总是处于均衡与非均衡、有序与无

---

① 傅维利，刘伟 . 学校规模调控的依据与改进对策［J］. 教育研究，2013，34（1）：44-52.

序相互胶着的混沌状态。因此，如果我们要得到关于学龄人口流动背景下义务教育资源如何配置的确切观点，就要首先确定相关系统要素之间的整体性和不可分割性，确立非线性思维模式，把关涉其中的经济、教育、人口、地域等要素看作一个完整的系统进行考察，并辩证地对待要素之间的交互关系。

根据系统复杂性理论的观点，义务教育资源配置系统综合调节过程与复杂系统的自组织过程是有极大相似性的，而自组织在义务教育资源配置过程中表现出的是巴哈莫夫等阐述的自决定和自调节能力，使得系统能够自发地、适应性地发展或改变其内部结构，从而更好地应付或处理它们所面临的教育环境。①

当然，资源配置的自组织并不是以一种绝对的既定程序来应对多元系统的环境变化的，具体的配置模式必须结合一定的时空维度进行调整和确定，如果资源配置主体不能依据时空条件的变化进行配置系统的自组织和自协调，就不能保证配置策略在审时度势、因时因地制宜的情况下实现配置目标。如果仅把义务教育资源配置理解为既定程序的严格执行，而不具有结合实际情况的灵活运用，那么这并不是真正意义上的对资源进行有效自组织和弹性协调配置。因此，必须要在必要的刚性配置基础上，尽可能地引导配置符合不同区域的实际情况，设置符合区域实际的弹性配置策略。

因此，教育系统内部的关于教育资源配置的综合调节问题，是我们探讨配置系统复杂性时必须强调的一个重要问题。义务教育资源配置在时空上的拓展、多元因素及其组合的复杂性必然会导致资源配置模式与当地时空条件相结合，时空条件下的偶然性，会在复杂性中表现出一定的无序，这就造成了不同时空条件下，资源配置模式与效果的差异。

从综合调节形成的机制与条件来看，在义务教育资源配置实施过程中，一旦教育资源配置系统的某个参量变化到一定的阈值，系统就有可能从稳定变成不稳定，通过涨落发生非平衡相变。热力学第二定律从反面告诉我们，系统内容的任何相互作用或变化，都会引起熵值的增加，使系统自组织的结果变得越来越混乱和无序。事实上，在特定社会转型、经济转型背景下的教育资源配置环境中，远离平衡态会使得教育系统的现有结构迅速瓦解，产生非线性耦合。资源配置之所以通过以自组织为特征的综合调节机制来协调人口区域流动下的教育需求与资源供给之间的错位和冲突，除了要达到一定供需动态平衡，更重要的是适应资源配置系统形式多样、内容丰富、途径曲折、效能差异的非线性作用。在具体配置过程中，配置方案的选择集是动态的，配置要实现的目标也是动态的，由此，当教

---

① 巴哈莫夫. 动态系统和系统方法 [J]. 自然科学哲学问题丛刊, 1984 (3): 28.

育配置部门实施配置方案时，配置策略具体实施的弹性化就应运而生了。因此，应在资源配置过程中，赋予配置主体合理取舍和自由裁量的权限，以弥合配置政策和实际配置之间的差距，满足实际需求。其中的自由裁量不仅带有自组织特征，而且具有对混沌天生的依附性。在义务教育资源配置系统内部及其与其他系统之间各影响要素非线性影响作用下，配置主体通过综合调节对开放环境中多样的配置需求信息进行序列化，并根据需求弹性调整配置的具体方案。

（二）综合调节理论 PESE 分析框架

学龄人口区域流动背景下的义务教育资源配置研究，离不开社会经济发展、城市化建设进程等重要推动力量的影响，在这样复杂的背景下，流入地学校的教育资源配置问题已经脱离了单一的问题域，成为由综合、多元系统相互交织、关联的资源配置研究，而研究问题本身也聚合成了一个具有特殊意义的教育系统，这个系统已经突破了一般意义上的单一范畴的教育系统，并在社会开放性基础上，逐渐形成一个由"人口—经济—社会—教育"等诸要素综合作用的多维系统。值得注意的是，该系统中的人口、经济、社会、教育等诸要素对义务教育资源配置产生支撑与制约的双重作用，是通过诸因素对学龄人口的"推拉作用"，实现学龄人口区域流动的。

因此，多维要素系统的分析视角有利于建构复杂问题分析的立体空间，从而深度解析城市化发展进程中不同要素系统之间的关联与制约，形成基于核心要素系统的多维分析框架。当然，无论分析框架中的诸要素系统之间是相互支撑，还是彼此制约，对其双重作用的探讨都是基于特定的时空维度的，不可能存在脱离特定的时空条件而孤立去谈多维系统交织作用的情况。

1. 综合调节理论 PESE 分析框架的结构

本书的分析框架是建立在人口、经济、社会、教育等诸要素综合作用的多维系统之上的。一方面，社会政治经济条件的发展对不同层次的劳动力人口产生虹吸作用，从而建立了经济与劳动力人口之间的密切关联，而城市的发展，包括城市化进程的推进也得益于劳动力人口流入产生的人口红利，与此同时，经济发展直接增加了当地的教育投入，提升了当地教育资源的综合水平。另一方面，劳动力人口经济收益的提高，直接拉动了拥有学龄人口的劳动力人口家庭进行区域流动，加剧了流入地义务教育资源之间的困窘状态。

为了更清晰地聚焦多维要素系统与学龄人口区域流动之间的关联，基于前期研究的访谈资料、调查数据及文献资料分析，本书筛除了影响学龄人口流动的不显著因素，如政策、制度、资源禀赋等要素系统，能够直接影响学龄人口区域流动，进而影响义务教育资源优化配置的要素系统，具体指向人口（population，P）、经济（economy，E）、社会（society，S）、教育（education，E）等多维要素系统，并在此基础上建构综合调节理论 PESE 分析框架，通过对系统内诸要素关系及作用结构的分析，科学合理地审视学龄人口区域流动引发的社会现实及教育困境。

必须说明的是，本书中，PESE 分析框架结构的搭建基于系统理论中耦合协调、动态弹性的系统论及复杂理论思想。多维系统中的主要构成要素就像一台耦合十分紧密的机器，其内部有着完整的启动、联动、操控等装置，同样存在系统运转的"最小—最大"弹性工作区间。因此，本书分析框架的结构就是清晰化各要素系统间相对稳定的作用路径和联系方式，也就是要"揭示系统间及系统内部的组织形式、结合方式和秩序"。① 只有这样，才能够对研究框架的时空性、层次性、开放性、整体性及动态性等诸多特性的形成过程及发展动态有一个客观而全面的认识。

根据上述分析，本书以学龄流动人口为中介和纽带，把城市经济发展要素、社会要素和教育要素等要素系统进行紧密关联，建立基于特定时空维度的三维分析框架，简单阐述，就是综合调节理论 PESE 分析框架，如图 3.1 所示。

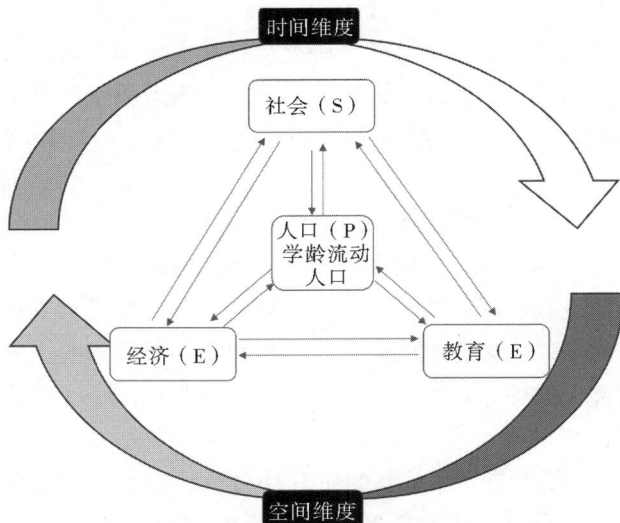

图 3.1　综合调节理论 PESE 分析框架结构

① 邱东. 我国资源、环境、人口与经济承载能力研究［M］. 北京：经济科学出版社，2014：27.

2. 构成要素

综合调节理论 PESE 分析框架是以人口要素（P）为关联核心，由经济（E）、社会（S）、教育（E）其他要素系统组成的一个可以互相作用和关联的稳定三角形。四要素之间除了有直接的作用和关联，还通过学龄流动人口这一特定群体的中介作用，产生间接的作用和关联。同时，时空维度在要素间具体作用模式的建构及解析中发挥着重要作用。各要素之间的关系具体分析如下。

人口要素（P）居于系统的核心位置，人口的流动性成为开启经济、社会和教育相互关联的启动力量。人口是存在于社会系统中的人的总和，是内容复杂且具有多种综合性社会关系的社会实体。从自然属性的层面来看，人口具有年龄、性别等基本自然属性；从社会属性的层面来看，人口是多种社会关系及经济关系的集合体，具有民族、家庭、职业等社会属性。人的生存与发展是在家庭、社会、经济、政治等社会关系中进行的，因而，社会是由人组成的社会，而人是社会中的人。本书主要涉及劳动力人口和学龄流动人口两个群体。其中，劳动力人口是社会物质财富的生产者和消费者，具有一定的生产能力和消费能力，对社会经济建设与发展具有推动和制约的双重能动作用；学龄流动人口群体是劳动力人口的伴生群体，与作为其家长的劳动力人口有同频的流动趋势，学龄流动人口群体不具有生产能力，主要表现为对流入地政府公共资源，尤其是教育资源的消费能力，直接增加了劳动力人口本身的消费载荷，从而增加了城市公共资源及教育资源的供求困境。因此，学龄流动人口作为冲击流入地小学教育资源配置的主要群体，实质上关联着经济、社会与教育三大要素系统，是资源供需矛盾的关键所在。

经济要素（E）是指在社会进步、教育发展过程中，直接起到支撑、推动或制约作用的经济条件的总称。从根本上说，经济是基础，城市经济要素可以转化为一切支持社会建设与发展的能量和资源。城市经济要素包括支持人口城市化及教育建设与发展的硬件设施、财政经费等，也包括涉及的相关土地资源、物质与人力资源等。因此，在综合调节理论 PESE 分析框架中，经济要素是处于首位的要素系统。

社会要素（S）是人与人相关联的所有社会活动的集合，是现行系统运行中构成人口、经济、教育协同运行的背景要素，涉及城市化生活环境、社会关系网络以及理念层面的社会因素对流动人口群体的影响，具体包含一定时空背景中的政策体系、制度机制、规则理念等一系列要素。

教育要素（E）是教育系统中一切教育活动的统称。本书中，教育要素是在学校教育范畴下，与义务教育资源优化配置相关涉的教育系统。因此，学龄人口区域流动背景下的义务教育资源配置问题，是对教育要素如何在新时代背景下得到妥善解决的核心问题，是促进各要素相关联的综合系统得以有序、高效运转和发展的根本保证。

3. 要素关系

在综合调节理论 PESE 分析框架中，多维要素系统之间存在着紧密的关联，各要素之间既互相支撑又彼此制约。要以各要素系统的耦合协调发展为目标，不能顾此失彼，以此来避免"短板"效应对社会城市化建设及其综合发展的制约。为了更清晰地呈现要素系统间的关系，以下将通过详细的拆解分析，作进一步的解释。

（1）经济与人口。基于前面的分析可知，经济发展水平对劳动力人口的区域流动具有显著的正向拉动作用，而区域经济的发展也一定要依靠优质劳动力的支撑。从这个意义上说，经济与人口是有效区间内双向吸引、双向拉动的影响关系，之所以强调有效区间，是因为经济与人口不是无限正相关的关系，根据经济发展程度与人口迁移数量的关系曲线，如图 3.2 所示，在经济发展与人口迁移的关系坐标中，曲线④代表经济发展过程中由农村向城市迁移的劳动力人口，从曲线的走势可以看出，城市中的农村迁移人口到达峰值后，随着经济的发展，将面临急剧下降的趋势，在降到较低水平后，迁移数量才能趋于平缓。这说明，在农村劳动力人口迁移数量达到城市人口峰值之前，经济发展会随着劳动力人口的增加而获得极大的发展；而当经济发展达到较高水平后，城市劳动力人口趋于饱和或劳动力人口抚育下一代的成本不断增加，这时如果非户籍劳动力人口继续流入，其所携带的人口红利必将急剧减少甚至趋于消失，并对城市发展产生冲击和阻碍。这时，粗放型的人口集聚模式与经济发展之间的不协调运转也将显露出来。正如目前我们在城市化发展进程中出现的学龄人口无序流动问题，就是经济与人口不协调发展带来的困境。因此，必须在经济的适度发展与人口的合理迁移之间进行最优发展区间的规划，以超前规避二者不协调发展带来的发展失控问题，引导经济、人口、城市化建设等多系统耦合协调发展。也就是说，强有力的经济要素可以为吸引人口区域流动和支持教育发展提供促进力量；反之，经济基础薄弱，也会对人口发展和教育建设产生阻滞作用。

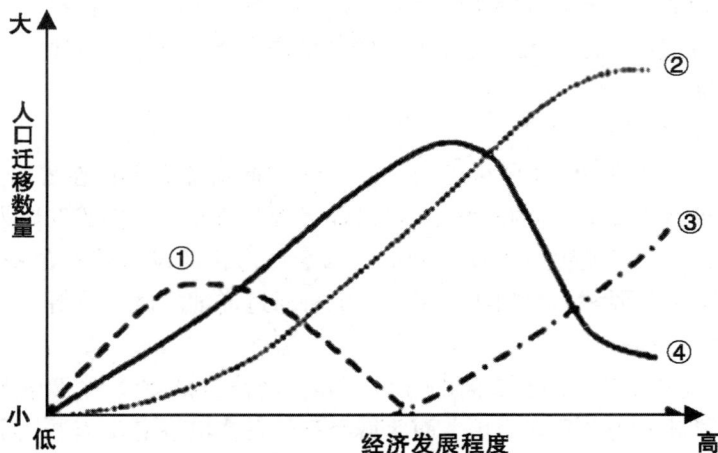

图 3.2 经济发展程度与人口迁移数量关系曲线

（2）经济与教育。经济进步与教育发展是相互影响、相互作用的，具体表现在两个方面：一方面，经济发展能对教育发展产生直接推动作用，经济发展带来社会财富的增加，促使教育能够获得更为充足的资源和更有力的投入。有学者将长三角经济带作为研究对象，证明了教育发展水平与经济发展呈正相关。也有学者[①]对教育与经济发展之间的作用方式和作用类型构建了一个模型。该模型提出，一旦经济发展出现不景气，那么首先受到影响的就是教育投入的减少，包括人力、物力、财力等资源，所以，教育发展的水平一定会受到地区经济发展水平的制约，经济发展程度决定了教育投入的程度。另一方面，加大经济对教育的投入，既能增加教育规模，又能提高教育质量，从而实现人才开发及质量规模的提升，进而提高社会生产能力，促进消费水平的提高，带动社会经济的进步与发展。因此，诸多研究对教育与经济之间的关系作了探索，都直接或间接地证明了教育水平的提升能够显著地促进经济发展。我国国土面积广大，区域之间发展不平衡，各地的教育资源投入也不均衡，这在我国义务教育发展的实际情况中都有不同程度的体现。

（3）教育与人口。教育与人口之间的关联是相辅相成、十分紧密的，尤其是在科技不断发展和进步的今天。教育对提升人口质量、优化人才结构起着不可替代的关键作用，而人口在数量、规模、教育需求等方面的特征又直接影响教育

---

① 石泽婷，张学敏．"空间生产"理论视域下教育资源均衡配置探析［J］．广西民族大学学报（哲学社会科学版），2020，42（3）：198-204.

的规模及质量。本书中，教育与人口的关系可以进一步聚焦到教育与劳动力人口、义务教育与学龄流动人口两个层次的关系。一方面，劳动力人口通过乡城迁移、城城迁移，流动到流入地城市工作，为城市的发展建设注入活力、贡献力量，推动城市经济、社会等各个方面的发展与进步，因此，劳动力人口的流入通过拉动经济发展，为城市创造产值，直接促进教育财政投入的增加和提高。从这个角度说，劳动力人口是教育发展与进步的推动力量，其家庭的随迁学龄人口，同趋流动到劳动力人口工作地中小学就读，是符合劳动力人口的实际贡献和发展需要的。另一方面，随迁的学龄流动人口在流入地就学，急剧增加了当地学校的学生数量，对流入地义务教育资源以户籍学龄人口数量为依据进行规划配置的配置模式提出了挑战。可以说，在教育与人口之间存在着既相互支撑又彼此制约的复杂、联动关系，教育是人口质量提升和发展的促进力量，但因教育资源的有限性和稀缺性，对享受高质量教育的学生数量和规模提出约束；而人口作为教育发展的支撑力量，同时因其多元化的发展需求，不断对教育提出高水平的要求。二者之间恰当、有序、协调发展才是城市化发展过程中要下大力气解决的核心问题。

（4）社会与人口。人口是社会形成与发展的基础，一定数量的人口构成社会存在、发展和运转的基本条件。因此，人口是一定社会的建设者，是社会运转规则的制定者，由个人与个人形成的群体建立起特定的社会网络，共同创造社会发展与进步的物质基础与精神文明。人口素质越高、质量结构越合理，越能够适应生产发展和科技进步的需要，从而推动社会的进步。同时，人口也是社会的消费者，当适当的人口数量规模、结构构成和增长速度能够与特定时空条件下的物质生产状况相适应时，人口能够促进社会的良性运转；反之，如果人口的规模、结构构成和增长速度不能与特定时空条件下的社会物质生产状况相适应，则将阻滞社会的发展。

当然，社会也为人口的发展和变化提供一定的运行条件，人口的发展与变化一定不会脱离特定时空条件下的社会背景，其社会环境中的生产力发展水平、制度体系、社会保障体制、信息技术能力等都为人口的进步与发展创造条件。

（5）不同时空维度下，学龄流动人口对其他三要素的中介调节作用。在综合调节理论 PESE 分析框架中，在学龄流动人口这一群体的中介作用下，不同时空维度下的经济、社会、教育三大系统之间建立了越发紧密的关联。在学龄流动人口随父母到流入地就学的合理性、合法性不断得到论证和肯定的时代，学龄流动人口群体已经不是与户籍学龄人口相区别的特殊群体，他们和户籍学龄人口一样，有接受高质量义务教育的权利，这就确定了问题解决的基本前提，即要在接受学龄流动人口的流动性、不确定性及异质性的基础上，综合调节人口、经济、社会、教育等系统在义务教育资源配置中的关系，为区域内学龄流动人口提供优质、均衡的义务教育。

（三）基于综合调节理论 PESE 分析框架的义务教育资源配置诸因素综合调节机制

在义务教育阶段，尤其是小学教育，应以提高国民素质为终极目标，以学龄人口城市化作为开启人口城市化发展的启动力量。因此，义务教育资源配置应基于综合调节理论 PESE 分析框架，建立诸因素综合调节机制，并建立学龄流动人口教育资源动态弹性配置理念。首先，必须提供符合规定的经费、师资和相关物质设施设备，保障学龄流动人口有学上；其次，根据地区特点和实际需要，对在经费、师资和物质设施设备等方面的配置准确计算，最大可能地保证资源配置的质量和使用效率；最后，在非物质资源方面，通过整合教育理念资源，加强有限资源的开发和内涵建设，面向教育对象结构多元、个性化教育资源选择和实施，达到整体上的优质均衡。不同地区学龄人口对义务教育的需求数量和质量呈现出动态不确定性，甚至同一地区的不同区域也存在着一定的差异性，使得一定区域的教育资源配置呈现复杂性特征。对于这种复杂性系统就必须基于 PESE 分析框架，建立"人口—经济—社会—教育"等诸因素综合调节机制，推动其形成有限资源配置的综合调节功能，适应动态配置需求。

根据义务教育资源配置的不同研究角度，可以将义务教育资源配置系统划分为三个层次：一是国家义务教育资源配置系统，即宏观教育资源配置系统，主要从宏观视角对国家或省域层面的义务教育资源配置系统进行综合调节研究；二是区域义务教育资源配置系统，即中观教育资源配置系统，主要从中观视角对市域或区县（县级市）教育资源配置系统进行义务教育资源配置系统的综合调节研究；三是微观义务教育资源配置系统，即学校资源配置系统，主要从微观视角对学校的教育资源配置系统进行综合调节研究。本书主要基于中观视角和微观视角展开论述。

1. 学校教育资源配置系统综合调节机制

在学龄人口流动情景下，学校教育资源配置系统是一个动态的、不确定的开放系统，体现为学龄人口数量的可变性、学龄人口教育属性的多样性。因此，无论在教师数量、教师岗位特征、教师教育行为属性等人力资源方面，还是教学空间、学生活动场所、教学设施设备等物质资源方面，以及学校信息与技术信息等软性资源方面，学校在对学龄人口可变需求下教育资源配置系统从无序到有序的自组织过程中，能够达到一个运转良好、公平优质的义务教育系统运行状态，因此，将这种具有自组织综合调节功能的学校资源配置结构称为耗散结构。也就是说，义务教育资源配置系统应是一个具有耗散结构的自组织调节系统，在与人口、经济、社会、教育之间能够进行顺畅的物质、能量和信息交换，并根据物质、能量和信息的交换，对系统运行进行综合调节。

由耗散结构理论可知，在学龄人口区域流动情境下，学校教育资源配置系统在教育物质资源、教育能量资源和教育信息资源的不断交换中，通过无序到有序、有序到无序的组织过程，获得教育系统良性运行状态，如图 3.3 所示。

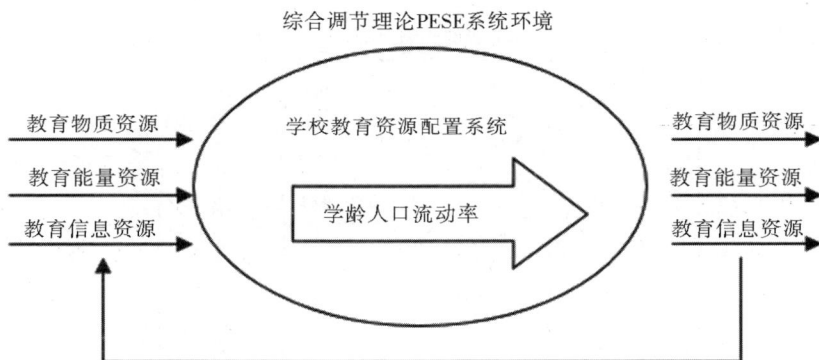

图 3.3　学校教育资源配置的自组织系统

2. 区域义务教育资源配置系统综合调节机制

区域义务教育资源配置系统是一种由多个学校资源配置子系统构成的中观系统。根据城市的地理特征、人文环境和社会经济发展水平，城市区域义务教育资源配置系统自组织的特征取决于各个学校子系统的自组织综合调节过程。对于城市区域义务教育资源配置系统来说，系统要实现的主要目标是，在对该区域学龄人口流动规模预测的基础上，运用学龄流动人口在该区域中的分布趋势特点得到各个学校的学龄人口流动率，结合各个学校教育资源配置条件、特点和能力，确定整个区域的义务教育资源优化配置模式。具体来说，这种优化配置模式建立在各个学校教育资源配置自组织综合调节系统基础上。实际上，城市区域中的每个学校都具有自身的教育资源配置能力，这种资源配置能力是在系统从有序到无序、从无序到有序的自组织过程中确定的，被称为资源配置弹性系数。

本书认为，义务教育资源配置弹性系数是教育资源投入增长率与学龄流动人口增长率的比值。即教育资源投入增长 1 个百分点，可接受学龄流动人口增长的百分点值系数越大，义务教育资源配置能力就越强，反之则越弱。从有效配置角度来说，学龄人口的流入对流入地义务教育资源的弹性配置提出了要求，应充分考虑经济、人口、社会等要素对资源配置的影响，保证资源配置的弹性增长尺度与经济增长、人口增长、社会公共服务增长等方面有同趋增长态势，由此确保在经济保持高增长态势状况下，对义务教育资源配置也有同趋拉动作用，以纠正现有配置模式下义务教育资源配置弹性不足的缺欠。

因此，城市区域义务教育资源配置系统是在不断调节各个学校教育资源弹性系数中，确定整个系统配置模式的，如图 3.4 所示。

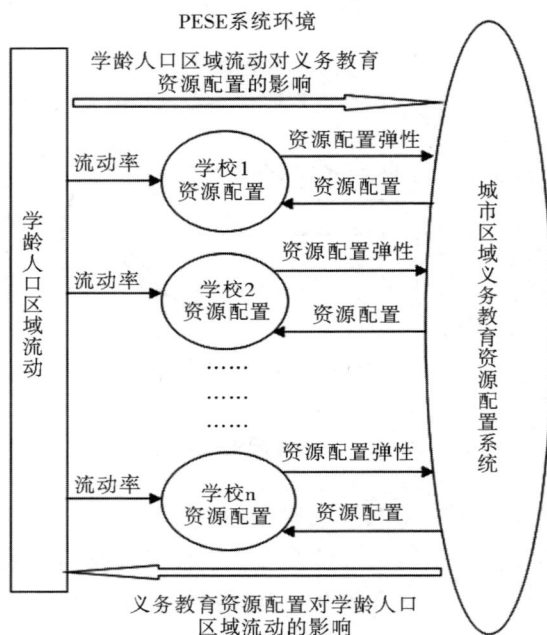

图 3.4　城市区域义务教育资源配置系统

因此，区域学龄人口流动的空间分布特征给义务教育资源空间配置带来了影响。从市域分析角度来看，它表现为资源在不同尺度地区间的分布情况。微观上，学校作为资源配置的基本单元，地区间的资源配置差异由其内部学校布局与校际资源配置状况共同确定。区域义务教育随着区域经济发展过程，从义务教育普及到资源均衡配置，再到优质资源均衡配置，在系统自组织过程中达到理想的目标。因此，结合系统复杂性理论与耗散结构理论的核心观点，本书构建了理论体系——基于 PESE 分析框架的义务教育资源配置综合调节理论，其关键点在于对义务教育资源配置系统自组织综合调节的形成条件的理解。

第四章 基于综合调节理论 PESE 分析框架的
学龄人口流动趋势预测指标体系构建

　　文献分析表明，家庭人口流动带来学龄人口流动，这是中国社会经济发展的必经过程。这种人口流动的时代性特征将传统的人口流动问题推向了多元化研究领域。党的十九大以来，中国取得了扶贫与脱贫攻坚战的伟大胜利，农村经济收入和生活水平逐年提高。在此社会经济情境的牵引下，农村剩余劳动力进城务工、劳动力人口家庭化流动等问题，已经跳出了经济要素的单一影响，形成了在经济与社会、经济与教育、人口与教育等关系因素影响下的人口流动态势，这种多元化关系影响因素构成了人口区域流动的复杂性，并进一步形成了义务教育学龄阶段人口在城市中就学的特殊需要。因此，要对学龄人口区域流动背景下的义务教育资源进行合理配置，就必须在综合调节理论 PESE 分析框架下，建立学龄人口区域流动的趋势性规律，掌握学龄流动人口区域发展与变动的趋势，而描述学龄人口流动特点与规律的前提是对学龄人口区域流动的形成机理和影响因素进行分析。

　　通过对人口流动理论及预测模型的研究与实践分析，对学龄流动人口趋势外推预测模型研究的难点在于能否合理、有效地发现和建立学龄人口流动的影响因素指标，并能够通过指标体系对一定区域未来的学龄人口流动情况进行预测。许多文献从各自的研究角度选择了人口流动的影响因素，这些影响因素大都体现在经济、社会等宏观描述方面，如地区 GDP、城乡收入差距等经济要素是农村剩余劳动力进城务工的拉动因素，但这些宏观经济要素在哪些方面影响着人口流动，还有哪些因素能够引发学龄人口区域流动问题，需要对影响因素和预测指标进行更加全面的构建，同时需要更加详尽的中观数据、微观数据进行支撑。因此，总体来说，现有研究虽然已经触及人口预测相关问题，但并没有切入学龄流动人口这一关键群体，这为本书建立基于 PESE 分析框架的学龄人口流动趋势预测提供了一定的研究留白，为进一步在学龄人口流动趋势预测基础上进行资源配置策略和方案的探讨提供了研究基础和可能。因此，本章在前文阐述的综合调节理论

PESE 分析框架基础上，采用德尔菲法对专家组进行咨询调查，进一步构建学龄人口区域流动的影响因素结构和成因关系，为科学、合理的预测研究奠定基础。

一、关于预测指标构建的理论探讨

指标作为一种研究工具，广泛应用于自然科学领域和社会科学领域，主要通过科学的分解和整体的组合对研究对象的关键信息进行提取和整合，为准确地衡量、评价、预测待研问题及领域的相关状况提供依据与可能。

（一）预测指标的层次与因果关系

1. 预测指标具体指涉的分解与合成

对本书而言，预测指标的建立首先要基于综合调节理论 PESE 分析框架的理论思考，即学龄人口流动趋势是指在一定时空条件下，受人口、经济、社会、教育等诸因素综合调节作用影响，引发学龄流动人口在空间分布上的变动。这就为本书确定了预测的一级指标，即指标体系构建的第一层次，因此，一级指标也是从宏观层次对预测指标进行建构的。第一层次的指标具有较强的整合性，内部包含多种复杂而交织的第二层次关键指标，即指标体系构建的二级指标。一般来讲，二级指标之间可能存在既相互独立又彼此关联的情况，导致部分指标间必然存在内生性问题，影响统计分析的结果。因此，必须对二级指标进行因素分解与合成，在一定程度上减少指标间的内生性影响给预测结果带来的影响偏差。比如，在影响学龄人口区域流动的经济要素中，区域人均 GDP、产业优化指数、城乡居民收入差距、居民消费指数、城市就业率等影响因素都会对学龄人口的区域流动产生影响，而且因素之间具有不同程度的相互关联性。这些因素之间的关联性，会造成人口流动影响因素统计分析中因素间交叉、重叠等内生性问题的产生，使统计分析结果产生较大的偏差。为了避免这些问题，本书采用因素空间的因素合成与分解方法，在一定程度上解决了这一难题。另外，本书对一级指标的分解尽量做到细致和可测，即划分到可以直接观测数值或测算数据的层面，将复杂的影响因素系统转化为一系列可计算的预测指标，通过权威数据的计算，支撑理论建构，分析现实需求，使预测指标具有较强的解释力和预测性。

2. 预测指标与学龄人口区域流动之间的因果关系

预测指标与学龄人口区域流动之间存在着紧密的因果关联。在预测指标的具体指涉中，预测指标应该既包含对定量数据的预测，也包含对定性问题的思考与讨论，只有将定量与定性二者结合起来，才能客观地揭示预测指标与学龄人口区域流动之间的因果关系。这是因为，定性与定量对立统一地存在于学龄人口流动现象中，相互转化，彼此交织，形成了不同时空条件下，学龄人口区域流动与义务教育资源之间的多种关系样态，所以在人口流动因素分析中必须运用定性、定量两种数据分析及研究方法，从而使研究的结论具有更强的可信性与解释力。

　　为了更好地解释和表征预测指标与学龄流动人口之间的因果关系，本书以因素空间理论为指导依据，建立学龄人口区域流动预测指标体系的因素空间。传统的人口流动研究建立在单一的原因论基础上，即单因素论。现代人口流动研究从单因素研究发展到多因素研究。研究实践充分说明，无论是个体"单帮式"人口流动现象还是"家庭式"人口流动现象，都不是由一种原因引发的，而是多种因素交织影响的结果。同时，在人口社会学研究中也出现了"因素群"的概念。按照因素群的思想，因素是事物产生的原因，学龄人口流动是影响学龄人口流动的诸因素共同影响的结果。从因素空间的角度描述，面对学龄人口区域流动问题，我们先建立产生学龄人口区域流动的影响因素坐标，把它映射到不同的坐标轴上，得到不同的属性，然后再进行综合，将这些轴交叉起来，形成一个坐标空间，我们将这个以因素为轴的坐标空间叫作因素空间。学龄人口流动被映射成为因素空间中的一个点，它就被这个因素空间影响和描述。学龄人口流动影响因素空间是描述人口流动规律的普适性框架，是研究学龄人口流动的基本空间，如图 4.1 所示。

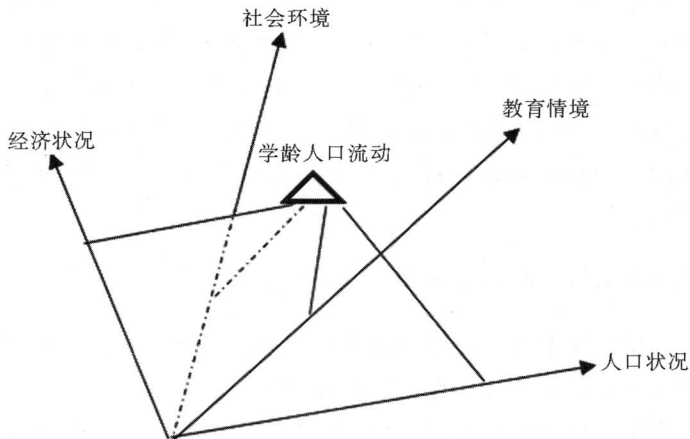

图 4.1　学龄人口区域流动的影响因素空间图

　　基于上图因素空间的表征，预测指标与学龄人口区域流动之间同样存在一个基于 PESE 分析框架的坐标轴群，通过对不同时空条件下预测指标的计算，使学龄人口的区域流动趋势投射在因素空间中，形成不同样态，进而根据相对应的小学教育资源配置提出具体要求，以此直观呈现预测指标与学龄人口区域流动之间的因果关系。

（二）预测指标体系构建的预设前提

前文已经详细阐述了综合调节理论 PESE 分析框架的理论体系，这也是为全面分析学龄人口流动趋势预测研究而构建的理论预设。由于学龄人口区域流动导致小学教育资源配置产生的一系列问题是嵌套在城市化发展及人口城市化建设全过程中的，因此，不同的城市、区县对流动人口家庭和学龄流动人口产生不同程度的吸引力，也对不同时间、空间的义务教育资源配置产生不同程度的影响，这种影响必然要通过高层次统筹和综合调节予以协同应对。

由于预测指标的设计必须是全面、综合、可测的综合指标体系，是通过对已有时空数据的趋势外推建构预测未来的发展变化趋势，因此，指标的预设除了体现静态时空数据，还要建立各指标数据的动态意义形态。一般来说，静态指标只要呈现特定时间和区域的点状统计数据，如某一年度学龄流动人口数量、人均GDP、产业优化指数、区域公共财政投入、区域义务教育拨款情况及区域义务教育资源配置情况等相关指标，来反映区域在一定时期内的学龄流动人口及教育配置状况。静态指标虽然能全面呈现二者之间的现实状况，但描述成因分析和发展趋势等过程性思考还需要其他时空数据的支撑，从而连点成线，形成动态分析结论。同时，为了完整呈现对研究对象基本状况的分析，还要对具体研究对象进行适当的访谈和调研，以补充解析数据研究的结论。因此，对预测指标体系的预设主要基于静态数据和动态数据，同时开展以量化研究为主、以质性研究为辅助的预测模式，使预测指标尽可能地贴近研究现实，并对学龄人口的流动趋势有科学、客观的预测结论。

（三）预测指标构建的基本原则

一般来说，指标体系的设计是一种具有系统性和综合性的研究工作，体系内部各级指标的设置要尽量全面、客观地反映指标体系的研究指向。就本书而言，对学龄人口的流动趋势进行预测的指标体系主要关涉其分析框架及理论基础，并基于理论框架设计相关维度、层次，选取指标，既要使预测指标科学、全面，又要减少指标数据的重叠和交叉。主要遵循以下设计原则。

1. 科学性原则

在具体指标的设计和选取方面，要体现科学性原则。学龄人口流动趋势的预测指标体系应建立在夯实的理论框架之上，有充足的理论分析和逻辑建构，形成支撑本书的理论框架和分析模式。同时，具体指标的选取要经过充分的访谈调研和多次专家咨询、小组讨论等环节，保证预测指标的确定有可支撑的科学依据，并能在未来的预测中有较好的可行性和可操作性。另外，科学性原则还体现在预测指标体系中，具体指标的指涉要能够反映研究整体以耦合协调发展和动态弹性配置原则为价值取向，使研究完整、科学。

2. 可获得性原则

在对预测指标进行科学设计的基础上，还要具体考虑预测指标数据的可获得性和可操作性等问题，因为如果无法将预测指标与具体数据进行量化，那么预测指标的选取就不能满足可获得性原则。在这种情况下，即使预测指标的设计符合科学性原则，也会因为数据难以获得或操作而无法支撑预测，进而导致预测指标体系无效。因此，预测数据是否可获得，是指标体系建构的重要原则之一。

3. 简洁性原则

预测指标的设计遵从简洁性原则。预测指标的设计及其描述要简单、清晰、指向明确，尽量减少指标之间相互重叠和交叉的情况，以减少预测指标体系内部的内生性问题。要对每一个预测指标的统计口径、内涵边界表述清晰，预测指标体系内部的各指标之间要有简洁而明确的指向性，能够共同指向研究整体结论的得出。因此，在预测指标体系调整过程中，要与专家、调研教师多次咨询、讨论，不断调整指标的简洁性、相关性和指向性，使其更好地发挥预测的功能。

二、基于德尔菲法的专家咨询调查

在现有研究中，探讨流动人口影响因素的分析方法有定性分析法和定量分析法两种倾向，本书使用的德尔菲法（Delphi）法[1]是具有代表性的定性分析法。本章采用 Delphi 法为主要研究方法，并结合适当的深度访谈，作为学龄流动人口影响因素的研究分析方法，在此基础上构建了学龄流动人口预测指标体系。Delphi 法是一种对权威专家进行调查咨询的研究方法，本质上是一种反馈匿名函询

---

[1] 德尔菲法是以匿名函询为手段的一种专家预测方法。在预测过程中，专家彼此没有横向交流，根据自己的直觉经验和主观判断对研究问题进行预测。德尔菲法能有效克服专家会议法中经常发生的专家们不能充分发表意见、权威人物的意见左右其他人的意见等弊病，可保证各位专家能真正、充分地发表自己的预测意见。被咨询专家只能与调查人员进行沟通和交流，经过多轮的反复征询、归纳、修改，最终汇总成专家基本一致的看法，作为预测和建构的结果。这种方法具有广泛的代表性，可信度较高。

法。通过对专家进行若干轮"征求意见→意见归纳统计→匿名反馈"的匿名咨询过程，最后得到关于特定研究主题的趋于一致的论证意见。

（一）第一轮专家咨询

1. 咨询专家的遴选

研究组织成立《学龄人口区域流动的预测指标体系构建》专家咨询组，为了保证专家的权威性以及对咨询问题有较好的熟知程度，本书共进行两轮咨询，在两轮专家选择中遵循以下 4 个遴选标准：①咨询专家在相关咨询领域具有高级技术职称或在专业技术岗位担任重要管理职务，其中，教师或一线专家的职称对应高级教师及以上职称；②咨询专家从事人口、经济、社会及教育等专业研究及具体工作时间持续 10 年以上；③咨询专家对人口、经济、社会及教育等专业领域之间的交叉关联较为熟悉，从事为省级、市级政府提供咨政建议工作 5 年以上；④咨询专家在专业工作中获得同行或社会群体的普遍认可与赞同，主要考察其研究成果发表情况或咨政建议采纳情况。根据上述遴选标准，我们第一轮咨询主要从人口、经济、社会、教育、统计等领域中选取 7 位专家，其基本情况详见表 4.1。

表 4.1　第一轮咨询专家基本情况

专业领域	学历	职称/职务	从事专业时间（年）	参与政府决策咨询时间（年）
教育财政	博士	二级调研员	28	18
社会学	本科	二级教授	35	15
统计学	本科	二级教授	30	16
人口学	博士	教授	21	7
教育督导	博士	副教授	26	8
社科管理	博士	副主席	17	6
教育管理	硕士	副部长	15	5

2. 咨询过程

为了防止出现预先给定框架导致专家漏掉一些至关重要的信息和观点的情况，在第一轮专家咨询中，本书采用开放式调查表，请专家围绕一级指标的 4 个维度，提出能够通过影响人口流动进而影响学龄人口流动的指标要素，并进一步提出能够表征影响因素和学龄人口区域流动二者关联的预测指标。这一步骤主要是向专家开放式地询问两个问题：①一级指标人口、经济、社会、教育 4 个维度中，分别有哪些具体的二级指标可以表征出某一区域对学龄流动人口的吸引作用？②这些二级指标是否可以对应权威部门的统计数据？

3. 补充访谈

为了更加明确专家对二级指标设计的具体考虑，我们对专家进行了 10~15 分钟的访谈，访谈主要围绕以下几方面内容：

（1）城市化建设对辽宁省流动人口数量及规模的影响。具体问题包括：辽宁省 14 个地级市及 100 个区县（县级市）中流动人口的增长数量、规模、在第二产业及第三产业的就业情况；流动人口的家庭化迁移趋势与比重，主要是携带随迁子女进城就学的家庭情况及所占大致比重；流动人口居住及分布情况；人口区域流动的主要驱动力量等。

（2）辽宁省部分学龄流动人口密集区域在人口流动、经济状况、社会发展及教育资源等方面具有哪些特征。具体问题包括通过人口、经济、社会、教育等领域的哪些具体指标或数据可以建立与学龄人口流动之间的推拉关联，形成吸引学龄人口流入的特征状态等。

（3）辽宁省义务教育中，学龄流动人口的发展状况及区域分布情况。具体问题包括：近几年学龄流动人口在中小学的数量、年级分布及增长速度等状况；区县（县级市）中小学在学位供给中的接受能力及压力；近 5 年省内区县（县级市）学龄流动人口的规模变化及发展趋势；预计未来 5~10 年，省内各区县（县级市）学龄流动人口的变化趋势等。

（4）辽宁省义务教育资源配置的现状。具体问题包括：各区、县（县级市）义务教育学校每年在师资力量、办学条件及信息化建设等方面的投入情况；各类教育资源投入比上一年增长情况及学校教育资源水平的均衡情况等。

4. 指标拟定

在对 7 位不同领域专家进行第一轮咨询后，笔者对专家咨询表进行了汇总整理，对相似指标进行同类合并处理，并用准确术语进行表述，初步拟定了学龄人口流动趋势预测的 17 个预测指标，形成了学龄人口流动趋势预测指标体系的基本结构，如表 4.2 所示。

表 4.2　学龄人口流动趋势预测指标体系的基本结构（第一轮专家咨询）

一级指标	二级指标
人口预测因素 （4）	区域常住人口规模（万人）
	区域常住人口规模增长率（%）
	区域学龄流动人口规模（万人）
	区域学龄流动人口规模增长率（%）
经济预测因素 （7）	人均 GDP（万元）
	区域可支配财政收入（万元）
	公共财政收入（万元）
	公共财政支出（万元）
	第二产业生产总值（万元）
	第三产业生产总值（万元）
	进出口贸易总额（万元）
社会预测因素 （3）	区域公共医疗卫生资源增长率（%）
	区域公共服务设施增长率（%）
	社会消费品零售总额（万元）
教育预测因素 （3）	区域公共财政预算义务教育拨款增长率（%）
	义务教育优质资源比重（%）
	区域公共财政预算义务教育小学拨款增长率（%）

5. 第一轮专家咨询结果分析

采用 SPSS 软件进行统计分析，计算出各个影响因素的均数、中位数、满分率、标准差和变异系数，计算一级指标及二级指标的专家权威程度得分，并得出一级因素的协调系数，作 X^2 检验。根据影响因素的重要性和可操作性的集中趋势与离散趋势统计结果，结合专家意见对影响因素进行筛选；对专家积极性系数、专家权威程度和协调系数等进行评价。

（1）专家咨询的可靠性。选择的 7 位专家研究领域分布合理，在所选择的专家中，既有理论研究资深专家，也有具有丰富实践研究经验的专家，而且所有专家均在服务政府决策咨询工作中发挥着重要作用，因此，各领域专家对咨询内容具有较好的认知度、权威性和贴近度。

（2）专家咨询的有效性。第一轮专家直觉判断发出咨询问卷 7 份，收回有效咨询问卷 7 份,有效应答率为 100%。在第一轮函询过程中,7 位专家均对辽宁省学龄人口流动趋势预测指标体系提出了 3~5 条二级指标,并对每条指标的指涉进行了说明,表明 7 位专家参加函询的积极性和有效性较高。通过随后的访谈,各位专家又进一步说明了二级指标设置的原因,让调查者更加明确指标设置的依据和取舍标准。

(3)专家咨询的权威程度。专家权威程度的评判依据与专家遴选依据密切相关,本书中,专家的权威程度由五部分组成,具体赋分项及赋分标准见表 4.3。

表 4.3 专家权威程度赋值说明

指标	0.9 分	0.7 分	0.5 分	0.3 分	0.1 分
专业职称	教授且研究生导师	教授非研究生导师	副教授	讲师	助教
指标熟悉程度	非常熟悉	比较熟悉	熟悉	不太熟悉	非常不熟悉
社会评价	高度认可	比较认可	一般认可	比较不认可	非常不认可
专业工作年限	26 年以上	21~25 年	16~20 年	11~15 年	10 年以下
参与政府咨政年限	16~20 年	11~15 年	5~10 年	1~4 年	1 年以下

经过计算,第一轮咨询专家的权威程度得分为 0.700~0.986 分,其平均值为 0.830(均值>0.8 分),说明专家权威程度较高,证明其对本书预测二级指标的构建具有较高的可靠性与可信度,如表 4.4 所示。

表 4.4 第一轮专家咨询权威程度得分

单位:分

专业领域	职称得分	专业工作年限得分	参与政府决策得分	指标熟悉程度得分	社会评价得分	权威程度得分
教育财政	0.99	0.97	0.99	0.99	0.99	0.986
社会学	0.99	0.99	0.79	0.99	0.99	0.950
统计学	0.99	0.98	0.92	0.99	0.99	0.974
人口学	0.95	0.79	0.57	0.78	0.78	0.774
教育督导	0.58	0.92	0.58	0.76	0.76	0.720

续表

专业领域	职称得分	专业工作年限得分	参与政府决策得分	指标熟悉程度得分	社会评价得分	权威程度得分
社科管理	0.56	0.79	0.56	0.79	0.79	0.708
教育管理	0.56	0.78	0.55	0.77	0.77	0.700
平均分	0.809	0.889	0.719	0.869	0.867	0.830

通过对各级指标进行整合计算，得到第一轮指标在各项上的综合得分。表4.5中数值显示，专家在第一轮咨询中共得到二级指标合计21个，其在对应一级指标下的综合得分均值为0.682~0.829，说明各项指标设计合理。

表4.5 第一轮专家咨询各级预测指标综合得分

	判断依据得分	熟悉程度得分	权威程度得分
人口预测因素	0.86	0.672	0.811
经济预测因素	0.793	0.676	0.832
社会预测因素	0.732	0.702	0.817
教育预测因素	0.855	0.678	0.859
平均值	0.810	0.682	0.829

（4）专家意见的协调系数。在第一轮专家咨询中，计算第一轮专家咨询得到的指标体系，各级指标的协调系数为0.127。协调系数经X^2检验后显著性水平均小于0.05，说明评估结果可取，如表4.6所示。

表4.6 第一轮专家咨询预测指标专家意见的协调程度及 X^2 检验

	X^2R	P 值	协调系数
人口预测因素	0.079	105.78	0.023
经济预测因素	0.165	196.356	0.047
社会预测因素	0.089	146.452	0.034
教育预测因素	0.109	126.768	0.041
全部因素	0.132	573.357	0.127

（二）第二轮专家咨询

1. 第一轮预测指标的选择与修改

在第一轮专家咨询中，根据专家咨询的集中趋势与离散趋势结果，将重要性均数<7.6、变异系数>0.27、可操作性均数<6.0、变异系数>0.35 的因素予以删除（保留中残联指标），共删除二级指标 7 项，修改二级指标 4 项，包括将指标"人均 GDP（万元）"修改为"区域人均 GDP（元）"，将指标"区域可支配财政收入（万元）"改为"区域公共财政支出（万元）"，将指标"第三产业生产总值（万元）"与"第二产业生产总值（万元）"合并为"产业结构优化指数（%）"，将指标"义务教育优质资源比重（%）"改为"区域义务教育优质师资增长率（%）"。

根据专家意见增加 2 项指标，即指标"产业结构优化指数（%）"和指标"区域社会科学技术支出比上一年增长率（%）"。经过对第一轮专家咨询结果的选择与修改，形成了第一轮修改版学龄人口流动趋势预测指标体系，包括 4 个一级预测指标，12 个二级预测指标，如表 4.7 所示。

表 4.7　学龄人口流动趋势预测指标体系（修改版）

一级指标	二级指标（权重系数）
人口预测因素 （2）	区域常住人口规模（万人）
	区域学龄流动人口规模（人）
经济预测因素 （4）	区域人均 GDP（元）
	区域公共财政支出（万元）
	产业结构优化指数（%）
	进出口贸易总额（万元）
社会预测因素 （3）	区域公共医疗卫生资源增长率（%）
	区域社会科学技术支出比上一年增长率（%）
	社会消费品零售总额（万元）
教育预测因素 （3）	区域公共财政预算义务教育拨款增长率（%）
	区域义务教育优质师资增长率（%）
	区域公共财政预算义务教育小学拨款增长率（%）

2. 第二轮专家咨询方法

在第一轮专家咨询的基础上，我们得到了学龄人口流动趋势预测指标体系的基本结构，依据第一轮咨询的研究结论，编制第二轮专家咨询量表，进一步筛选预测指标，获取两轮预测指标的协调情况，并确定这些指标对学龄人口流动趋势的影响程度，即确定预测指标的权重。

3. 专家遴选

为了保证第二轮专家咨询的延续性，第二轮仍旧选取第一轮咨询的 7 位专家进行咨询，同时，为了考察第二轮咨询量表在其他专家群体中的认同度，我们补充选取了 10 位专家，参与到第二轮专家咨询中。专家的遴选标准与第一轮专家遴选标准保持一致。经过计算，第二轮咨询专家的权威程度得分为 0.7038 ~ 0.8538 分，其平均值为 0.8229 分（均值>0.8 分），说明专家权威程度较高，证明其对本书预测二级指标的构建具有较高的可靠性与可信度，如表4.8所示。

表4.8 第二轮专家咨询权威程度得分

专业领域	专家数/人	职称得分/分	专业工作年限得分/分	参与政府决策得分/分	指标熟悉程度得分/分	社会评价得分/分	权威程度得分/分
教育财政	2	0.98	0.97	0.99	0.99	0.99	0.986
经济学	2	0.97	0.82	0.67	0.74	0.76	0.794
社会学	2	0.96	0.99	0.79	0.99	0.99	0.950
统计学	2	0.99	0.98	0.92	0.99	0.99	0.974
人口学	2	0.95	0.79	0.57	0.78	0.78	0.774
教育督导	3	0.58	0.92	0.58	0.76	0.76	0.720
社科管理	3	0.56	0.79	0.56	0.79	0.79	0.708
教育管理	4	0.56	0.78	0.55	0.77	0.77	0.732
平均分	—	0.8188	0.8800	0.7038	0.8513	0.8538	0.8298

4. 专家咨询量表的编制及权重审评细则

根据第一轮专家咨询结论，设计《学龄人口流动趋势预测指标体系构建第二轮专家咨询表》，本咨询表为半结构式量表，各研究领域专家可对一级、二级预测指标进行补充和修改。同时，结合权重审评细则，对一级、二级预测指标进行权重评分。

5. 咨询过程与方法的设计

第二轮专家咨询采用群直觉判断和条件信息诊断相结合的过程。

（1）群直觉判断是一种基于多个不同直觉综合判断的结果，或可将其称为基于多角度直觉学习的判断。在本咨询决策中，每位专家对学龄人口流动影响因素及预测指标都具有一个直觉判断，这个直觉判断是领域专家基于本领域知识和经验的映射，当然，同一领域专家对同一个影响因素的直觉判断具有一定的差异性，但是，将多个同领域专家的直觉判断综合起来可以提高专家个体直觉判断的可信度。

（2）条件信息诊断是基于确定信息条件下的判断方式。具体来说，将学龄人口流动影响因素的基本信息提供给咨询专家，在此基础上，各领域专家给出理性的咨询结果。将两轮不同方式的咨询诊断结果结合起来，提高预测指标体系的研究信度。

（3）采用 SPSS 软件进行统计分析，计算出各个影响因素的均数、中位数、满分率、标准差和变异系数，计算一级指标及二级指标的专家权威程度得分，并得出一级因素的协调系数，作 X^2 检验。根据影响因素的重要性和可操作性的集中趋势与离散趋势统计结果，结合专家意见对影响因素进行筛选；对专家积极性系数、专家权威程度和协调系数等进行评价。第二轮咨询结束后，根据专家对影响因素权重的评分，采用百分权重法，计算一级指标与二级指标的权重系数。

6. 结果分析

（1）专家咨询的有效性。在第二轮函询过程中，根据第一轮专家函询的回答及建议情况，选择 17 位专家进行函询及跟踪回访，在量表回收后，对每一位专家进行电话访谈，访谈时间为 15～20 分钟。根据第二轮函询结果，针对专家提出的问题和意见进行深度访谈和意义挖掘。通过两轮函询和电话访谈，基本明确每一个指标的具体指涉、数据支撑等关键问题。

（2）专家咨询的权威程度。第二轮咨询的 17 位专家符合遴选标准。经过计算，第二轮咨询专家权威程度得分为 0.808～0.826，总体权威程度>0.8，表明第二轮专家咨询权威性较高，其结论具有较高可信度，如表 4.9 所示。

表 4.9　第二轮专家咨询学龄流动人口影响因素评价专家权威程度

	判断依据得分	熟悉程度得分	权威程度得分
人口预测因素	0.845	0.706	0.826
经济预测因素	0.843	0.765	0.823
社会预测因素	0.879	0.720	0.812

	判断依据得分	熟悉程度得分	权威程度得分
教育预测因素	0.858	0.678	0.808
平均值	0.856	0.717	0.817

（3）专家意见的协调系数。第二轮专家咨询预测指标的协调系数，如表4.10所示。二级预测指标的第二轮协调系数为0.207。协调系数经 X^2 检验后显著性水平均小于0.05，说明结果可取。

表4.10　第二轮专家咨询一级影响因素专家意见的协调程度及 X^2 检验

	X^2R	P 值	协调系数
人口预测因素	0.089	97.304	0.028
经济预测因素	0.191	163.136	0.047
社会预测因素	0.069	30.796	0.050
教育预测因素	0.120	86.675	0.036
全部因素	0.201	273.227	0.207

（4）预测指标的修改与调整。根据专家咨询的集中趋势与离散趋势结果，将重要性均数<8.0、变异系数>0.20，可操作性均数<6.0、变异系数>0.31的因素删除，共删除二级指标2项。将"进出口贸易总额（万元）"调整为"区域对外开放度指数（%）"。经过两轮专家咨询，最终形成学龄人口流动趋势预测指标体系，如表4.11所示。

表4.11　学龄人口流动趋势预测指标体系（终版）

一级指标	二级指标
人口预测因素（2）	区域常住人口规模（万人）
	区域学龄人口流动率（%）
经济预测因素（3）	区域人均GDP（元）
	区域产业结构优化指数（%）
	区域对外开放度指数（%）
社会预测因素（2）	区域公共财政支出（万元）
	社会消费品零售总额（万元）

续表

一级指标	二级指标
教育预测因素（3）	区域教育事业费（万元）
	区域义务教育优质师资比重（%）
	区域公共财政预算义务教育小学拨款额（万元）

（5）指标权重系数。本书使用百分权重法对第二轮专家确定的学龄人口流动趋势预测指标体系进行权重计算。百分权重法计算因素的权重系数公式为：

$$K_j = \frac{S_j}{N \times \sum\limits_{i=1}^{n} B_i}, \qquad S_j = \sum\limits_{i=1}^{n} B_i N_i \qquad (4.1)$$

公式（4.1）中：K_j 表示第 j 个因素的百分权重值；N 表示对该问题作出回答的频数；S_j 表示第 j 因素的得分；j 表示 1，2，3，…，m 个被评价的因素；i 表示 1，2，3，…，n 个评价的等级数；B_i 表示排在第 i 等级的得分；N_i 表示 j 因素在第 i 等级的频数。根据第二轮咨询专家对因素重要性的评分，计算一级、二级指标的权重系数，得到各级指标权重，如表 4.12 所示。

表 4.12　学龄人口流动趋势一级、二级预测指标权重

一级指标	一级指标权重	二级指标	二级指标权重	组合权重
人口预测因素（2）	0.1349	区域常住人口规模（万人）	0.5157	0.0696
		区域学龄人口流动率（%）	0.4843	0.0653
经济预测因素（3）	0.4278	区域人均 GDP（元）	0.3803	0.1627
		区域产业结构优化指数（%）	0.3295	0.1409
		区域对外开放度指数（%）	0.2902	0.1241
社会预测因素（2）	0.1508	区域公共财政支出（万元）	0.5489	0.0828
		区域社会消费品零售总额（万元）	0.4511	0.0680
教育预测因素（3）	0.2865	区域教育事业费（万元）	0.4513	0.1293
		区域义务教育优质师资比重（%）	0.3246	0.0930
		区域公共财政预算义务教育小学拨款额（万元）	0.2241	0.0642

上述预测指标权重表是对一级、二级指标及两级指标的组合权重进行计算得到的结果，一级指标权重表明 4 个一级指标对学龄人口流动趋势预测中的影响度，4 个指标权重之和为 1。二级指标权重表明 4 个一级指标下，对应二级指标在学龄人口流动趋势中的影响度，一级指标下对应的二级指标权重之和为 1。经过计算组合权重，得到每一项二级指标在整个预测指标体系中的权重，所有二级指标的组合权重之和为 1。根据一级指标权重值，我们发现对学龄人口流动趋势影响最大的因素是经济，其次是教育，人口与社会两个因素的影响度比较接近。进一步对二级指标的组合权重进行比较，对学龄人口区域流动产生影响的二级指标中，经济预测因素中的 3 项二级指标及人口预测因素中的前两项指标对学龄人口区域流动产生的影响比较显著，位于组合权重的前五位。这说明区域人均 GDP 增长情况和第二产业、第三产业增加值比重对学龄人口流动的影响最大，而第三产业的主要支撑力量就是外来务工人员，是支持学龄人口随迁的直接因素。而区域公共财政支出、区域公共财政预算义务教育拨款及区域优质教师资源增长情况都对学龄人口有很大的吸引力，其在数量或比重上的增减与学龄人口的流动趋势有非常密切的关联，因而，笔者认为可以通过上述指标中对应的权威数据，对学龄人口的区域流动情况进行有效的预测。

（三）讨论

1. Delphi 法在影响因素指标体系构建中的应用

Delphi 法是 20 世纪 40 年代美国兰德公司研制的一种直观评价技术，属于专家集体评价法。本书在研究中以匿名的方式，在有效控制的前提下，请专家依据咨询量表进行意见征询。经过两轮专家函询及意见反馈，使专家意见趋同，得出基于 PESE 分析框架的学龄人口流动趋势预测指标体系。在专家咨询过程中，有必要向专家组全面提供研究相关的背景资料，使专家明确咨询主题，了解咨询目的，尽量减少咨询次数，缩短研究周期，提高咨询效率。

2. 预测指标的权威程度及协调程度

本书在研究过程中，咨询专家的选取主要通过目的程序选择法进行确定，因此专家的权威性及协调程度对于预测指标体系的最终确定至关重要。经过计算，两轮专家咨询的权威程度和协调程度都在有效范围内。

综上，本书采用了 Delphi 法这种专家诊断与评价的定性预测方法，主要依靠熟悉人口与教育领域知识、在流动人口方面具有丰富理论研究和实践经验的专家，根据已经掌握的研究资料和直观材料，通过交叉分析和综合判断，对学龄人口流动趋势预测指标体系进行建构，具有较大的可信性。

三、预测指标体系的最终确立

（一）学龄人口流动趋势预测指标体系 PESE 要素的分解与合成

应该看到，人口流动视域下的学龄流动人口受教育问题是依附于劳动力人口区域流动问题之上的。在专家咨询论证中得到的学龄人口流动趋势预测指标系统具有多元化相互关联的属性特征，实际上体现了以学龄流动人口为启动要素的相互交织的关系结构。因此，学龄人口流动与区域小学教育资源的适配问题是在多元关系结构影响下形成的复杂系统。在对全国四类典型区域进行数据采集及实地调研中，我们发现，在各级各项预测指标中没有具有完全相同变化趋势的地级市或区县，但在以学龄人口流动为特征的区域中，存在几类典型的集聚模式。由此可以推断，对于学龄人口流动趋势的预测不能基于单一指标的预测来实现，必须要通过 PESE 系统要素的多元指标才能实现科学预测。本书建立基于综合调节理论 PESE 分析框架的预测指标体系，实质就是将不同时空条件下，人口、经济、社会、教育等要素之间的复杂关系进行基于指标分解与合成的数据推演，以形成对所研究群体的有效预测。

1. 人口预测因素的分解与合成

在流动人口理论研究中，从经济与社会的角度对流动人口的形成与演化机理进行研究的较多，但从人口自身的角度探讨流动人口的问题往往被忽视。实际上，无论是劳动力流动人口、家庭流动人口还是学龄流动人口，基本人口特征与动态发展的趋势都对流动人口具有最显性的影响，我国人口发展已进入"低生育、老龄化、城镇化、高流动"[①] 的多元变化时期，城市人口数量特征与结构构成具有较大的变动性。对于如何进行人口流动因素的合成与分解，关键在于人口流动的本质特征。在本书中，根据两轮专家咨询论证的结果，将区域常住人口规模和区域学龄人口流动率作为学龄人口区域流动的主要预测要素。两项预测指标是人口预测因素的分解，分别描述研究区域内学龄人口流动的趋势特点，二者在人口预测因素中的指标权重显示，其在描述学龄人口流动趋势中的贡献度比较接近。同时，根据组合权重的计算，两项二级指标又合成为学龄流动人口的综合性人口预测指标，共同在预测模型中解释人口因素的预测作用。

---

① 郅庭瑾，尚伟伟. 人口变动背景下义务教育资源配置的挑战与应对 ［J］. 人民教育，2020（1）：39-42.

2. 经济预测因素的分解与合成

基于学龄人口流动的多元化关系属性，可以得到一个学龄人口流动的经济发展背景和主要预测因素。传统人口流动研究的背景是寻求经济预期收益最大化的劳动力人口流动，就我国劳动力人口的基本状况而言，主要是农村进城务工人员。因此，影响进城务工人口流动的因素是城市经济发展水平以及在一定的经济发展水平下各种产业结构的运行与增长模式，在此背景下才能够对进城务工流动人口进行有效的评估与预测。经济发展水平与产业结构运行、增长模式是相互联系的，只有对相关因素进行合成或分解，才能得到一种直接影响进城务工劳动力人口流动的可测性因素。在学龄人口区域流动的预测指标体系中，经济预测因素的主要因素是区域人均 GDP，表明其相对影响度的权重系数为 0.3803。一个城市或区县的 GDP 是其他经济预测因素的综合体现，是体现区域经济增长的关键数据，而第二产业、第三产业增加比重也与地区 GDP 有密切关系，本书使用第三产业增加值在区域 GDP 中的占比和第二产业增加值在区域 GDP 中的占比来描述区域产业结构优化情况。同时，区域对外开放情况也是比较有力的经济预测要素。因此，在经济预测因素中，研究首先根据专家咨询的结论，将预测指标分解为相互区别又密切关联的 3 个二级因素，三者从不同侧面呈现经济与人口流动之间的影响度，同时，三者又互相支撑，合成得到一个学龄流动人口的综合性经济预测指标，共同解释经济预测指标在预测中的主要作用。

3. 社会预测因素的分解与合成

经济发展推动社会公共服务设施、科教文卫、社会消费能力等水平得到提升，流动人口家庭通过流动进入流入地区域，利用极少成本快速实现了经济收益、社会生活服务及城市教育等多方面需求，因此，对于流动人口家庭而言，经济条件的改善是引发流动的启动力量，在随后的流迁过程中，追求优质的教育资源成为学龄流动人口家庭的主要需求。因此，从劳动力人口"家庭化"流动开始，劳动力人口及其家庭成员逐渐以城市资源的消费者角色参与到城市化发展进程中，这改变了传统人口研究中关于人口流动与社会经济发展关系的单一主题，转向关心流动人口的个体生活期望与社会发展环境的关联变化。也就是说，人口流动取决于引发的因素，了解和掌握了这些因素就是了解和掌握了人口流动，掌握了人口流动及学龄人口流动的运动机理和模式，就能有效地对其引发的相关问题进行研究。因此，社会预测要素的分解与合成主要围绕两项指标，即能够表征区域政府公共财政支出和人民生活水平的社会消费品零售总额增长情况，通过这两项预测指标的分解与合成，揭示流动人口家庭对社会公共服务的需求倾向。

4. 教育预测因素的分解与合成

流动人口家庭学龄阶段随迁子女具有接受城市优质教育的主观需求,流动人口家庭在实现了城市务工这一经济发展需求之后,对其学龄阶段子女的教育发展提出了进一步的需求。有条件带子女随迁的劳动力人口家庭会在经济迁移的基础上,考虑教育迁移的可行性,甚至在预期经济收益相近的城市中,更倾向于选择子女就学门槛低、教育资源更充足的城市发展。教育资源配置的充足程度和配置水平是城市化建设中影响城市长足发展的重要配套条件,尤其是在人口城市化发展中,要保持好教育的存量,可持续规划教育增量,做好教育资源的配套建设工作。而教育预测因素的分解与合成主要围绕教育经费、师资力量等核心问题,政府教育经费的投入是教育资源配置的根本,可以转化为具体的师资、办学条件和信息化建设等项目。因此,多年持续的教育经费投入既是教育可持续发展的佐证,也是未来教育投入的参考基数,在现代教育资源配置理念中,教育资源配置的质量和可持续已经成为教育发展重要的考量指标。

综合来说,在学龄人口流动趋势预测的研究中,存在定量和定性两种研究需要,从预测指标来看,对于定量预测要素的分解与合成处理相对容易,对于定性预测要素来说则相对较难,部分预测要素必须通过间接数据进行支持和论证,以避免在预测指标中产生矛盾性和内生性问题,从而提高预测研究的可信性。因此,采用多预测因素分解与合成方法对人口流动进行预测分析,能够使诸预测因素之间通过模型进行多组态预测分析,从而使预测更接近于错综复杂的待预测现实,获得可信的预测结论。

(二) 预测指标的具体指涉

在研究前期基于综合调节理论 PESE 分析框架对一级预测指标的建构基础上,遵循指标设置的科学性、可获得性和简洁性原则,运用 Delphi 法组织权威专家对二级指标进行讨论和构建,最终确定既相互关联又彼此独立的 10 项二级指标,构建出了一套全面完整、具有可操作性的学龄人口流动趋势预测指标体系。

学龄人口流动趋势预测指标体系是预测我国城市内部学龄人口流动趋势的预测指标体系,研究主要以辽宁省区县(县级市)数据对省内学龄流动人口数量和比重进行预测。为了更加明确研究开展的思路和可操作情况,下面对各项指标的具体指涉与权威数据采集进行说明,如表 4.13 所示。

表 4.13　学龄人口流动趋势预测指标及指标的具体指涉

一级指标	二级指标	指标描述
人口预测因素 (2)	区域常住人口规模（万人）	区域常住人口总量
	区域学龄人口流动率（%）	区域学龄流动人口占学龄人口总数的比重
经济预测因素 (3)	区域人均 GDP（元）	区域人均国内生产总值
	区域产业结构优化指数（%）	区域第三产业增加值占 GDP 的比重与区域第二产业增加值占 GDP 的比重之比
	区域对外开放度指数（%）	区域进出口贸易总额占 GDP 的比重
社会预测因素 (2)	区域公共财政支出（万元）	区域公共财政支出总额
	区域人均社会消费品零售额（万元）	区域人均社会消费品零售额
教育预测因素 (3)	区域教育事业费（万元）	区域对各级教育事业费用的支出总额
	区域义务教育优质师资比重（%）	区域高于规定学历教师占教师总数的比重
	区域公共财政预算义务教育拨款额（万元）	区域义务教育拨款额

1. 人口预测要素

学龄流动人口的数量及规模能够清晰地反映在流入地的常住人口数据中，并且二者具有同趋发展的特征，即学龄流动人口增多，直接表明流动人口数量同趋增多，因而也必然导致区域常住人口增多。常住人口指实际经常居住在某地区一定时间（半年以上，含半年）的人口。根据第六次全国人口普查规定，常住人口主要包括四种类型，一是指户口在本辖区，同时也在本辖区居住的人；二是指户口在本辖区之外，但在户口登记地居住时间达到半年以上的人；三是指户口待定的人，包括无户口和"口袋户口"；四是指户口在本辖区，但离开本辖区不足半年的人。流动人口及学龄流动人口主要是第二种类型的常住人口。因为流动人口家庭具有较强的不稳定性，因此在数据方面较难获取精确的区县流动人口数据，因此，本书借助常住人口数量及比重的变化，来表征学龄流动人口的变化情况。区域常住人口规模（万人）主要反映的是研究区域内常住人口的数量变化，而区域常住人口规模增长率主要反映研究区域内常住人口相比上一年的变化情况。但必须说明的是，根据区域人口自然增长率呈逐年下降的变化趋势可知，户籍人口的数量呈下降趋势,因此,常住人口中的非户籍人口数量可能因为补足了户籍人口减少的部分,而使非户籍人口在常住人口中的数量变化并不显性,因此,区域学龄流动人口流动率(%)这一预测指标,一方面呈现学龄流动人口在学校中的占比情况,另一方面则用来补充说明学龄流动人口家庭的比重信息。

2. 经济预测要素

经济要素是引发人口流动的启动性要素,虽然从人口流动"家庭化"趋势开始,经济要素的绝对影响力有所下降,但经济的影响比重仍然在诸要素中稳占首要地位。在本书设置的经济预测要素中,区域人均 GDP 是表征研究区域经济运行状况的主要指标,常用来反映研究区域经济发展水平的状况,通过计算人均 GDP 这一指标来表征连续时间段内区域经济发展的增长情况。根据《国民经济行业分类》①(GB/T 4754—2011)中对三大产业的划分,第一产业主要是以自然物为生产对象的产业,包括农林牧渔等产业;第二产业主要是加工制造业或手工制造业;第三产业主要是第一产业、第二产业以外的其他行业,包括现代服务业或商业等非物质生产部门。一般认为,第三产业是吸纳流动人口的主要产业类型,也是外来务工人员的直接拉动因素。因此,区域第三产业生产总值比上一年增长率直接反映区域对流动人口的吸纳活力。本书选取区域产业结构优化指数表示第二产和第三产业的结构情况,即计算第三产业增加值占 GDP 比重与第二产业增加值占 GDP 比重之比,以呈现区域产业优化水平。同时,对外开放程度是描述一定区域与其他经济体贸易往来情况的预测数据,对外开放程度越高,越能享受先进的技术、知识、管理经验等,从而提高本地区对高技能劳动力的需求。而且,外贸企业提供的高收入能够提高居民对教育回报率的预期,吸引劳动力人口流入,从而增加居民和政府教育投资,包括义务教育投入,促进人力资本积累。本书采用进出口总额占 GDP 的比重衡量地区对外开放度,其中,地区进出口贸易总额原始数据计量单位为美元,笔者通过各年中间汇率进行了相应换算。

3. 社会预测要素

随着城市化发展进程的不断推进,流动人口群体受经济拉动影响进入城市,对城市生活环境、社会公共设施与服务等社会要素的需求程度不断凸显,并逐年提升。公共财政支出主要是将集中起来的社会产品或国民收入按照一定的方式和渠道,有计划地进行分配的过程。它具体体现在政府对其所掌握的公共财政资金的安排、供应、使用和管理的全过程,反映了公共财政资金的规模、结构、流向

---

① 中国国家标准化管理委员会. 国民经济行业分类 [S/OL]. (2017-06-30)[2019-07-16]. http://www.stats.gov.cn/tjsj/tjbz/hyflbz/201905/P020190716349644060705.pdf.

和用途。① 公共财政支出通常也被称作政府支出或公共支出，主要用于满足社会公共需要而进行的政府公共活动支出。比如，人口大量流入必然引发公共资源紧张，牵引政府加大投入力度，当然，也有地区政府通过加大公共设施建设的投入达到吸引人口流入的目的。相应的政府决策都会直接地反映在区域公共财政支出等一些具体的经济指标中。在公共财政支出拉动影响下，虽然不同区域在社会公共服务设施建设方面对流动人口吸引存在一定的差异性，但本书通过专家咨询论证得到的结论是社会影响要素对流动人口的拉动作用具有普适性的解释力，因此，本书提取两个要素表征社会要素对流动人口家庭的吸引。一是区域公共财政支出（万元），主要反映公共财政支出情况，表征区域政府在社会财政支出方面的变化情况，与人口流动趋势密切相关。二是区域人均社会消费品零售总额年增长率，社会消费是拉动国家或地区经济增长的基本动力，反映区域人民生活水平情况，也是反映社会生产与社会需求之间是否良性运转的重要指标。

4. 教育预测要素

人口流动家庭化趋势的产生直接带来学龄流动人口家庭对当地义务教育资源的大量需求，义务教育资源的供需矛盾在小学阶段更为集中和突出，学龄人口的流入导致流入地中小学资源不足，促使政府加大对教育事业的投入力度，以保证义务教育的正常运转。因此，本书在教育预测要素中，设置了3项二级指标。一是区域教育事业费（万元），我国区域教育事业费主要指国家用于发展各级教育事业的费用支出，通过计算连续时间段教育事业费数据，表征以货币形式支付的教育经费，从而反映教育投入的变化情况。二是区域义务教育优质师资比重（%），计算区域中小学高于规定学历教师的占比情况，反映教师资源的优质程度。三是区域公共财政预算义务教育拨款额（万元）数据主要表征一定区域内，义务教育财政拨款的支持力度。虽然在中小学教育资源配置中，教育资源均衡、优质程度与办学条件、师资力量、信息化建设水平等具体指标密切相关，但这些指标实际都反映在教育经费的支持力度中，因此，通过计算教育事业费增长情况及教育财政拨款占比情况，能够间接表征区域教育资源配置情况。

---

① 蒙丽珍，古炳玮. 公共财政学 [M]. 沈阳：东北财经大学出版社，2010，26-27.

第五章 全国四类典型区域学龄人口空间流动现状及规律分析

一、全国"七普"流动人口基本现状及发展态势

20 世纪 80 年代以来，随着《关于农民进入集镇落户问题的通知》的发布，国家放宽了对农村人口进入中小城镇就业生活的限制，促进了农村人口的乡城转移，我国流动人口规模由 1982 年的 657 万人增加至 2010 年的 22143 万人，年均增长约 12%。

在流动人口的带动下，2000—2010 年学龄流动人口继续快速增加，2010 年增加至 3581 万人，增幅超过 40%，全国学龄阶段流动人口数量在学龄人口总数中的比重上升至 12.8%。2010—2021 年，全国流动人口及学龄流动人口均出现新发展，总体保持正增长态势，在具体年份中有小范围的浮动。数据显示，学龄人口流动已经成为常态化，是时代发展的必然结果。

（一）全国"七普"流动人口基本态势

通过对 2009—2019 年《国民经济和社会发展统计公报》数据的梳理，纵观 11 年间我国流动人口发展态势，如图 5.1 所示。不难发现，随着城市化建设的发展与推进，第二产业、第三产业的快速发展对农村剩余劳动力产生了旺盛的需求，引发了农民工进城务工的热潮，由此，我国流动人口数量开始呈现整体稳步增长态势，尽管在 2014—2019 年，流动人口数量略有波动，并呈现逐步放缓趋势，但全国仍然保持年均 2.47% 的增长速度，以中国庞大的人口数量为基数，这样的年均增长率在世界上也是罕见的。

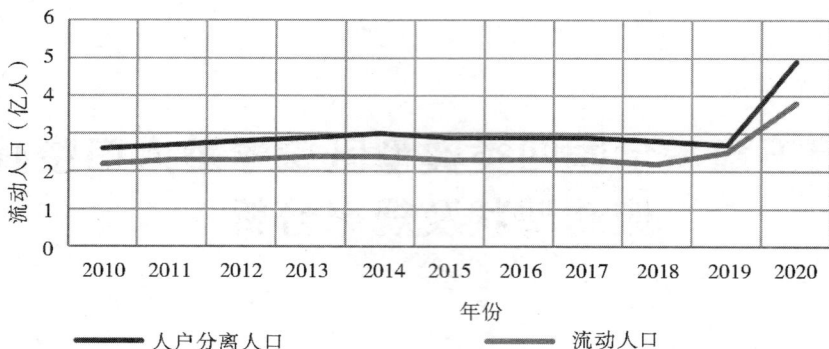

图 5.1　2010—2020 年全国人户分离情况及流动人口数量变化态势①

　　在 2021 年最新公布的第七次全国人口普查（以下简称"七普"）主要数据报告中，人户分离人口②为 492762506 人，其中，市辖区内人户分离人口③为 116945747 人，流动人口为 375816759 人。流动人口中，跨省流动人口为 124837153 人，省内流动人口为 250979606 人。与 2010 年第六次全国人口普查（以下简称"六普"）相比，人户分离人口增加了 231376431 人，增长了

---

　　①　国家统计局.2009 年国民经济和社会发展统计公报［R］.http://www. gov. cn/gzdt/2010-02/25/content_1541240. htm；国家统计局.2010 年国民经济和社会发展统计公报［R］.http://www. gov. cn/gzdt/2011-02/28/content_1812697. htm；国家统计局.2011 年国民经济和社会发展统计公报［R］.http://www. gov. cn/gzdt/2012-02/22/content_2073982. htm；国家统计局.2012 年国民经济和社会发展统计公报［R］.http://www. gov. cn/gzdt/2013-02/22/content_2338098. htm；国家统计局.2013 年国民经济和社会发展统计公报［R］.http://www. stats. gov. cn/tjsj/zxfb/201402/t20140224_514970. html；国家统计局.2014 年国民经济和社会发展统计公报［R］.http://www. stats. gov. cn/tjsj/zxfb/201502/t20150226_685799. html；国家统计局.2015 年国民经济和社会发展统计公报［R］.http://www. stats. gov. cn/tjsj/zxfb/201602/t20160229_1323991. html；国家统计局.2016 年国民经济和社会发展统计公报［R］.http://www. stats. gov. cn/tjsj/zxfb/201702/t20170228_1467424. html；国家统计局.2017 年国民经济和社会发展统计公报［R］.http://www. stats. gov. cn/tjsj/zxfb/201802/t20180228_1585631. html；国家统计局.2018 年国民经济和社会发展统计公报［R］.http://www. stats. gov. cn/tjsj/zxfb/201902/t20190228_1651265. html；国家统计局.2019 年国民经济和社会发展统计公报［R］.http://www. stats. gov. cn/tjsj/zxfb/202002/t20200228_1728913. html.

　　②　人户分离人口是指居住地与户口登记地所在的乡镇、街道不一致且离开户口登记地半年以上的人口。

　　③　市辖区内人户分离人口是指一个直辖市或地级市所辖的区内和区与区之间，居住地和户口登记地不在同一乡镇、街道的人口。

88.52%；市辖区内人户分离人口增加了 76986324 人，增长了 192.66%；流动人口增加了 154390107 人，增长了 69.73%。

20 余年间，劳动力人口"用脚投票"，引发劳动力人口的区域流迁，逐渐形成了劳动力人口的集聚热点区域及人口流失的冷点区域，劳动力人口空间分布呈现出由西向东、由北向南的差异性动态变化的整体格局。"七普"数据①显示，2010—2020 年，南方以长三角、珠三角的吸引力最为强劲，其中广东省人口增量稳居全国第一，高达 2219 万人，是目前流动人口最为热门的省份。增量仅次于广东省，排名第二的省份是浙江省，劳动力人口增长量达到 1046 万人。北方流动人口增长的热门区域仍是以首都北京为核心的京津冀地区，相比之下，东北三省（辽宁省、吉林省、黑龙江省）劳动力市场热度下降，除省会城市及部分经济发达城市外，整体劳动力人口外流趋势明显。跨省流动人口流向及流量如图 5.2 所示。

"七普"公告数据显示，各省份对流动人口的吸纳能力存在较大差异，广东省人口总量和近 10 年新增人口总量都稳居全国第一，由于其本地人口呈下降态势，因此，广东省流动人口数量位居全国第一的。粤港澳大湾区已经上升为国家战略，东莞、佛山等地的制造业、纺织业、石油化工产业、电子信息业等仍然体现出强劲的态势，对广东省尤其是珠三角的吸人能力起到重要作用。

浙江、江苏、河南、山东、四川 5 个省份的流动人口也都超过了 2000 万人，处于第二梯队，但在具体特征上，还存在一定的差异。比如，浙江省、江苏省主要依托长三角经济带的区位优势、资源优势、政策优势及国际化发展优势等，使之对流动人口产生持久的吸引力，对劳动力有着旺盛的需求，并主要吸收跨省流动的劳动力群体。而河南省的流动人口主要以省内流动为主，省内"七普"流动人口比"六普"时增加了 1248 万人，增幅高达 167%，但其跨省流入人口仅增长了 68 万人。相比之下，河南省、山东省、四川省的流动人口群体则呈现出省内流动的特点。河北、安徽、福建、湖北、云南、上海、辽宁等省（市）流动人口也比较突出，属于第三梯队，所属重要城市 10 年间流动人口增长在 100 万人以上，流动人口的增幅、占比及稳定程度较为显著。我国 30 个省（区、市）"七普"流动人口数量及占比如图 5.3 所示。

---

① 国家统计局. 第七次人口普查主要数据情况［R］. http：//www. stats. gov. cn/tjsj/zxfb/202105/t20210510_ 1817176. html.

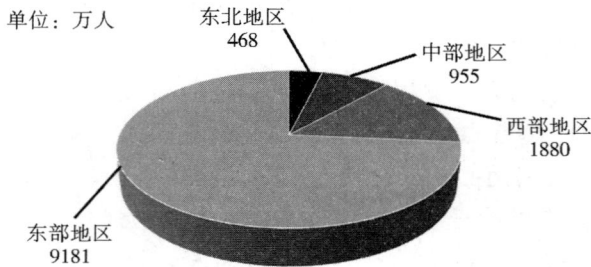

图 5.2 跨省流动人口流向及流量分布

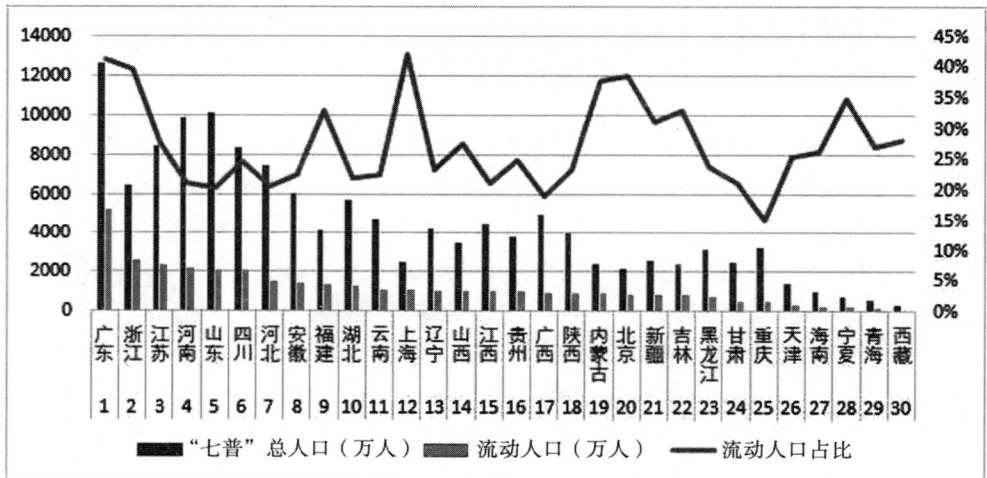

图 5.3 中国 30 个省（区、市）"七普"流动人口数量及占比情况

在人口变迁过程中，越来越多的城市加入国家城市建设大战略中，国家中心城市不断扩容，京津冀、长三角、珠三角（粤港澳大湾区）的集聚效应越发增强，带动周边包括更多的远距离省市积极融入国家大战略的发展队列，以三大都市圈为核心，并辐射到各省，形成打造省会城市或省内经济强市的整体发展态势。

聚焦到城市层面，本书根据各城市"七普"人口公报数据，对重点城市流动人口情况进行梳理，由于部分城市在发布普查公报时没有公布流动人口数量，如苏州、杭州、长沙等，因此，本书主要采用 26 个重点城市的"七普"流动人口数据及占比情况进行对比，如图 5.4 所示。

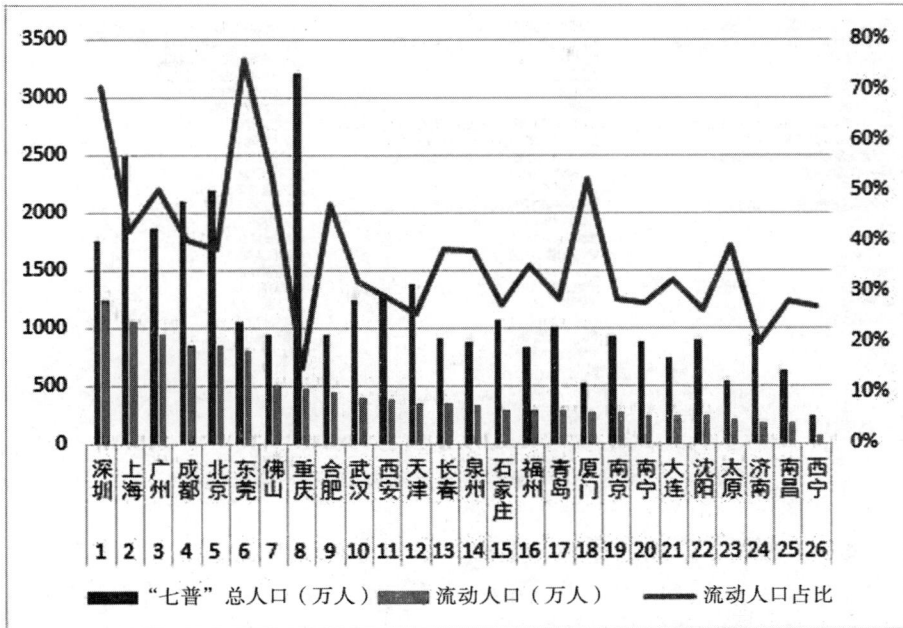

图 5.4　中国 26 个重点城市"七普"流动人口数量及占比情况

从流动人口总量来看，深圳、上海流动人口总量均超过千万，排在所有城市的前两位，处于第一梯队；广州、成都、北京、东莞、佛山等城市流动人口总量超过 500 万人，位于流动人口重要城市第二梯队。不难看出，第一梯队和第二梯队的 7 个城市中，广东省就占了 4 个。

从流动人口占比情况来看，深圳、东莞的流动人口占比超过 70%，广州、佛山、厦门、合肥等城市流动人口占比在 50% 左右，这说明，在上述城市，流动人口占总人口的 50% 以上，户籍人口仅占不足 50% 的份额。在城市建设中，流动人口作出了不可低估的贡献。在武汉、长春、福州、大连等城市中，虽然流动人口总量在 200 万人左右，但流动人口占比为 30%~40%，从侧面反映出城市建设与发展对劳动力人口有较强的吸引力。

进一步分析重点城市从"六普"到"七普"的 10 年间的增长情况。如图 5.5 所示，每个城市的"六普"流动人口数量与 10 年增长数量之和，就是"七普"流动人口数量总和。

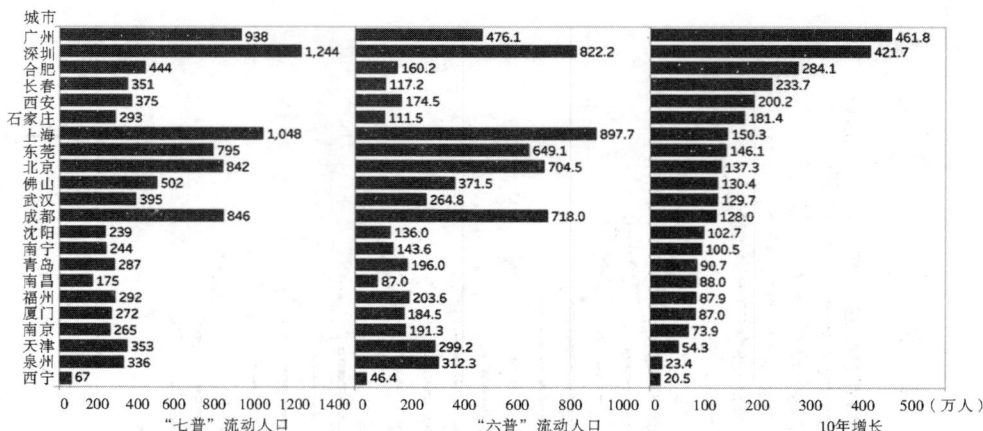

每个城市的"七普"流动人口总和、"六普"流动人口总和与十年增长总和。

图5.5　中国22个重点城市流动人口10年增长情况

如图5.6所示，广州、深圳、上海、东莞、北京等城市在"六普"与"七普"数据中，流动人口的绝对总量始终居于前列，但在增长程度方面表现得不尽相同，这说明部分重要城市对流动人口的吸引力优势较为稳定，虽然部分城市在流动人口增量方面并没有像广州、深圳等城市那样表现出强劲的增长态势，但上述数据从侧面反映出部分城市对于流动人口的吸纳能力存在一定的差异，表现出持续增长的城市可能面临着人口承载力的饱和。可以预见，在未来的10年中，目前流动人口总量处于前列的重要城市，未必会始终保持同样的增长趋势，如深圳目前的城市化率已经达到100%，北京、广州的城市化率已经超过86%，上海达到了88%等。这意味着，深圳在未来建设中，流动人口的吸纳能力基本饱和，从城市建设的角度来说，城市近郊可建设的空间是十分有限的，城市公共资源的人均占有情况也不容乐观，而北京、上海、广州等城市在未来的发展中也存在类似的倾向性。对于流动人口而言，极有可能在未来10年或更长的时间里，由向深圳、广州等热点城市流动的趋势，转向流动到有一定吸纳空间、经济规模比较好、公共资源相对充足的二线城市，尤其是更多省份推行"强省会"战略，二线省会城市及经济强市的流动人口势必会在国家政策的引导下大幅增长，未来有较大的发展潜力，对于其配套资源的预见性投入及超前建设应及早提上日程。

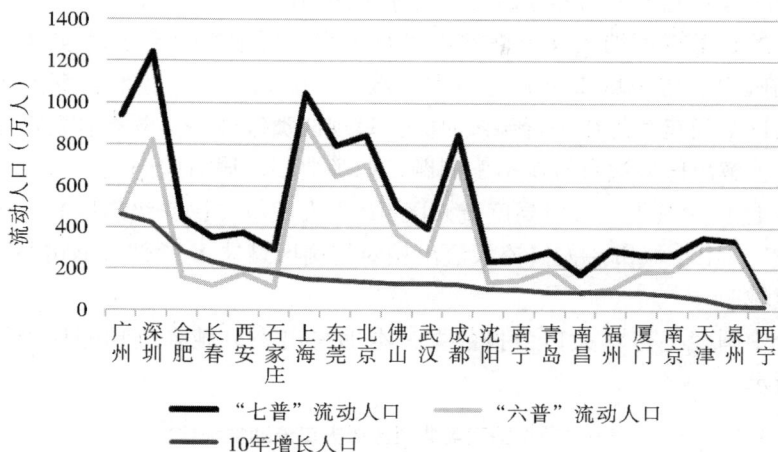

图 5.6 中国 22 个重点城市流动人口 10 年增长情况趋势

当然，尽管不同城市在数据方面展现出相似的特征，但不可否认的是，不同城市对流动人口群体的吸引存在不同的驱动力，经济发展、城市建设、区位优势、资源优势等要素都有可能提升流动人口大省或强市的吸引力，对劳动力人口的流动倾向产生影响。因此，对流动人口的流动倾向、稳定倾向的分析，应结合省市的具体情况，从宏观视角转向中微观视角，深入研究对象内部，探究人口流动的微观差异性特征。

（二）全国四类典型区域流动人口空间分布特征

本书为了将城乡置于一个框架，进一步做了关于统一城乡划分标准的尝试。依据《关于调整城市规模划分标准的通知》（国发〔2014〕51 号文件）标准，我国城市划分为超大城市、特大城市、大城市、中等城市、小城市五类七档，具体来说，城区常住人口在 50 万人以下的城市为小城市，其中 20 万人以上 50 万人以下的城市为Ⅰ型小城市，20 万人以下的城市为Ⅱ型小城市；城区常住人口在 50 万人以上 100 万人以下的城市为中等城市；城区常住人口在 100 万人以上 500 万人以下的城市为大城市，其中 300 万人以上 500 万人以下的城市为Ⅰ型大城市，100 万人以上 300 万人以下的城市为Ⅱ型大城市；城区常住人口在 500 万人以上 1000 万人以下的城市为特大城市；城区常住人口在 1000 万人以上的城市为超大城市。

　　本书结合研究开展的实际需要，对城市规模的边界进行了融合处理，将城乡流动人口的数量规模纳入一个框架下进行审视，提取特（超）大城市、大城市（国家级新区）、中小城市及农村四类区域，对流动人口及我们将深度关注的学龄流动人口空间流动规律进行系统研究，呈现四类区域在义务教育资源配置中的差异格局，解决区域教育资源适配问题。四类典型区域对应的人口流动模式分别是"特（超）大城市—人口高度流入区域""大城市（国家级新区）—人口中等流入区域""中小城市—人口流入流出相对均衡区域"及"部分城市与农村—人口流出区域"。

　　结合中国"七普"人口公报数据，本书得出人口城乡流动的梯级层次，如表5.1所示。

表5.1　中国四类典型区域人口流动梯级层次

梯级	特征	值域（万人）	区域名称
第一梯级	人口高度流入区域	841.80~1243.87	广州、深圳、上海、东莞、北京、成都
第二梯级	人口中等流入区域	175~501.88	苏州、佛山、天津、宁波、大连、沈阳、南京、西安、厦门、泉州、石家庄、武汉、青岛、福州、长春等
第三梯级	人口流入流出相对均衡区域	-40.56~66.89	西宁、珠海、太原、镇江、锦州、三亚、合肥、吉林、长沙、扬州、北海等
第四梯级	人口流出区域	-150~-40.56	其他流动人口流失城市（镇）、农村地区

　　数据来源：中国"七普"人口公报数据。

　　1. 人口高度流入区域

　　人口高度流入区域的所属城市主要位于城市梯级的顶层，在城市规模、资源集聚、区位优势等方面具有绝对优势。"七普"数据显示，自"六普"以来，中国人口增长7000余万人，全国常住人口城镇化率升至63.89%，远超预期值，城镇常住人口规模增长数达到2.36亿人，其中全国18个城市人口数量突破千万人，为全国城镇化率增长贡献了巨大增量。

处于第一梯队的 6 个城市，对流动人口具有强大的吸纳能力，使得流动人口集聚效应始终强劲。一方面，北京的政治区位优势，上海、深圳等东部沿海地区的资源优势，成都、东莞等经济发达城市的产业优势，对劳动力人口的吸引具有无可取代的地位；另一方面，我国城市发展建设的典型特点是城市资源的配置与城市等级挂钩，全省乃至全国最好的教育资源、医疗卫生资源等公共资源更容易在特（超）大城市汇聚，这都是劳动力人口向特（超）大城市流动的重要驱动力。

但不可忽视的是，部分超大城市人口极化程度突出，比如，"七普"数据中新增的流动人口超大城市成都，10 年间常住人口增长了 500 多万人，对四川省城镇人口新增总量的贡献率超过 50%。在西部地区中，成都是难得的地势平坦、资源丰富的区域，其得天独厚的地理优势，对省内人口的虹吸效应是十分强的，周边德阳、泸州等城市的人口流出，绝大部分就近流向了成都，这也奠定了成都未来西南地区超大枢纽型城市的地位。

2. 人口中等流入区域

人口中等流入区域基本位于京津冀、长三角、沿海经济带等区域，城市大多属于省会城市或重点发展的经济强市。例如，苏州、佛山、天津、宁波、大连、沈阳、南京、西安、厦门、泉州、石家庄、武汉、青岛、福州、长春、郑州、鄂尔多斯、乌鲁木齐、大庆、锦州、四平等 190 余个城市，其流动人口总量均处于中等流入水平。这一类城市大多具有较高的城市化率，在经济产业集群、独特地理区位、政策资源支持等方面有突出优势。近些年来，我国劳动力人口的流向、流动范围及流动半径也出现了一些典型变化。一个主要的变化趋势是正由以往的"跨省流动为主"向"省内流动为主"转变。"七普"数据还给我们释放出许多重要信息，比如，劳动力人口老龄化趋势逐渐显现，劳动力人口数量逐年减少，这些信息都为研究流动人口及随迁的学龄流动人口流向、流量预测问题提供了重要的参考价值。

正如前文所述，流动人口特（超）大城市的城镇化率已经处于 80% ~ 100% 的高位，这也从侧面反映出特（超）大城市在流动人口吸纳、公共资源配置等方面基本处于饱和状态，未来劳动力人口在对流动城市的选择中，也会权衡流入城市的吸纳能力及就业需求，从而作出流动决策。

相比之下，人口中等流入城市虽然不如特（超）大城市发达，但在经济发展空间、公共资源配置方面，有比其他中小城市更好的就业机会和生活环境。因此，在国家政策引导下，流动人口势必会向大城市及周边城市群、新城等区域流动。因此，对于东部流动人口过度集聚、资源环境压力严峻的北京、上海、广州、深圳等城市，对流动人口的吸纳必定会有一定的限制。对此，加速区域一体化建设进程，加强周边新城及城市群发展，是疏导、减轻核心特（超）大城市人口压力的当务之急。周边人口中等流入区域的新城及城市群的发展，既能有效地疏解特（超）大城市的中心功能，转移流动人口密集产业，又有利于稳步推进城市群整体功能的优化，成为支撑我国新型城镇化、城乡一体化及农业专业人口市民化等发展战略的主要载体。

3. 人口流入流出相对均衡区域

人口流入流出相对均衡区域一般属于带有过渡性质的人口流动中转城市，位于人口流动第三梯级。这类区域通常会接纳周边人口流出城市或农村劳动力人口的流入，同时，也会向大城市或特（超）大城市输送劳动力人口，因此，能基本保证人口流入流出的均衡状态，带有典型的过渡性质。许多有迁移意愿，但不具备远距离迁移的劳动力人口，往往会首先迁入人口流入流出相对均衡区域，在迁移条件成熟后，再向其他城市流动。西宁、珠海、太原、镇江、锦州、三亚、合肥、吉林、长沙、扬州、北海等90余个城市，为主要呈现流入流出相对均衡特征的城市。

4. 人口流出区域

人口流出区域主要是位于人口流动第四梯级的中小城市及广大农村地区，具有相关区域内部经济发展有限、劳动力人口吸纳产业落后、公共资源配置不足、收入较低等特点。在人口"用脚投票"的开放时代，劳动力人口可以选择到收入更高、发展更好的城市发展。因此，在全国人口总量保持不变的情况下，特（超）大城市人口的高度集聚必然会引发流出区域人口的流失，从而导致人口流出地经济、资源、教育、医疗等领域发生连锁反应，使原本发展艰难的态势因为劳动力的流失而更加难以转变。

人口流出区域主要有岳阳、南充、怀化、张家口、哈尔滨、台州、承德、唐山、阜阳、上饶、周口、重庆、商丘、六安、亳州、保定、驻马店等城市及农村地区。

二、四类典型区域学龄流动人口的整体趋势及区域流动特征

（一）全国学龄流动人口整体趋势分析

根据"六普""七普"流动人口统计数据及学龄流动人口动态监测调查数

据，流动人口的流动性减弱，流动人口"不流动"特性凸显。对于乡村来说，城镇化是一个循序渐进的离散过程，农村剩余劳动力由"单帮式流动"阶段向"家庭化流动"阶段演进，因此，有学者①研究表明，"民工流"之后将是"学生流"。就"七普"数据来看，关于"学生流"的预测已然成为流动人口家庭的倾向性选择。学龄流动人口群体在流动人口总量中的占比正在稳步提升。通过对上海部分流动学龄人口家庭的访谈来看，流动人口家庭在流入地基本扎根，在有的流动家庭中，孩子就是在流入地出生的，家庭的生活方式、就业、就学等方面，已经很好地融入流入地城市，学龄流动人口在义务教育就学期间有较好的归属感。

在中国的家庭行为决策中，子女接受良好的教育和未来发展问题被父母放在教育选择过程中十分重要的位置。越来越多的进城务工父母愿意把子女送往城镇、城市学校接受优质教育，② 并关注其子女能否在流入地获得公平教育的机会。③ 因而，在长期进城、举家迁徙的年代，进城务工人员携带亲属、子女一同进入城市生活，追求城镇高质量的教育。

教育部 2009—2019 年《全国教育事业发展统计公报》数据显示，11 年间，以小学阶段学龄流动人口为例，小学生随父母进城就读的数量稳步增长，经过 2012—2014 年的小幅波动后，基本稳定在 1000 万人以上，如图 5.7 所示。

① 胡俊生. 农村教育城镇化：动因、目标及策略探讨 [J]. 教育研究，2010，31（2）：89-94.

② 王兆林. 反思与前瞻：城市化进程中的农村教育 [J]. 教育探索，2006（5）：30-32.

③ 王桂新，胡健. 城市农民工社会保障与市民化意愿 [J]. 人口学刊，2015，37（6）：45-55.

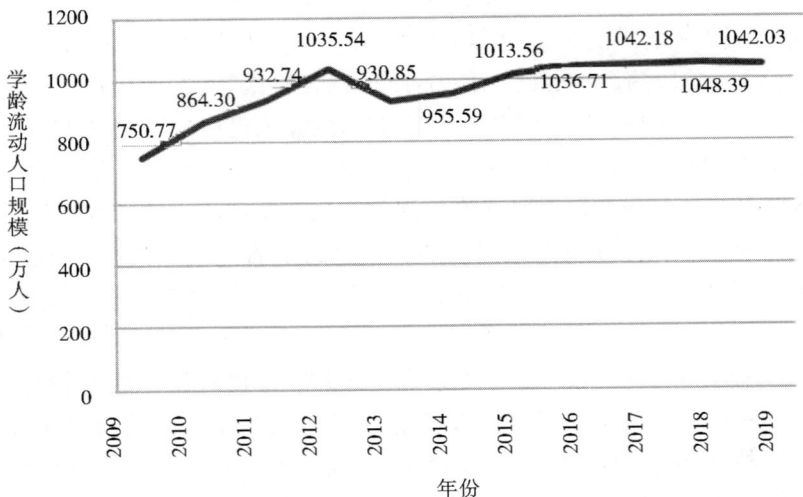

图 5.7 2009—2019 年全国小学阶段学龄流动人口数量变化态势①

根据"六普"数据，0~14 周岁流动儿童在流动人口中的占比高达 14.20%，总体规模达到 2291 万人，② 比"五普"数据（1983 万人）增长了 69.58%，年均增长率为 4.09%。保守估计，随着流动人口家庭化及稳定化特征的呈现，流动儿童的规模还有很大的增长空间。

---

① 教育部.2010 年全国教育事业发展统计公报［R］. http://old. moe. gov. cn/publicfiles/business/htmlfiles/moe/moe_633/201203 /xxgk_132634. html；教育部. 2011 年全国教育事业发展统计公报［R］. http://www. moe. gov. cn/srcsite/A03/s180/moe_633/201208/t20120830_141305. html；教育部. 2012 年全国教育事业发展统计公报［R］. http://www. moe. gov. cn/srcsite/A03/s180/moe_633/201308/t20130816_155798. html；教育部. 2013 年全国教育事业发展统计公报［R］. http://www. moe. gov. cn/srcsite/A03/s180/moe_633/201407/t20140704_171144. html；教育部. 2014 年全国教育事业发展统计公报［R］. http://www. moe. gov. cn/srcsite/A03/s180/moe_633/201508/t20150811_199589. html；教育部. 2015 年全国教育事业发展统计公报［R］. http://www. moe. gov. cn/srcsite/A03/s180/moe_633/201607/t20160706_270976. html；教育部. 2016 年全国教育事业发展统计公报［R］. http://www. moe. gov. cn/jyb_sjzl/sjzl_fztjgb/201707/t20170710_309042. html；教育部. 2017 年全国教育事业发展统计公报［R］. http://www. moe. gov. cn/jyb_sjzl/sjzl_fztjgb/201807/t20180719_343508. html；教育部. 2018 年全国教育事业发展统计公报［R］. http://www. moe. gov. cn/jyb_sjzl/sjzl_fztjgb/201907/t20190724_392041. html；教育部. 2019 年全国教育事业发展统计公报［R］. http://www. moe. gov. cn/jyb_sjzl/sjzl_fztjgb/202005/t20200520_456751. html.

② 根据《中国 2010 年第六次人口普查资料》表 7-2《全国按户口登记地、年龄、性别分的户口登记地在外乡镇街道的人口》计算得出结论。

为了更清晰地展示人口流动与学龄人口流动之间的趋势性关联，笔者首先计算学龄流动人口数量×10，得出全国学龄流动人口 10 倍数量，再将 2009—2019 年全国流动人口数量变化态势图与 2009—2019 年全国流动人口数量与学龄流动人口数量（10 倍）规模态势图等进行叠加处理，如图 5.8 所示。通过叠加，我们能够清楚地看到，除了在 2012—2014 年出现了小幅的反向涨落外，流动人口与学龄流动人口之间基本处于同趋势流动的发展态势，甚至在 2014 年之后，在全国流动人口流动趋势呈下降状态的情况下，学龄流动人口仍然保持着小幅上涨。通过对政策文件及当时人口流动状况进行分析，笔者认为，尽管城市内有诸多限制学龄流动人口流入的入学门槛或其他约束条件，城市小学资源供给速度仍滞后于学龄流动人口流入对教育的需求，但这些限制学龄流动人口流入的措施都无法从根本上阻挡学龄流动人口的流入，比如，一些超（特）大城市往往会制定城市人口规模控制方案，但其规划的人口限额经常会被提前突破，这也从侧面证明了学龄人口流动在人口城市化发展中的稳定性及短期不可逆性，只有积极改变人口调控策略，并从正面认可和强化流动人口对城市公共产品的需求合理性，才能找到解决学龄流动人口融入流入地义务教育需求的调控策略。

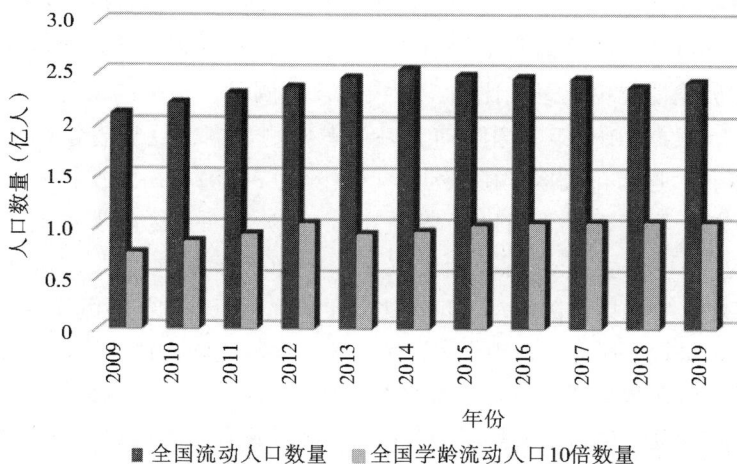

图 5.8　2009-2019 年全国流动人口数量与学龄流动人口 10 倍数量规模态势

（二）不同梯级区域学龄流动人口区域流动特征

实质上，学龄人口空间流动反映的是流动人口家庭教育需求在空间上重新分布的过程。准确地把握流动学龄儿童的分布情况及流动态势是解决流入地、流出地教育资源适配问题的首要环节。根据上节分析，学龄流动人口与外出务工的父母存在着近乎同驱的流动态势，以下将从全国学龄流动人口区域流动特征角度，对学龄人口流动态势进行分析。

1. 学龄流动人口总体规模基本持平，但仍保持较强的流动性

流动人口家庭化流动趋势的逐步显现，使得随迁子女群体的规模日益扩大。20 世纪 90 年代以来，学龄流动人口总量经历了快速攀升到小幅回落的过程，2000—2010 年，是学龄流动人口翻倍增长的阶段，总量从 1317 万人快速增长到2683 万人，涨幅为 103.67%。2010—2019 年，学龄流动人口总量略有下降，但总体规模比较平稳。一方面，由于受到整体出生率下降的影响，全国学龄人口总量在逐渐紧缩；另一方面，流入地区域公共教育、医疗等资源的有限承载力，对学龄流动人口的流入有一定的限制作用，影响学龄人口的随迁。

虽然学龄流动人口总体规模有小幅收紧，但整体流动性仍然较为强劲，在全国学龄人口基数下降的情况下，学龄流动人口在全国学龄人口总量中的占比稳定在14%左右，这意味着每 8 个学龄儿童中就有一个是随迁就学的流动儿童，学龄流动人口群体也成为义务教育在校生的重要组成部分，其作为流入地义务教育学校的重要组成部分，受教育权益的保障问题已不可忽视。

尽管在全国数据中，学龄流动人口占比稳定居高，但在具体调研中，笔者发现学龄流动人口的分布是极其不均衡的，存在显著的极化问题，在市内区县级层面，这样的极化情况更显著。比如，对大连市的调研，中山区与甘井子区同属大连市内四区，根据 2017 年中国流动人口动态检测数据，辽宁省学龄流动人口占比为 2.10%，大连市市辖区学龄流动人口占比为 30.02%，而在甘井子区的某些义务教育学校，学龄流动人口占比高达 70%~80%，而且区内学龄流动人口"超大型校"的数量高达 30 余所，相比之下，中山区学龄流动人口占比为 15%~18%。换言之，中山区学龄流动人口占比低于大连市市辖区学龄流动人口占比，而甘井子区则承载较大压力，负担了大连市 2/3 的学龄流动人口。这说明宏观数据对于学龄流动人口在微观区域中对义务教育学校内的真实分布情况，具有一定中和效应，并在一定程度上掩盖了学龄流动人口对当地教育资源影响的严峻程度。

2. 学龄流动人口长期居留趋势增强

"流动儿童不流动"现象是目前学龄流动人口中逐渐凸显的问题。近年来，流动人口在流入地的居留时间持续延长。京津冀城市群数据显示，① 超过 50%的流动人口在流入地居留时间超过 5 年，其中 28.09%的流动人口居留时间超过 10

---

① 国家卫生和计划生育委员会流动人口司. 中国流动人口发展报告 2018［M］. 北京：中国人口出版社，2018.

年，而 0~14 周岁学龄流动人口在流入地居留时间不断增强的趋势则更为明显。
根据 2017 年中国流动人口动态监测数据（表 5.2），居留时间超过 3 年的学龄流
动人口占本年龄段流动人口的 77.43%，而居留时间超过 5 年的学龄流动人口占
本年龄段流动人口的 61.99%，这说明有接近 2/3 的学龄流动人口处于长期流动
状态。甚至还有很大一部分新生代流动人口，在流入地城市出生并长大，从未离
开过城市，而这一部分新生代流动人口的情况将越来越多地出现在流入地城市，
他们还将在适龄阶段进入流入地义务教育学校就学，与当地的户籍学龄人口共同
学习和成长。

表 5.2　我国学龄流动人口居留时间动态监测

年龄	样本数（人）	占比（%）	流动时间5年及以上样本数（人）	占比（%）	流动时间3年及以上样本数（人）	占比（%）	本年龄段流动人口样本总数（人）
14	776	20.75	2537	67.85	3078	82.32	3739
13	1037	22.78	3059	67.19	3744	82.23	4553
12	1290	26.11	3401	68.83	4088	82.74	4941
11	1561	28.60	3600	65.96	4472	81.93	5458
10	1805	31.35	3720	64.62	4705	81.73	5757
9	2053	33.74	3737	61.42	4822	79.26	6084
8	2305	36.12	3766	59.02	4920	77.10	6381
7	2732	40.61	3815	56.71	5029	74.76	6727
6	3144	45.19	3846	55.28	5074	72.93	6957
5	4014	53.07	4014	53.07	5587	73.86	7564
4	4057	59.58	—	—	4884	71.73	6809
3	4989	68.56	—	—	4989	68.56	7277
2	4805	75.81	—	—	—	—	6338
1	8543	89.70	—	—	—	—	9524
0	2757	100.00	—	—	—	—	2757
合计	45868	50.48	35495	39.06	55392	60.96	90866

上述分析说明，随着家庭化迁移逐渐成为人口流动的主要趋势，流动人口的基本构成将越来越呈现出多元化态势，学龄流动人口在流入地就学、生活的时间和规模将持续扩大，而其对于共同享有公共教育资源的需求层次也将逐步提高。

3. 以流入为主的第一、第二梯级城市普遍存在超规模学龄流动人口

流动人口不仅规模大，而且增速快，目前各类区域中流动人口比重与总量表现出稳增不降的态势，这说明流动人口发展已经非常深入地渗透到各梯级城市或区域的经济和社会发展中。前文分析指出，处于第一、第二梯级的城市是劳动力人口空间流动的首选，只要自身条件允许，绝大多数劳动力人口会流动到其所能适应的最高梯级城市或区域，因此，当劳动力人口家庭化流动特征日益凸显，携子流动成为劳动力家庭重点考虑的问题之一。从"六普""七普"等统计数据来看，学龄流动人口在全国31个省（区、市）均有分布，但在少数几个省（区、市）是高度集中状态。"六普"数据显示，学龄流动人口在200万人以上的省份有3个，分别是广东省、江苏省、浙江省；100万~200万人的省（市）有13个，包括辽宁省、河北省、湖北省、湖南省、四川省、上海市、福建省、山东省等。而具体到城镇层面，城乡差异更加明显。整体来说，城镇学龄流动人口在总学龄人口中的占比为26.16%，相当于城镇中每4个学龄儿童中就有一个流动儿童，而在第一、第二梯级城市，该比例分别高达46.24%和47.68%，也意味着将近50%的儿童是随迁就学的人口。当然，如果采用更加微观的数据，我们会发现，学龄流动人口就学比例在区县层面或具体学校层面更加突出。

4. 学龄人口流向与城区功能定位关系密切，呈"离心化"流动趋势

随着城乡一体化建设进程的发展，原来将城区简单划分为城市、城郊、农村的方式逐渐被对城区的功能性划分取代，如表5.3所示。以往较为成熟的市中心区域现在称为功能核心区，原有城郊、开发区、农村或郊区对应城市功能为城市功能拓展区、城市发展新区、生态涵养区，侧重以城市功能进行区域的划分，说明国家在城乡一体化建设过程中，更加注重对区域发展功能进行定位，而并不是简单地进行城乡划分。

表 5.3 城乡一体化建设功能分区

原有城郊划分	最新城市功能划分
市中心	功能核心区
城郊	城市功能拓展区
开发区	城市发展新区
农村或郊区	生态涵养区

数据来源：北京市教委《2001—2015北京市教育事业统计资料》。

在学龄人口流动过程中，劳动力人口主要受经济驱动和教育驱动两种力量进行流动区域选择，而在其流动过程中，也往往遵循一定的流动规律，即劳动力人口家庭先从第四梯级区域中的农村流动到城乡交界位置，即城市功能拓展区，再由城市功能拓展区流动到城市发展新区位置，但是流动范围始终远离城市中心区域。因此，结合 2010—2020 年的宏观数据，我们能清晰地看到，在学龄人口的流动区域中，形成了覆盖中心区域外围的带状区域。城市功能拓展区、城市发展新区的带状区域会在城市化进程的推进中，首先呈人口密集增长、无序流动的特征。

北京市教委《2001—2015 北京市教育事业统计资料》显示，15 年间，北京市城市功能拓展区学龄流动人口占比始终最高，而首都功能核心区、城市发展新区和生态涵养区学龄流动人口占比明显低于城市功能拓展区。在义务教育阶段，学龄流动人口在城市功能拓展区与城市发展新区集聚的趋势日益明显，北京市的海淀、朝阳、丰台、昌平、通州、大兴等区也呈该趋势。

我们应该认识到，位于城市功能拓展区或城市发展新区的带状区域是推动城乡一体化建设进程的带有过渡性质的关键区域，对带状区域的合理规划和对带状区域包括学校在内的公共服务设施的超前规划，是城乡一体化进程中不可忽视的重要举措。

本书针对全国重要省市学龄流动人口规模、比重、流向、义务教育资源配置等方面的数据进行了调研。在具体预测中，考虑到全国研究区域在经济、政策、人口、教育等方面具有较大的差异性，以及调研中各项微观数据的完整性及研究数据的统一性，重点选取辽宁省 100 个区县（县级市）作为预测区域，对其学龄人口的流动趋势及义务教育资源配置情况进行细致研究。但是，限于研究篇幅，其他典型区域只选取数据详尽且有代表性的区县以及学校进行预测，并给出配置方案。对于数据采集不完整的区域，会根据研究需要进行讨论。这一不足之处，将在以后的研究中进行更加深入和全面的研究分析。

第六章　学龄人口区域流动现状与义务教育资源适配情况分析

——以辽宁省微观数据为例

在前期调研中，笔者发现，义务教育阶段面临学龄流动人口密集问题，有必要对学龄人口区域流动背景下的义务教育资源配置问题进行研究。义务教育阶段主要的服务对象是 6（7）~15（16）周岁的学龄儿童，因此，中小学教育开展的所有教育教学活动也是围绕适龄的学龄儿童进行的，这其中包括非户籍的学龄流动儿童。当然，户籍学龄人口是相对稳定的群体，可以对其进行相对精确的规划和投入；而学龄流动人口群体的可变性比较强，要在对其年龄结构、受教育程度、区域分布及流动特征进行准确分析和科学预估的基础上，同时设置动态弹性的教育资源配置模式，予以积极应对。人们日益增长的接受高质量教育的需求与流入地教育资源的有限性、稀缺性之间的矛盾是目前流入地小学教育面临的主要矛盾，学龄人口流入城市是主要矛盾表现的载体。只有积极接受、科学对待，才有助于推动学龄流动人口与经济、社会、教育等主要要素系统之间矛盾的解决。

城市化发展的本质是人口的城市化，而在人口城市化过程中，总是离不开经济、教育、社会等因素的综合作用。正如本书在前文建构的综合调节理论 PESE 分析框架中阐述的那样，人口的流动，尤其是学龄人口的区域流动，将经济、社会与教育等要素系统强有力地关联起来，使之组成一个真正"牵一发而动全身"的有机整体。因此，由于学龄人口区域流动导致流入地教育资源不足的问题，不是单一的教育问题，必须放在 PESE 分析框架中进行思考和求解。基于上述考虑，笔者认为，有必要对学龄流动人口区域分布现状及其对应的义务教育资源适配情况进行系统分析。

一、城市化对学龄人口区域流动的影响

城市化过程中的人口流动具有典型的点聚集属性,一般表现为趋向优势区位的点式膨胀状态。这是由于优势区位往往首先表现为产业活动的集中和优越的公共服务设施,对劳动力人口具有强烈的吸引作用。因此,在城市化阶段,农村人口向城市逐步流动与集中。随着城市化进程的不断深化,城市化进入郊区化阶段,在郊区化的过程中,各种经济形式以及产业形式,以工业经济为代表为了追求较低的成本而向城市的郊区迁移,随着产业的扩散与迁移,人口的流动也逐渐向城市近郊扩散,表现为城市中心劳动力人口随产业向郊区位移,而不是向城市中心聚集。在逆城市化阶段,人口的流动表现为一个反向流动的过程,即大量农村人口聚集在城市的中心,同时由于这种大量人口的流入,使得城市的环境急剧恶化,此时为了追求更好的生活环境,城市中原有的居民会大量迁出城市而向农村等环境条件较好的地方迁移,表现为大量"钟摆式"人口的出现。这种逆城市化达到一定的程度而又得不到有效控制,必然导致城市沦为贫民窟和城市经济的衰落并最终导致城市的衰落。由此,我们可以看出,城市化过程中的人口流动不同于传统意义上的人口流动,它有着一定的方向导向性和阶段导向性。

在城市化带来经济、社会全面发展的同时,城市的高速发展也促进了城乡学龄人口流动,不同的城市化水平,其学龄人口流动规模也不同,它与一个地区在人口、经济、社会、教育等要素的特征密切相关。

(一)学龄流动人口数量及比重演化趋势(辽宁省14个地级市)

本章以辽宁省作为典型研究区域,进一步详细揭示辽宁省内学龄流动人口在数量、比重、时空分布等方面的规律和特征。辽宁省位于我国东北地区的南部(118°E~125°E;38°N~43°N),临近黄渤海,东与朝鲜以鸭绿江相隔,与韩国和日本隔海相望。辽宁省既是东北三省中唯一既沿边又沿海的省份,也是东北地区对外开放的主要门户,主要由沈阳市、大连市、鞍山市、抚顺市、本溪市等14个地级市和100个区县(县级市)组成,总面积约为 14.8×10^4 km²。以下关于2008—2018年辽宁省中小学具体地址、进城务工人员随迁子女在校生人数和性别等数据来源于辽宁省政府机构信息统计数据,为研究辽宁省学龄流动人口分布状况及其教育资源配置问题提供了翔实可靠的数据支撑。数据采集列表详见本书附录。

根据《中国统计年鉴数据》，[①] 2008—2018 年，辽宁省常住人口城镇化率由 60.05% 上升到 68.1%，分别高于全国同期的 47% 和 59.58%。同时，辽宁省第二产业比重由 55.8% 降至 39.6%（全国分别是 51% 和 41.14%），第三产业比重由 34.5% 增至 52.37%（全国分别是 38.69% 和 51.78%），由此推断，辽宁省产业结构发展趋于合理，为辽宁省家庭化迁移趋势创造了良好的基础条件，而其人口城镇化的发展模式也逐渐成型。

在第一章核心概念界定中，笔者提出通过以学龄人口流动率来表征学龄流动人口在流入地就学的比重，并提出学龄人口流动率的计算方法，即学龄人口流动率就是学龄流动人口数量占学龄人口总数的比例，由如下计算公式表示：

$$学龄人口流动率 = \frac{学龄流动人口数量}{学龄人口总数} \times 100\%$$

1. 辽宁省学龄流动人口规模概况

如表 6.1 和图 6.1 所示，2008—2018 年，辽宁省义务教育阶段学龄人口总数由 380 万人下降至 294 万人，但学龄流动人口数量却由 20 万人上升至 25.4 万人，学龄流动人口比重由 5.26% 上升至 8.65%。这就意味着，辽宁省在学龄人口总体呈下降趋势的情况下，学龄流动人口的数量和比重却呈反向增长趋势。

表 6.1　2008—2018 年辽宁省学龄流动人口数量及学龄人口流动率

	2008年	2009年	2010年	2011年	2012年	2013年	2014年	2015年	2016年	2017年	2018年
辽宁省中小学在校生人数（万人）	380.49	361.55	345.48	336.41	326.43	310.15	304.03	301.25	296.70	290.94	294.01
辽宁省进城务工人员随迁子女中小学在校生人数（万人）	20.03	20.97	22.95	23.28	23.83	23.08	22.28	23.56	24.26	24.58	25.43
辽宁省进城务工人员随迁子女中小学在校生比重（%）	5.26	5.80	6.64	6.92	7.30	7.44	7.33	7.82	8.18	8.45	8.65

---

① 中华人民共和国国家统计局. 中国统计年鉴 2019［M］. 北京：中国统计出版社，2019；中华人民共和国国家统计局. 中国统计年鉴 2018［M］. 北京：中国统计出版社，2018；中华人民共和国国家统计局. 中国统计年鉴 2017［M］. 北京：中国统计出版社，2017；中华人民共和国国家统计局. 中国统计年鉴 2016［M］. 北京：中国统计出版社，2016.

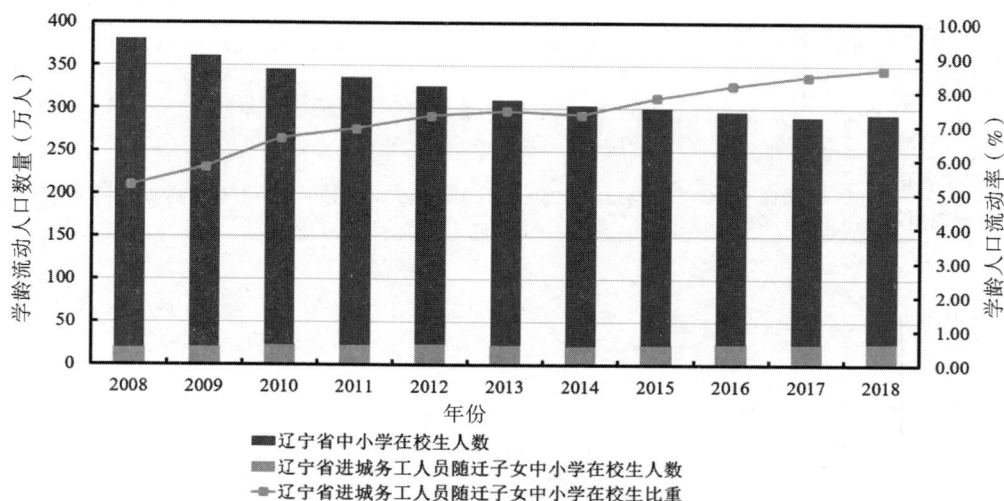

图 6.1　2008—2018 年辽宁省学龄流动人口数量及学龄人口流动率变化态势

2. 四类区域学龄人口规模概况

在对辽宁省 14 个地级市、100 个区县（县级市）进行分析的过程中，发现辽宁省的学龄人口在空间上呈现出极大的不均衡分布特征，区域差距和城乡差距明显。沈阳市和大连市义务教育小学阶段学生绝对数量大，其他地级市、县级市及区县在学生数量规模方面相对较低，学龄人口在各个城市之间、区县之间存在显著的空间分布差异及集聚分布特点。

为了更好地反映辽宁省学龄人口规模分布的地域差异和城乡差异，考虑到大连市和沈阳市的特殊性，将 100 个区县（县级市）划分为四类，即大连市市辖区、沈阳市市辖区、其他地级市市辖区及辽宁省县（县级市），对类似区域进行同类合并研究，如表 6.2 及图 6.2 所示。

表 6.2　2008—2018 年辽宁省四类区域学龄人口数量

单位：千人

	2008 年	2009 年	2010 年	2011 年	2012 年	2013 年	2014 年	2015 年	2016 年	2017 年	2018 年
大连市市辖区	354.398	333.246	323.518	317.407	313.501	314.291	321.126	327.133	333.113	340.138	363.878
沈阳市市辖区	423.587	403.022	394.607	393.868	396.424	404.362	417.939	427.999	438.461	448.096	476.698

	2008 年	2009 年	2010 年	2011 年	2012 年	2013 年	2014 年	2015 年	2016 年	2017 年	2018 年
其他地级市市辖区	903.671	860.724	828.979	817.307	794.538	781.285	762.684	753.238	741.03	730.659	748.345
辽宁省县（县级市）	2123.27	2018.48	1907.71	1835.49	1759.82	1601.61	1538.55	1504.14	1454.38	1390.53	1351.22

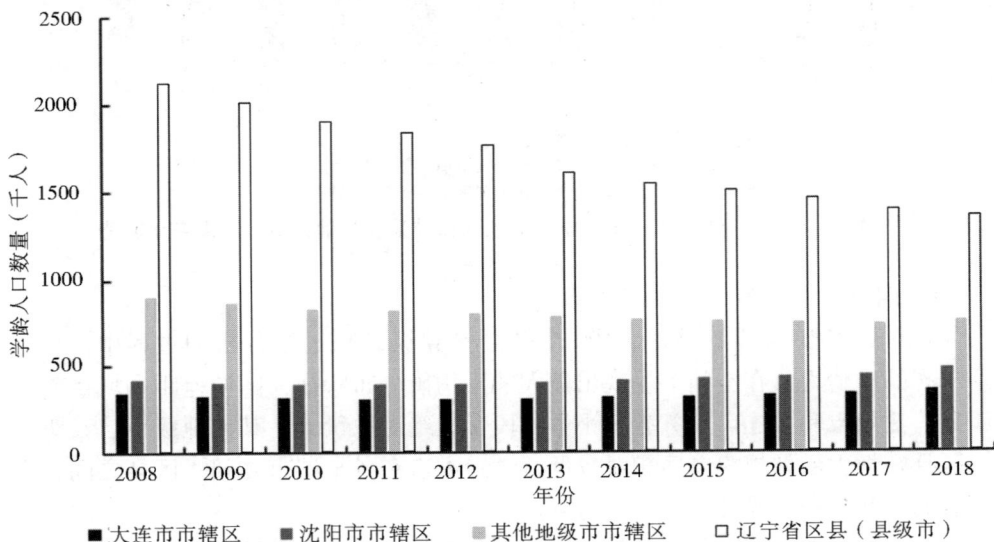

图 6.2　2008—2018 年辽宁省四类区域学龄人口数量

由图 6.2 可知，沈阳市市辖区和大连市市辖区学龄人口均经过了先缓慢下降后缓慢上升的变化过程，其他 12 个地级市市辖区学龄人口数量呈不断减少的趋势，而辽宁省区县（县级市）的学龄人口规模在这 10 年间减少了 1/3 以上，反映出在城市化进程中，辽宁省区县（县级市）的学龄人口大量流失的趋势。

3. 四类区域学龄流动人口规模概况

就学龄流动人口规模而言，学龄流动人口集中分布在沈阳、大连等大城市，尤其是处于城乡接合部的区县，而其他市县的学龄人口，尤其是偏远区县则呈现大量流失状态。2008 年，大连市市辖区及沈阳市市辖区学龄流动人口数量最多。2013 年，除了大连市市辖区及沈阳市市辖区学龄流动人口仍然保持高聚集外，各个地级市的市辖区，如海城市、瓦房店市、庄河市、东港市等经济强市（县级市）也聚集了较多的学龄流动人口。2018 年，学龄流动人口空间分布特征并没有发生大的变化，如表6.3及图6.3所示。

表6.3　2008—2018年辽宁省四类区域学龄流动人口数量

单位：千人

	2008年	2009年	2010年	2011年	2012年	2013年	2014年	2015年	2016年	2017年	2018年
大连市市辖区	86.443	87.663	89.667	103.377	101.130	94.351	90.85	98.538	100	102.105	105.753
沈阳市市辖区	50.133	54.484	57.223	52.755	56.818	52.655	43.704	46.060	47.390	52.584	55.460
其他地级市市辖区	41.367	46.594	59.272	55.472	55.595	64.362	66.342	72.691	77.134	73.997	75.915
辽宁省县（县级市）	22.378	20.939	23.319	21.150	24.711	19.457	16.915	18.282	18.030	17.162	17.200

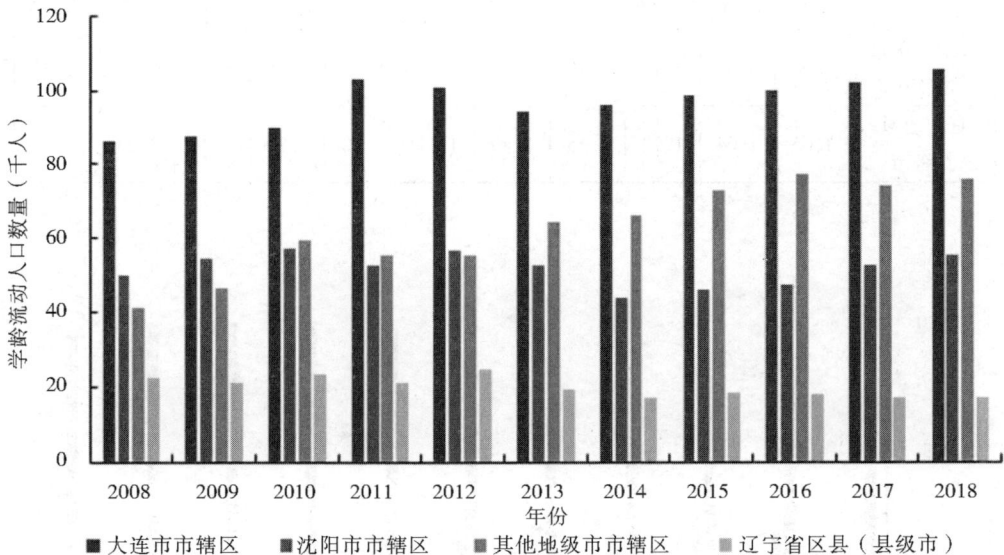

图6.3　2008—2018年辽宁省四类区域学龄流动人口数量

由图6.3可知，大连市市辖区的学龄流动人口规模远大于其他地级市的市辖区，占辽宁省全部学龄流动人口的四成左右，沈阳市市辖区的学龄流动人口规模也比较大，10年间规模扩大但比重下降，其他12个地级市市辖区则呈绝对数量和相对份额同时增加的趋势，说明大连市市辖区对学龄人口吸引力最大，且维持着较高的吸引水平。

4. 四类区域学龄流动人口比重概况

在学龄流动人口比重方面，2008 年学龄流动人口比重高于 10% 的区县（县级市）有 18 个，除了属于海岛县的长海县，比重最大的 10 个区县（县级市）均隶属大连市或沈阳市的市辖区，大多数县的比重比较低，学龄流动人口比重的空间极化效应比较突出。2013 年，城乡差距和区域差距仍然非常明显。2018 年，学龄流动人口比重空间分布格局保持基本稳定，比重低的区县（县级市）包围比重高的区县（县级市），比重高的区县（县级市）集中连片分布，比重低的区县（县级市）相对分散布局，如表 6.4 及图 6.4 所示。

表 6.4　2008—2018 年辽宁省四类区域学龄人口流动率

单位:%

	2008 年	2009 年	2010 年	2011 年	2012 年	2013 年	2014 年	2015 年	2016 年	2017 年	2018 年
大连市市辖区	24.39	26.31	27.72	32.57	32.26	30.02	29.85	30.12	30.02	30.02	29.06
沈阳市市辖区	11.84	13.52	14.50	13.39	14.33	13.02	10.46	10.76	10.81	11.73	11.63
其他地级市市辖区	4.58	5.41	7.15	6.79	7.00	8.24	8.70	9.65	10.41	10.13	10.14
辽宁省县（县级市）	1.05	1.04	1.22	1.15	1.40	1.21	1.10	1.22	1.24	1.23	1.27

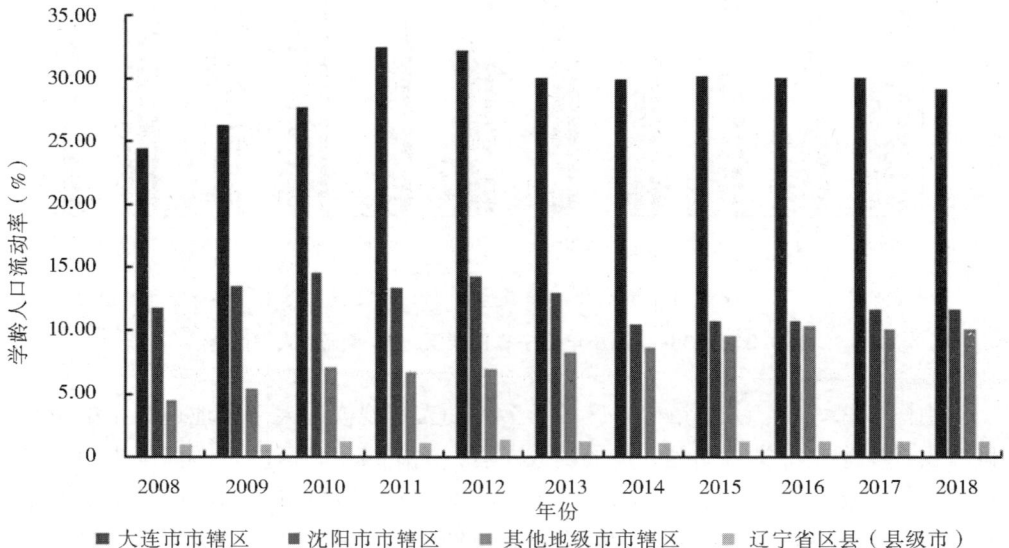

图 6.4　2008—2018 年辽宁省四类区域学龄人口流动率

图 6.4 可知，大连市市辖区的学龄流动人口比重一直处于较高水平，1/4～1/3 的学龄人口是学龄流动人口，远高于其他地级市市辖区及辽宁省区县（县级市）的综合水平。通过数据分析，区县（县级市）不是吸纳学龄流动人口就学的主要区域，学龄流动人口数量及比重始终处于较低水平。

由此可见，辽宁省市辖区进城务工子女的规模和比重均远高于区县（县级市），而大连市市辖区的学龄流动人口问题比沈阳市市辖区更为突出。总体而言，学龄流动人口在流入地小学就学的问题是教育城镇化过程中的一个突出问题，也是人口城市化的必经阶段，宏观上的区域差异、中观上的城城差异、微观上的城乡差异均存在较大差异。

地域行政区县和城市行政区（市辖区）在城市政府治理和学龄人口吸引方面存在很大差异，在教育城镇化过程中，城市的政府通过加大教育设施投入和城乡教育发展融合，提高居民的就学便利性和教育质量。[①]

（二）典型区县学龄流动人口数量及比重演化趋势［辽宁 100 个区县（县级市）］

通过计算学龄流动人口的绝对数量和在学龄人口总数中的占比来说明学龄流动人口在区县（县级市）范围内的集聚趋势和点群分布态势，研究数据分别提取 2008 年、2013 年、2018 年辽宁省 100 个区县（县级市）的学龄流动人口绝对数量排名前 20 位的区县（县级市），如表 6.5 所示。

表 6.5　2008 年、2013 年、2018 年辽宁省典型区县（县级市）学龄流动人口数量及学龄人口流动率

2008 年			2013 年			2018 年		
所属区县（县级市）	学龄流动人口数量（人）	学龄人口流动率（%）	所属区县（县级市）	学龄流动人口数量（人）	学龄人口流动率（%）	所属区县（县级市）	学龄流动人口数量（人）	学龄人口流动率（%）
甘井子区	30883	35.54	甘井子区	34983	38.86	甘井子区	38053	35.93
金州区	27365	31.52	金州区	27862	36.06	金州区	38918	33.25
浑南区	14851	34.16	于洪区	10341	35.29	旅顺口区	10558	46.92
于洪区	10273	31.25	旅顺口区	9039	44.48	连山区	9691	23.96

---

① 殷冠文，刘云刚. 区划调整的城市化逻辑与效应［J］. 经济地理，2020，40（4）：48-55.

续表

2008 年			2013 年			2018 年		
所属区县（县级市）	学龄流动人口数量（人）	学龄人口流动率（%）	所属区县（县级市）	学龄流动人口数量（人）	学龄人口流动率（%）	所属区县（县级市）	学龄流动人口数量（人）	学龄人口流动率（%）
旅顺口区	9332	39.59	和平区	7031	17.85	铁西区（沈）	8500	10.41
苏家屯区	6423	17.62	兴隆台区	6729	16.38	大东区	7924	19.37
铁西区（沈）	6284	10.45	沙河口区	6647	19.65	双塔区	7854	16.82
沙河口区	6036	14.73	大东区	6596	18.20	于洪区	7745	16.90
兴隆台区	6009	13.68	普兰店区	6430	11.92	皇姑区	7081	11.17
西岗区	5321	25.99	铁西区（沈）	6310	9.67	沙河口区	6291	17.16
鲅鱼圈区	4724	11.48	苏家屯区	5734	18.16	沈河区	6194	12.45
中山区	4198	15.39	浑南区	5325	18.37	和平区	6052	11.31
和平区	3591	11.47	沈河区	5222	10.71	鲅鱼圈区	5753	12.29
大东区	3522	8.81	西岗区	5109	30.93	兴隆台区	5738	14.33
普兰店区	3308	4.84	连山区	4893	11.43	银州区	5646	20.10
瓦房店市	3154	3.91	双塔区	4846	10.57	苏家屯区	5421	17.01
长海县	2936	32.20	银州区	4546	15.15	西岗区	5350	28.84
皇姑区	2752	4.97	皇姑区	4491	7.63	浑南区	3900	9.97
铁西区（鞍）	2412	14.17	龙港区	4385	20.25	凌河区	3684	14.14
银州区	2209	6.61	中山区	4281	19.11	普兰店区	3477	9.26

表 6.5 显示，在这 11 年中，始终表现为学龄流动人口密集的区县有 14 个，具体为大连市甘井子区、金州区、旅顺口区、沙河口区、普兰店区，沈阳市铁西区、大东区、于洪区、皇姑区、和平区，盘锦市兴隆台区，铁岭市银州区，沈阳

市苏家屯区、浑南区；排名位置持续上升的区县有 12 个，具体为大连市甘井子区、金州区、旅顺口区，沈阳市大东区、皇姑区、铁西区、沈河区，铁岭市银州区，葫芦岛市连山区、龙港区，朝阳市双塔区，锦州市凌河区；排名位置呈下降趋势的区县（县级市）有 8 个，具体为沈阳市浑南区、苏家屯区，大连市西岗区、中山区、瓦房店市、长海县，营口市鲅鱼圈区，鞍山市铁西区；排名位置表现出一定波动趋势的区县有 8 个，具体为沈阳市于洪区、铁西区、和平区，大连市沙河口区、普兰店区，葫芦岛市龙港区，盘锦市兴隆台区，营口市鲅鱼圈区。这说明学龄流动人口在省内主要区县（县级市）中的分布表现出较强的稳定性和一定程度的空间位移，其中，稳定区域主要集中在大连市及沈阳市的部分区县（县级市）位置，而空间位移主要是发生在省内带状聚集区域的周边或点状膨胀区域之间的位置，由于区域经济发展变化及学龄人口升学的自然变动等因素的驱动，形成了演化趋势中的动态格局。

统计数据显示，2008—2018 年，辽宁省学龄流动人口分布逐渐以大连市、沈阳市为核心，呈发散状，形成连片聚集区。同时，辽宁省内部分经济强市（县级市）或市辖区城市拓展区，以建设功能园区、经济技术开发区或特定研发产业的高新技术产业开发区等方式，从不同侧重点贯彻改革开放政策，寻求经济快速发展路径，并执行相应特定功能的各类产业园区，成为劳动力、资金、技术等核心生产要素集聚区域，吸引大量从区县来到城市的劳动力人口及其子女，在学龄流动人口分布中形成了点式膨胀聚集区域。具体分析如下：（1）形成以大连市甘井子区为核心，周边辐射到金州区、旅顺区、沙河口区、西岗区、瓦房店市、普兰店区等区县（县级市）的学龄流动人口连片聚集区域；（2）形成以沈阳市铁西区为核心，周边辐射到大东区、于洪区、皇姑区、沈河区、和平区、浑南区等区县的学龄流动人口连片聚集区域；（3）辽宁省内基于经济技术开发区、功能园区等形成的一些点式膨胀聚集区域，如葫芦岛市连山区、朝阳市双塔区、盘锦市兴隆台区、铁岭市银州区、锦州市凌河区等新区或开发区。值得注意的是，少数市内辖区，比如，西岗区、鲅鱼圈区、于洪区、苏家屯区等区域的学龄流动人口规模保持基本稳定或呈缓慢下降趋势。经分析，这些市内辖区大多位于城市中心区域，是城市中心商务区和对外开放中枢，提供了市区与国际、全国城市网络建立连接的主要通道，聚集了大量的银行、保险、法律、咨询管理、广告和会计等先进的、知识含量和技术含量较高的生产服务业机构，相关行业对从业人员的要求较高，吸纳外来务工人员的数量和规模比较有限，因而，在一定程度上减少了学龄流动人口的流入。

（三） 义务教育学龄流动人口学校规模变化趋势

基于前面的分析可知，随着城市化进程的不断加快，市区范围内优越的工作机遇和福利待遇，丰富、优质的教育资源，成为吸引大量非户籍劳动力人口及其家属向城市集聚，其子女也一同进入城市就学，导致区县小学生源不断减少，学生规模收缩，呈现出较大的离散状态，城乡小学之间的学生规模差距持续加大。与此同时，从区县流出的学生逐渐集聚到市区及其周边区域，导致区域内小学出现"大班额""巨型校"等问题。根据《城市普通中小学校建设标准》和《农村普通中小学校建设标准》，结合辽宁省实际情况，将拥有学龄流动人口数量在 1～200 人的小学定义为"小型校"，将拥有学龄流动人口数量在 200～500 人的小学定义为"中型校"，将拥有学龄流动人口数量在 500～700 人的小学定义为"大型校"，将拥有学龄流动人口数量大于 700 人的小学定义为"超大型校"，其中，将学龄流动人口超过 1000 人的学校定义为"巨型校"。

对辽宁省在 2008 年和 2018 年义务教育小学阶段学龄流动人口学校规模进行比较分析，2008 年共有学龄流动人口"超大型校"22 所，"大型校"30 所，"中型校"163 所，"小型校"790 所。其中，在 22 所"超大型校"中，有 5 所小学是拥有学龄流动人口数量超过千人的"巨型校"。经过 11 年的发展，2018 年辽宁省共有义务教育学龄流动人口"超大型校"33 所，"大型校"56 所，"中型校"206 所，"小型校"734 所。其中，在 32 所"超大型校"中，拥有学龄流动人口数量超过千人的"巨型校"的数量增至 10 所，比 2008 年增加了一倍。统计数据显示，辽宁省 2008 年义务教育小学总数为 7030 所，2018 年义务教育小学总数为 3682 所，也就是说，在 2018 年小学总数比 2008 年减少接近一半的情况下，学龄流动人口的数量及规模仍有显著的增长态势。同时，经过计算，学龄流动人口"超大型校""大型校""中型校""小型校"在小学总数中占有的比重均有大幅提升，值得注意的是，"超大型校"和"中型校"的比重增长均将近 3 倍，而学龄流动人口数量在 500～700 人的"大型校"比重增长则将近 4 倍，如表 6.6所示。

表6.6　2008年与2018年学龄流动人口学校规模对比

年份	属性	超大型校（所）		"大型校"（所）（500~700人）	"中型校"（所）（200~500人）	"小型校"（所）（1~200人）	学校总数（所）
		总数（>700人）	其中，"巨型校"（>1000人）				
2008	数量	22	5	30	163	790	7030
	比重	3‰		4‰	23‰	112‰	
2018	数量	33	10	56	206	734	3682
	比重	9‰		15‰	56‰	199‰	

　　以上数据说明，学龄流动人口对目前义务教育小学的学生数量及规模有非常显著的影响，使得部分学龄流动人口密集小学的教育体量呈膨胀式增长态势。与此同时，如此大体量的学龄流动人口群体对城市现有教育资源的冲击作用是巨大的，其对原有以户籍学龄人口为教育规划依据的配置方式提出了无法回避的挑战。

　　为了更加清晰地凸显问题，减少宏观区域统计数据对微观区域数据的中和效应，笔者进一步对数据信息进行分析处理，选取表6.6中，2018年县域内33所学龄流动人口"超大型校"（包括"巨型校"）信息，对其区县（县级市）分布及集聚情况进行分析，并进一步对"超大型校"（包括"巨型校"）的学龄人口流动率进行计算，以确切地描述某一所小学中学龄流动人口的集聚特征，如表6.7所示。

表6.7　2018年辽宁省学龄流动人口超大型校（学龄流动人口数量>700人）[1]

学校代码	在校学生数量（人）	学龄流动人口数量（人）	学龄人口流动率（%）	备注
S1	4059	1637	40.33	"巨型校"
S2	2709	1226	45.25	"巨型校"
S3	2442	1163	47.62	"巨型校"
S4	2596	1120	43.14	"巨型校"
S5	2065	1100	53.27	"巨型校"
S6	1930	1029	53.32	"巨型校"

---

　　[1]　根据研究需要，对研究数据中涉及的地级市和区县（县级市）及小学名称进行代码处理。地级市和区县（县级市）代码设置依据为辽宁省行政区划代码，代码表详见附录。

续表

学校代码	在校学生数量（人）	学龄流动人口数量（人）	学龄人口流动率（%）	备注
S7	1206	1026	85.07	"巨型校"
S8	1570	1015	64.65	"巨型校"
S9	1461	1010	69.13	"巨型校"
S10	1972	1002	50.81	"巨型校"
S11	1175	958	81.53	
S12	2233	950	42.54	
S13	1728	943	54.57	
S14	2108	897	42.55	
S15	1707	896	52.49	
S16	1223	868	70.97	
S17	1141	835	73.18	
S18	3241	832	25.67	
S19	1650	816	49.45	
S20	1443	806	55.86	
S21	1042	801	76.87	
S22	1794	792	44.15	
S23	1026	789	76.90	
S24	1043	779	74.69	
S25	2158	774	35.87	
S26	2087	765	36.66	
S27	1498	758	50.60	
S28	997	754	75.63	
S29	1364	748	54.84	
S30	1300	733	56.38	
S31	1846	731	39.60	
S32	2433	730	30.00	
S33	2711	724	26.71	

通过计算，笔者发现，学龄人口流动率是反映学校学龄流动人口规模的关键指标，它能够在呈现某一所小学学龄流动人口绝对数量的基础上，进一步展示学龄流动人口数量占学龄人口总数的比重。经过计算，在 2018 年 33 所学龄流动人口"超大型校"中，学龄人口流动率超过 50% 的学校有 19 所，其中，学龄人口流动率超过 70% 的学校有 8 所，超过 80% 的学校有 2 所。可见，学龄流动人口"超大型校"（包括"巨型校"）的学龄人口流动率要远高于区县（县级市）学龄人口流动率的平均值，这也证明了笔者关于宏观统计数据会对微观数据中的尖锐矛盾产生中和效应的判断，从而导致降低对学龄流动人口问题的严峻性和紧迫性的思考。试想，在学龄人口流动率如此居高的情况下，小学教育资源配置如果仍然按照基于或主要基于户籍学龄人口数量进行规划配置的思路，如果政府或具体资源配置机构仍然不能正视学龄流动人口群体对小学教育资源的稀释作用，那么其资源配置的数量与质量必然会处于严重缺乏状态，既无法适应人口城市化的发展和建设需要，也无法达到让社会、家庭及学生满意的效果。

二、辽宁省学龄流动人口对义务教育资源配置适配状况的影响

1990—2015 年，全国学龄流动人口由 459 万人增加到 3426 万人，占全国学龄人口的 12% 以上。[1] 在紧迫的学龄流动人口就学困难问题面前，如何解决难题，推动学龄流动人口在流入地入学待遇标准化配置，提升义务教育均衡发展水平成了国家和地方政府教育工作的重点。[2] 20 多年来，国家相继下发了包括《流动儿童少年就学暂行办法》《国务院关于解决农民工问题的若干意见》（国发〔2006〕5 号）《中国教育现代化 2035》等一系列办法和意见，推进学龄流动人口流入地就学难题的解决。尽管一系列政策的颁布和出台，保障了学龄流动人口群体在流入地学校接受义务教育的合法性。但研究数据显示，2011—2016 年全国仍有大约 20% 的学龄流动人口无法享受城市同等优质教育资源。[3]

---

[1]　国家卫生健康委员会. 中国流动人口发展报告 2018 [M]. 北京：中国人口出版社，2019：135-143.

[2]　黄颖. 我国随迁和留守学生的教育问题分析 [J]. 南方人口，2015，30（4）：12-25.

[3]　尚伟伟，郅庭瑾. 人口变动与教育资源优化配置——中国教育发展论坛 2019 综述 [J]. 清华大学教育研究，2019，40（3）：122-125.

为了建立学龄流动人口与义务教育资源配置之间的关联，本章基于辽宁省数据开展研究，并尝试从中观、微观配置数据入手，找到学龄流动人口与义务教育资源之间的配置难点，以弥补现有研究的不足。作为我国基本行政区划单元，区县（县级市）是落实各项教育政策的基本单元，同时拥有相对独立的教育财政权。将辽宁省内各区县（县级市）义务教育资源配置水平演变趋势与学龄流动人口情况进行综合考量，既有利于准确了解学龄人口区域流动对义务教育资源配置的影响，也可为未来义务教育资源的优化、合理配置找到解决路径。辽宁省内下辖14个地级市、100个区县（县级市）级行政区，其中包括大连市花园口经济区、鞍山市经济开发区、锦州市滨海新区等功能园区。笔者在整体揭示辽宁省资源配置现状基础上，进一步从学龄流动人口"超大型校"（包括"巨型校"）的微观视角，揭示学龄流动人口与义务教育资源配置之间的动态关联。

（一）2008—2018年辽宁省义务教育资源配置整体状况

在本书第一章中，笔者已经详细界定了义务教育资源配置的内涵与外延，此处不再赘述。为了便于研究数据的统计与分析，本书在义务教育资源配置定义基础上，结合《辽宁省教育厅关于进一步加强义务教育学校标准化建设工作的通知》（辽教发〔2013〕97号）（以下简称《通知》），关于辽宁省义务教育学校标准化建设8项指标的要求[①]（见附录），对配置指标及指标间的关系进行梳理。

虽然在内涵中，本书将义务教育资源配置阐述为人、财、物、信息技术等资源类型的交互与调配，但在指标设置及数据统计中，由于很大一部分教育经费的投入最终用于校园建设、图书购置、教学设备安装维护及教师工资等方面，在一定程度上造成了数据的重叠和交织。遵循指标选取的科学性、间接性和可获得性原则，研究从办学条件、师资力量、信息化建设3个方面对接学校标准化建设8项指标，如表6.8所示，使研究具有更明确的指向性，使数据收集与分析具有更准确的解释力。

---

① 《辽宁省教育厅关于进一步加强义务教育学校标准化建设工作的通知》（辽教发〔2013〕97号）文件中，明确提出辽宁省义务教育学校标准化建设8项指标，即生均教学及辅助用房面积（m²）、生均体育运动场馆面积（m²）、生均教学仪器设备值（元）、每百生拥有计算机台数（台）、生均图书册数（册）、职生比、生均高于规定学历教师数（人）、生均中级及以上专业技术职务教师数（人）。

表6.8　义务教育资源标准化配置指标

办学条件	指标1：生均教学及辅助用房面积（m²）
	指标2：生均体育运动场馆面积（m²）
	指标3：生均教学仪器设备值（元）
	指标5：生均图书册数（册）
师资力量	指标6：师生比
	指标7：生均高于规定学历教师数（人）
	指标8：生均中级及以上专业技术职务教师数（个）
信息化建设	指标4：每百生拥有计算机台数（台）

以下分析数据主要来源于辽宁省政府机构信息统计数据，纳入统计的办学类型是义务教育阶段中的小学与初中，主要是普通小学及普通初中与九年一贯制学校，具体包括2008—2018年辽宁省的学校数、班级数、在校学生数量、专任教师数量、中级及以上专任技术职务人员数量、建筑面积、图书册数、计算机台数、教学设备值等统计信息。2008—2018年辽宁省义务教育资源配置基本情况如表6.9所示。

表6.9　2008—2018年辽宁省义务教育资源配置基本情况

年份	学校数（个）	班级数（个）	教师数（人）	学生数（人）	指标1：生均教学及辅助用房面积（m²）	指标2：生均体育运动场馆面积（m²）	指标3：生均教学仪器设备值（元）	指标4：每百生拥有计算机台数（台）	指标5：生均图书册数（册）	指标6：师生比（%）	指标7：生均高于规定学历教师数（人）	指标8：生均中级及以上专业技术职务教师数（个）
2008	9097	99246	251434	3804923	3.467	13.796	591.174	8.894	18.964	6.6	0.0422	4.950
2009	8222	94889	250527	3615471	3.654	13.704	636.697	9.793	20.300	6.9	4.705	5.211
2010	7542	90793	247167	3454817	3.777	13.558	655.137	10.287	21.349	7.2	5.491	5.461
2011	6999	87440	246498	3364071	3.588	13.276	844.052	11.073	21.673	7.3	5.864	5.697
2012	6533	86248	244723	3264280	3.725	13.400	1183.367	13.214	24.051	7.51	6.201	5.905
2013	6439	82590	241168	3101546	4.009	13.927	1490.135	14.710	26.558	7.8	6.646	6.146

续表

年份	学校数（个）	班级数（个）	教师数（人）	学生数（人）	指标1：生均教学及辅助用房面积（m²）	指标2：生均体育运动场馆面积（m²）	指标3：生均教学仪器设备值（元）	指标4：每百生拥有计算机台数（台）	指标5：生均图书册数（册）	指标6：师生比（%）	指标7：生均高于规定学历教师数（人）	指标8：生均中级及以上专业技术职务教师数（个）
2014	6214	81106	239124	3040294	4.138	14.101	1681.725	16.182	28.857	7.9	6.904	6.227
2015	5978	80370	238148	3012508	4.162	13.817	1898.031	17.638	31.664	7.9	7.105	6.284
2016	5734	79107	238558	2966979	4.328	13.661	2217.814	19.885	34.425	8.1	7.375	6.578
2017	5427	77953	239047	2909425	4.489	13.656	2447.764	21.501	36.396	8.22	7.651	6.734
2018	5225	78098	235313	2940142	4.525	13.348	2619.735	22.581	37.321	8.0	7.545	6.509
极大值	9097	99246	251434	3804923	4.525	14.101	2619.735	22.581	37.321	8.22	7.651	6.734

由表 6.9 可知，2008—2018 年辽宁省义务教育学校数、班级数、教师数、学生数总体呈现下降趋势，其中，2018 年学校数量与 2008 年相比减少 3872 所，减幅达 42.56%，2018 年学生数比 2008 年减少 86.48 万人，减幅达 22.73%。其余 8 项学校标准化建设指标均表现为增长态势，其中，生均教学及辅助用房面积（指标 1）、生均教学仪器设备值（指标 3）、每百生拥有计算机台数（指标 4）、生均图书册数（指标 5）均在 2018 年达到极大值，而师生比（指标 6）、生均高于规定学历教师数（指标 7）、生均中级及以上专业技术职务教师数（指标 8）在 2017 年到达极大值，并在 2018 年仍然保持较高水平。这说明，辽宁省在义务教育学校标准化建设中投入大量的经费，并将其切实转化为学校的师资力量、办学条件、教学设备等方面。在这样长期而持久的投入下，2019 年，辽宁省全域通过国家义务教育均衡发展基本均衡县（市、区）督导检查，成为我国第 18 个整体通过国家督导评估的省份，这意味着辽宁省内区县（县级市）已经实现义务教育资源基本均衡的目标。

为了更清晰地看到各个指标对应的属性特点，笔者对表 6.9 中的数据进行了极大值标准化①处理，得到数据结论如表 6.10 及图 6.5 所示。

表 6.10　2008—2018 年辽宁省义务教育资源配置基本情况的极大值标准化数据

年份	学校数（个）	班级数（个）	教师数（人）	学生数（人）	指标1：生均教学及辅助用房面积（m²）	指标2：生均体育运动场馆面积（m²）	指标3：生均教学仪器设备值（元）	指标4：每百生拥有计算机台数（台）	指标5：生均图书册数（册）	指标6：师生比（%）	指标7：生均高于规定学历教师数（人）	指标8：生均中级及以上专业技术职务教师数（人）
	X_1	X_2	X_3	X_4	X_5	X_6	X_7	X_8	X_9	X_{10}	X_{11}	X_{12}
2008	1.00	1.00	1.00	1.00	0.77	0.98	0.23	0.39	0.51	0.80	0.55	0.74
2009	0.90	0.96	1.00	0.95	0.81	0.97	0.24	0.43	0.54	0.84	0.61	0.77
2010	0.83	0.91	0.98	0.91	0.83	0.96	0.26	0.46	0.57	0.87	0.72	0.81
2011	0.77	0.88	0.98	0.88	0.79	0.94	0.32	0.49	0.58	0.89	0.77	0.85
2012	0.72	0.87	0.97	0.86	0.82	0.95	0.45	0.59	0.64	0.91	0.81	0.88
2013	0.71	0.83	0.96	0.82	0.89	0.99	0.57	0.65	0.71	0.95	0.87	0.91
2014	0.68	0.82	0.95	0.80	0.91	1.00	0.64	0.72	0.77	0.96	0.90	0.92
2015	0.66	0.81	0.95	0.79	0.92	0.98	0.72	0.78	0.85	0.96	0.93	0.93
2016	0.63	0.80	0.95	0.78	0.96	0.97	0.85	0.88	0.92	0.98	0.96	0.98
2017	0.60	0.79	0.95	0.76	0.99	0.97	0.93	0.95	0.93	1.00	1.00	1.00
2018	0.57	0.79	0.94	0.77	1.00	0.95	1.00	1.00	1.00	0.97	0.99	0.97

---

①　极值标准化法即通过将属性数据按照比例缩放，使之落入一个小的特定区间，如 [-1，+1] [0，1] 等，以进一步分析数据的属性。本书使用极大值标准化处理，即将最大值设为 1，求出其余属性数值与最大值的比值，使其落入 [0，1] 的区间，进行属性的标准化比较。

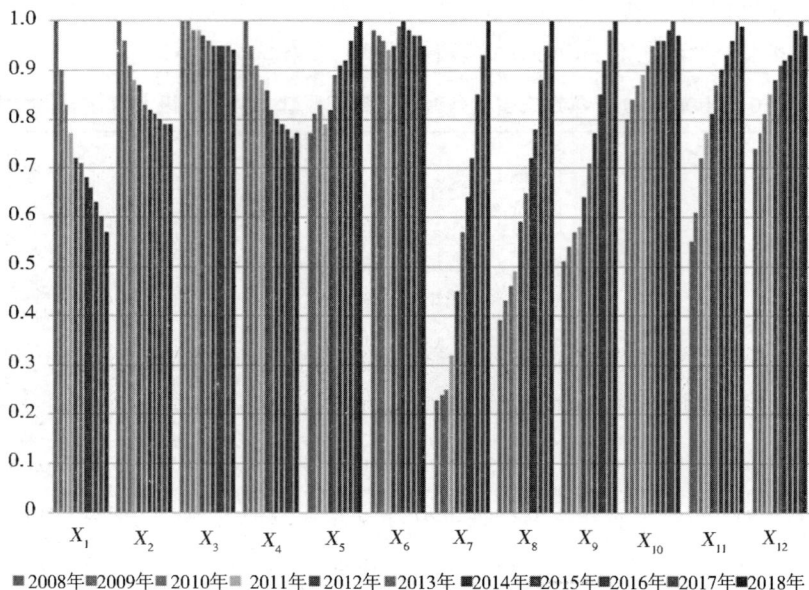

图 6.5　2008—2018 年辽宁省义务教育资源配置的极大值标准化数据

　　通过极大值标准化数据的计算，对照极大值标准化数据图，我们能清晰地看到辽宁省义务教育资源配置在各个指标上对应的变化趋势，尤其是 X_7（生均教学仪器设备值）、X_8（每百生拥有计算机台数）、X_9（生均图书册数）3 个指标，在 10 年间呈直线上升态势，直接反映出辽宁省在教学设备、图书等资源投入力度的加大，由于一部分教育经费投入体现在具体办学条件改善方面，因此，这 3 个指标投入的增加，能直接反映出辽宁省对义务教育在财力资源方面投入力度的变化，而且保持一定的可持续性和稳定性。

　　同时，笔者对 2008—2016 年辽宁省 100 个区县（县级市）教育事业费支出①进行统计，从其投入的数量及幅度来看，辽宁省教育事业费支出呈总体上升趋势，各区县支出（县级市）总和在 2012 年到达峰值，随后有小幅波动，然后保持稳步提升，如图 6.6 所示。虽然在教育事业费支出中还包含了除义务教育外的其他教育阶段的经费支出，但整体趋势与图 6.5 所示的义务教育资源配置极大值标准化数据图表现出极大的同趋性，由此，两者均从不同的侧面反映了辽宁省对

──────────

　　① 教育事业费是指国家用于发展社会各种教育事业，特别是义务教育事业的经费支出，主要有国有中小学校的经费拨款、国有高等和中等学校的经费补助，还有对一部分学生的奖学金、困难补助费。

义务教育投入力度的加强。

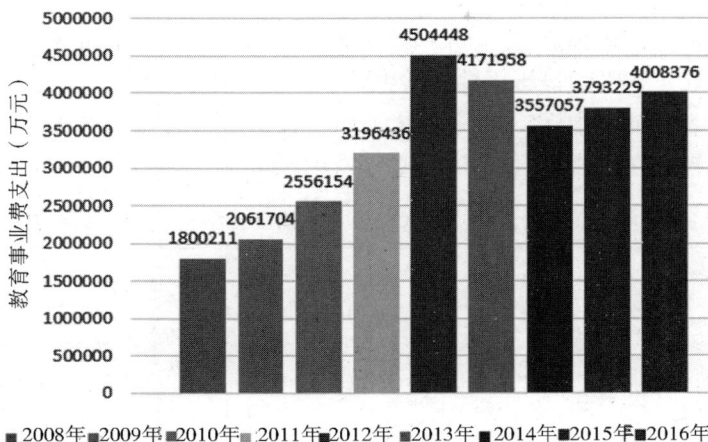

图 6.6　2008—2016 年辽宁省 100 个区县（县级市）教育事业费支出年度统计

　　以上是对辽宁省 2008—2018 年义务教育资源配置变化趋势的整体呈现。虽然辽宁省在 10 年间对义务教育资源的总体投入力度较大，但应该看到，辽宁省域范围覆盖 14 个地级市、100 个区县（县级市），地级市及区县（县级市）间经济发展水平、财政收支状况、区位资源优势等方面仍然存在比较显著的差异。我国在教育资源配置中实行以县为主的投入模式，那么，区县（县级市）级政府的财政能力必然直接决定其在教育事业费中的支出水平。因此，必须说明的是，宏观综合数据的统计难以避免对资源配置的微观区域差异进行掩盖和中和，要想厘清学龄流动人口在小学教育资源配置中的具体关联和作用模式，必须进入微观学校场域，并对学龄流动人口与教育资源配置的数据进行提取和分析。

（二）学龄流动人口与义务教育资源配置现状分析

　　本章第一节已经根据学龄流动人口数量，将中小学学龄流动人口对应的学校规模划分为 4 个等级，即学龄流动人口"小型校"（1~200 人）、"中型校"（200~500 人）、"大型校"（500~700 人）和"超大型校"（700 人以上，其中，1000 人以上的小学为"巨型校"）。笔者认为，在"超大型校"（包括"巨型校"）中，学龄流动人口的数量、规模与学校教育资源配置的矛盾最为集中和典型，必须对这类中小学的相关数据进行细致研究，才能找出两者耦合协调的关键因素，找到资源配置与调节的方法与策略，因此，针对第一节中筛选出的 33 所"超大型校"（包括"巨型校"）进行资源配置数据的采集。经过数据的提取和分析，笔者发现，在分析学龄流动人口与义务教育资源配置关系中，除了《通知》中设置的 8 项标准化建设指标外，班级数（个）、学生总数（人）、生班比、学龄人口流动率（%）及网络多媒体教室（间）等指标在分析配置水平中也有非常重要的解释意义。因此，本书增设班级数、学生总数、生班比、学龄人口流动率、网络多媒体教室数 5 项补充指标，如表 6.11 所示。根据研究需要，对 33 所小学进行代码处理，学校所在区县（县级市）代码详见附录。

表 6.11　2018 年学龄流动人口"超大型校（包括'巨型校'）"小学资源配置明细

学校代码	指标1:生均教学及辅助用房面积(m²)	指标2:生均体育运动场馆面积(m²)	指标3:生均教学仪器设备值(元)	指标4:每百生拥有计算机台数(台)	指标5:生均图书册数(册)	指标6:师生比	指标7:生均高规定学历教师数(人)	指标8:生中级以上专业技术职务教师数(人)	补充指标1:班级数(个)	补充指标2:学生总数(人)	补充指标3:生班比	补充指标4:学龄人口流动率(%)	补充指标5:网络多媒体教室(间)
S1	3.42	4.60	1147.3	13.43	29.32	24.60	0.047	0.035	69	4059	58.83	40.33	83
S2	1.45	4.84	2219.9	17.28	30.27	20.07	0.052	0.040	52	2709	52.09	45.25	53
S3	2.74	4.09	804.8	13.96	31.58	18.50	0.051	0.048	41	2442	59.56	47.62	49
S4	5.34	10.75	4556.7	20.05	49.23	18.06	0.054	0.037	40	2005	50.13	43.14	60
S5	1.29	2.70	1162.6	14.48	26.83	28.29	0.035	0.023	38	2065	54.34	53.26	38
S6	2.62	4.55	3239.8	14.04	30.00	18.04	0.055	0.031	36	1930	53.61	53.31	45
S7	2.38	4.85	1984.5	24.71	40.27	14.89	0.066	0.044	26	1206	46.38	85.07	26
S8	3.31	10.10	4828.1	22.68	30.38	18.04	0.053	0.031	35	1570	44.86	64.65	47
S9	2.95	2.51	2954.5	18.28	32.05	20.01	0.049	0.045	31	1461	47.13	69.13	38
S10	2.61	5.09	3672.3	20.64	38.63	21.67	0.046	0.041	40	1972	49.30	50.81	54
S11	3.82	11.29	2042.6	14.38	30.64	26.11	0.038	0.022	22	1175	53.41	81.53	28
S12	1.80	4.92	2143.8	14.06	31.22	21.07	0.047	0.041	38	2233	58.76	42.54	39
S13	2.09	2.58	1609.2	17.36	17.42	18.78	0.053	0.049	30	1728	57.60	54.57	30
S14	3.00	5.54	3976.3	16.79	35.15	17.57	0.057	0.041	42	2108	50.19	42.55	54

续表

学校代码	指标1:生均教学及辅助用房面积（m²）	指标2:生均体育运动场馆面积（m²）	指标3:生均教学仪器设备值（元）	指标4:每百生拥有计算机台数（台）	指标5:生均图书册数（册）	指标6:师生比	指标7:生均高规定学历教师数（人）	指标8:生中以上级专业技术职务教师数（人）	补充指标1:班级数（个）	补充指标2:学生总数（人）	补充指标3:生班比	补充指标4:学龄人口流动率（%）	补充指标5:网络多媒体教室（间）
S15	2.55	7.05	2841.2	14.18	30.64	20.82	0.048	0.048	33	1707	51.77	52.49	35
S16	4.84	4.71	4942.5	21.06	30.25	17.23	0.057	0.024	30	1223	40.77	70.97	38
S17	5.71	8.99	5453.3	25.50	33.51	17.29	0.058	0.042	32	1141	35.66	73.18	49
S18	3.72	7.66	1740.2	15.43	30.85	19.52	0.051	0.047	52	3241	62.33	25.67	78
S19	2.84	6.05	2945.5	16.61	31.02	18.97	0.053	0.042	31	1650	53.23	49.45	39
S20	2.45	13.17	1798.6	16.91	34.72	20.61	0.049	0.046	26	1443	55.50	55.85	31
S21	2.10	8.93	4971.2	21.21	34.55	17.66	0.057	0.044	22	1042	47.36	76.87	31
S22	2.18	2.68	794.0	14.38	29.68	19.50	0.051	0.042	31	1794	57.87	44.14	32
S23	3.09	14.69	2670.6	26.12	42.39	18.65	0.054	0.052	24	1026	42.75	76.90	32
S24	5.81	10.01	3903.7	24.26	33.71	20.06	0.051	0.046	25	1043	41.72	74.68	28
S25	1.90	5.25	1859.1	16.45	33.34	17.69	0.056	0.027	39	2158	55.33	35.87	42
S26	1.43	4.47	2266.4	19.21	33.12	18.97	0.053	0.042	36	2087	57.97	36.66	39
S27	3.67	10.01	3945.3	29.64	33.30	18.96	0.053	0.036	31	1498	48.32	50.60	37
S28	1.68	6.52	1251.2	14.04	30.00	15.11	0.066	0.055	26	997	38.35	75.63	30
S29	5.40	8.75	3233.1	26.32	48.36	18.94	0.053	0.050	29	1364	47.03	54.84	40
S30	2.26	8.14	3269.2	16.69	30.79	20.00	0.050	0.043	26	1300	50.00	56.38	32
S31	2.23	10.37	1156.9	14.03	30.00	29.77	0.033	0.027	42	1846	43.95	39.60	42
S32	1.60	2.70	1842.6	16.73	30.01	19.78	0.051	0.042	44	2433	55.29	30.00	51
S33	2.33	4.43	953.0	14.02	33.47	18.69	0.053	0.052	47	2711	57.68	26.71	53

续表

学校代码	指标1:生均教学及辅助用房面积(m²)	指标2:生均体育运动场馆面积(m²)	指标3:生均教学仪器设备值(元)	指标4:每百生拥有计算机台数(台)	指标5:生均图书册数(册)	指标6:师生比	指标7:生均高于规定学历教师数(人)	指标8:生中以上专业技术职务教师数(人)	补充指标1:班级数(个)	补充指标2:学生总数(人)	补充指标3:生班比	补充指标4:学龄人口流动率(%)	补充指标5:网络多媒体教室(间)
标准	2.18~2.94	7.25~13.56	1157~1707	14	30	19:1	0.047	0.040~0.042	30	1350	45		
粗评	低标7	低标22	全优	全优	全优	低标14	基优	基优	低标22	低标23	低标26	低标	全优

将"超大型校"(包括"巨型校")数据与辽宁省义务教育学校标准化建设8项指标数据进行对比,单纯从数值上看,33所小学在教学设备仪器、计算机数量、图书、多媒体教室配备4项指标在部分小学的学生总数超过建设标准数倍的情况下,仍然能够较好地达到建设标准的要求,说明在持续的教育投入中,学校的办学条件和基础设施得到了非常好的改善,尤其是计算机和多媒体教室的配备,为未来进一步获取其他优质学校教育资源、推进优质教育资源共建共享工作,提供了信息与技术支持。在《通知》建设标准中,普通小学建设的最大规模是30班1350人(45人/班),对比数据,22所学校班级数超标,超标率达66.67%,其中,规模最大的小学,设置班级69个,超过标准要求规模的130%;23所小学学生总数超标,超标率为69.70%,最大学生总数超过建设标准的201%;班级规模普遍偏大,26所小学的班均学生数超标,超标率高达78.79%。

但在补充的学生数指标中,单纯使用学生总数、班级数及生班比指标不足以反映学龄流动人口的占比情况,因此,需要结合补充指标4来解释数据,以学校S18为例,设置班级数为52个,学生总数为3241人,班均人数为62.33人,3项指标超标率分别达73%、140%和38.51%,但其学龄流动人口率仅占25.67%,这说明学校S18去掉学龄流动人口数量832人,仍要支撑户籍学龄人口2409人,按现有生班比计算(2409/62.33 = 38班),需要设置至少38个班级。对于学校S18来说,其资源配置的紧张并非单纯来自学龄流动人口,其学校原有建设规模及师资力量本就不充足，因此，在接纳学龄流动人口之后，原本不充足的资源更加紧张了。

而对于学校 S7 和 S11 来说，虽然学龄人口流动率高达 80% 以上，但是学校学生总数和班级数都在标准范围之内（<30 班），仅是生班比略高，在这两所学校中，教育资源的不足与学龄流动人口的流入有一定关系，通过数据可以判断，学校对应的户籍学龄人口呈严重紧缩状态，一部分非户籍学龄人口的流入填补了学校的户籍学生资源的缺口，保持了对学校资源的高水平利用，但当非户籍学龄人口继续流入时，师资力量不足的问题显露出来，加重了有限资源的负担。

可见，目前在学龄流动人口"超大型校"（包括"巨型校"）中，学生数超标是导致班级规模超标和班均人数超标的根本原因，这也直接导致了生均教学及辅助用房面积、生均体育场馆面积和师生比 3 项指标的不足，但是总体来说，在生均高于规定学历教师数与生均中级及以上专业技术职务教师数两项指标中，仍然能够保持较好的达标率，说明多年来对辽宁省师资队伍建设的投入对于优化整体教育资源水平，起到了很大的作用。

三、学龄人口区域流动及义务教育资源配置特征

基于上述对辽宁省 14 个地级市、100 个区县（县级市）学龄人口区域流动数量、比重及规模等方面变化态势的呈现，结合分析辽宁省义务教育资源配置整体状况及学龄流动人口与资源配置之间的关系，笔者认为，目前辽宁省内学龄流动人口与义务教育资源配置之间呈现出复杂交织的状况，主要具有以下几方面的基本特征。

（一）学龄流动人口区域集聚呈现新态势，形成双核连片聚集及多个点式膨胀聚集区域

辽宁省学龄流动人口区域分布的特征，逐渐形成了以大连市、沈阳市为核心，向周边区县辐射的连片聚集区域，同时，围绕辽宁省内经济强市（县级市）或市辖区城市拓展区（原城乡接合部）的功能园区、经济技术开发区或特定研发产业的高新技术产业开发区，吸引了大量从区县来到城市的劳动力人口及其子女，在学龄流动人口分布中形成多个点式膨胀聚集区域，包括葫芦岛市连山区、朝阳市双塔区、盘锦市兴隆台区、铁岭市银州区、锦州市凌河区等新区或开发区，前文中已进行详细分析，此处不再赘述。由此证明，经济发展确实对流动人口有着强大的吸引力，正如以往大量文献中提到的，经济迁移是人口流动的第一

驱动力。同时，笔者在数据分析中，还进一步证实了学龄流动人口与其进城务工父母之间的同驱性流动的特征，在二者同驱流动过程中，经济虽然是人口流动的第一驱动力，但随着人口家庭化趋势的不断凸显，城市优质教育资源对非户籍劳动力人口家庭的吸引能力正不断增强，对学龄流动人口产生了不可忽视的拉动作用。数据分析显示，在连片聚集区域及点式膨胀聚集区域的中心，学龄流动人口的数量、比重及规模都远远高于其他区县学龄人口的分布情况。

其实，随着人口城镇化发展进程的推进，非户籍劳动力家庭的随迁子女在义务教育和升学方面逐渐有了更为迫切的需求，[①] 其对优质教育资源的追求正逐渐成为影响人口流动和集聚的重要驱动机制。从这个角度来说，城市化发展必然经历人口城市化、教育城市化发展阶段，社会人口流动受到经济和教育的双重驱动作用，而区域经济发展水平差异和教育资源丰富程度也将成为学龄流动人口迁移集聚的主要动因。

（二）学龄人口区域流动的不确定性加强，对义务教育资源的动态、弹性配置提出要求

学龄流动人口的流向与流量具有一定的不确定性。在对 2008 年、2013 年、2018 年 3 个年度学龄流动人口学校规模进行研究的数据中，笔者发现，学龄流动人口在小学学校中的规模并非一成不变，曾经的"超大型校"（包括"巨型校"）"大型校"经过 3~5 年的变化，可能逐渐退出学龄流动人口聚集区域，转化为正常的学校规模，而曾经的"中型校""小型校"经过 3~5 年的变化，可能逐渐转化为学龄流动人口集聚学校，进入"超大型校"（包括"巨型校"）"大型校"行列。这意味着，学龄流动人口家庭可能会因为经济和教育的双重驱动迁移到此处，也可能会因为经济和教育的双重驱动迁移到更优质的工作与学习区域。因此，对于以"不确定流动"为主要特征的学龄流动人口群体而言，对其流向和流量的预测是配置的重要依据，直接关系区域内义务教育资源的供需情况和供需格局。只有基于科学的预测，才能对义务教育资源的及时调整和超前配置提供可能，从根本上避免城市教育资源发达区域或城市拓展区（城乡接合部）因为学龄流动人口的流入导致区域教育资源紧张；同时，也减少相对偏远或者落后的区县，因为学龄人口的流出，虽然减轻了教育资源压力，但是造成区域内教育资源的过分充裕甚至冗余的情况。所以，义务教育资源配置与规划需要结合学

---

① 夏璐. 分工与优先次序——家庭视角下的乡村人口城镇化微观解释 [J]. 城市规划，2015，39（10）：66-74.

龄人口的流动趋势进行超前预测与统筹分析，保持教育资源的弹性和动态配置，以保证教育资源的利用效率。

（三）义务教育资源配置水平稳步上升，优质教育资源绝对短缺与相对短缺并存

基于对研究数据的分析，研究期内辽宁省义务教育资源配置水平稳步提升，师资力量明显加强，对教师队伍的数量结构、质量结构的改善有非常大的投入，尤其是全面提高教师队伍中具有高水平学历和中级及以上专业技术职称教师的数量，提高小学教育资源的综合实力。同时，教育教学环境、仪器设备、图书资料等硬件设施条件也有较大改观，呈直线上升的改进态势。研究表明，教学条件越好的区域，对学龄流动人口的吸引力越大，教育资源越充足、优质，对人口流动的导向力就越强。

通过上述分析，笔者发现，尽管教育资源相比以前已有较大的改进，但在一些学龄流动人口过于密集的中小学，其教育资源仍表现为短缺状态。针对这些问题，笔者认为，所谓短缺，一方面是绝对意义上的短缺，如教育教学用房生均面积不足、体育场馆生均使用面积不足等，这一类短缺必须通过及时扩建场馆或建设分校的方式来解决；而另一方面则是教育资源的相对短缺，如优质师资力量不足、优质教学资源不足等问题，则可以通过提高对现有资源的利用率来进行解决，如充分利用网络、多媒体等信息技术资源，大大提升资源配置效率和质量，加强对现有教育资源效用的深度挖掘和内涵建设。

第七章　义务教育学龄人口流动趋势预测

——以上海、宁夏、辽宁等典型区域为例

　　由于传统教育资源配置理论没有将配置的落脚点放在开放系统上，而是基于"闭环教育系统"假设进行的资源配置，因而当社会系统的开放性不断增强时，各子系统之间的运行密切交织而复杂，"闭环系统"被逐渐打破，原有配置策略也必然面临"开放系统"配置需求的挑战。本书借助系统复杂性理论对基于开放系统的小学教育资源配置过程进行解读，对学龄人口区域流动引发小学教育资源配置的主要影响要素及要素间的动态、弹性机制进行解读，以完整呈现学龄人口区域间流动引发的社会系统变动，进而影响义务教育资源配置的系统复杂性特征及过程；同时，运用趋势外推法中的灰色预测法对各预测指标要素进行参数描述，并通过呈现义务教育系统中，学龄人口区域间无序流动这一关键要素，计算各子系统在义务教育资源配置中的弹性权重及变化趋势。最后，根据社会系统运行的复杂性规律和义务教育资源配置体的自有特征，找出提升义务教育资源配置效能的弹性轨迹，实现对在学龄人口流动区域背景下基于系统复杂性理论和科学预测的义务教育资源配置的研究。

　　在前面章节中，笔者针对辽宁省等部分区县学龄流动人口及义务资源配置的具体情况进行了详细的分析。通过分析，我们基本掌握了省内义务阶段学龄流动人口的时空分布和集聚特征。应该看到，随着城市化进程的不断推进，人口城市化、教育城市化的发展需求必然会导致学龄流动人口向资源优势区域集聚，因此，学龄流动人口在城市中的集聚，并不是单纯的人口学问题，实际上反映的是一定区域内经济、人口、社会、教育等综合协调发展的程度和水平。笔者认为，学龄流动人口是社会各系统协调运行的启动力量，对其流动态势的科学预测，是提高区域小学资源适配程度的基本前提，也是促进社会各系统耦合协调运行必须要解决的问题。本章以综合调节理论 PESE 分析框架为理论基础，依托学龄人口流动趋势预测指标体系（见第三章），选取 2008 年、2013 年、2018 年学龄流动人口体量居于前 20 位的区县，对其进行学龄人口流动趋势预测，揭示特定时空

条件下人口、经济、社会、教育之间复杂、交织的组合状态，为后期的资源优化配置夯实基础。

一、学龄人口流动趋势预测问题

学龄人口流动是一种基于家庭流动的人口流动方式，这种人口流动已经成为社会经济发展中的热点问题。义务教育资源配置如何满足学龄人口增长是亟待解决的问题。在现实情况下，学龄流动人口数量迅速增长，并且占城市学龄人口数的比重越来越大，使得城市学龄人口的机械增长远远大于自然增长。因此，如果仅以户籍学龄人口数量为基数，计算教育资源的投入情况，必然导致无法准确预测未来常住学龄人口的规模及增长情况，有必要对学龄流动人口的流动状况进行科学预测。

学龄人口与义务教育资源配置的关系是人口与教育关系研究的热点问题。学龄流动人口现象增加了义务教育资源配置的不确定性，也是义务教育研究领域有待解决的难题之一。因此，解决基于学龄人口区域流动的义务教育资源配置的关键是对学龄流动人口的规模、人口特征和教育属性进行有效预测和评价。

（一）学龄人口区域流动的成因

我们知道，人口流动对社会经济发展起到了重要作用，而学龄流动人口群体特征反映的不仅是人口现象，它还在一定程度上映射出城市化进程中经济、社会、教育等各领域综合协调发展的程度和水平。学龄流动人口是流动人口演变的必然，因此，对学龄人口区域流动的研究应充分揭示流动人口的成因与发展态势。伴随着社会经济发展的不同阶段，人口流动体现出不同的意义和作用。早期人口流动的原因是个体劳动者追求经济收益最大化，基于新古典经济学的"推动—拉动模型"是较为经典的人口流动模型。该模型也是当代人口流动问题研究的重要基础。在人口流动成因理论研究中，"二元经济结构"理论在阐释人口流动动因方面占有一定的位置，但是，基于乡—城劳动力（农业与工业）转移的"二元经济结构"形式具有一定的条件约束，在不同社会环境下得到的结论并不一致。尽管如此，"二元经济结构"理论仍是人口流动成因的重要理论。

伴随着人类社会的发展，人口流动趋向家庭化流动态势，家庭整体预期收入最大化和风险最小化决定了家庭成员是否作出外出或迁移的决策。新经济迁移理论认为，家庭利益才是劳动力人口流动的主要原因。其对人口流动成因的分析主要是建立在人口经济学理论基础上的。从经济学角度来看，人口流动是一种经济现象，是基于对现有经济状况改变和未来经济状况改变的双重考虑。其中，在劳动力人口对未来经济状况改变的思考中，为子女创造更好的发展条件以提高未来经济状况在其中占有很大的比重。诚然，在追求经济利益的同时，还有很多引发人口流动的原因，如生活、文化等社会环境的改变。也就是说，人口流动的"推动—拉动模型"不仅要考虑经济因素，还要将相关非经济因素考虑进来。由此，产生的基于"环境效应"的流动人口研究，将人口流动成因研究拓展到人口社会学范畴。在"环境效应"的"推动—拉动模型"映射下，完整家庭型人口流动，即务工父母和随迁子女同驱流动，成为我国人口流动的重要模式，学龄流动人口成为社会热点亟须关注的典型群体。

（二）学龄人口流动趋势预测的基本思想与方法

1. 学龄人口流动趋势预测的目的

学龄人口流动趋势预测研究的目的是通过学龄人口流动现象的数量表现、空间格局及变化趋势特征，揭示学龄人口流动的特点和规律，为义务教育资源动态配置提供有效依据。人口流动是一种复杂的社会现象。实际上，学龄流动人口预测研究的作用在于两个方面：首先，基于事实学的预测分析。学龄人口流动事实预测分析通过描述学龄人口流动状况和现象，解释流动原因，分析流动规律，推测流动趋势。这些都属于通常所理解的事实学的范畴。其次，基于规范学的预测分析。人口流动预测分析并非局限于反映这一特殊人口群体流动的事实，它还可以映射出对义务教育的影响，必须依靠定性与定量相结合的思辨方法，才能更清晰地解释学龄流动人口与义务教育资源配置的关系。

2. 合理的定性与定量分析

近 10 年来，研究者对流动人口的义务教育问题研究主要立足于定性分析，比如，宏观上从人口增长、经济发展、城市化等方面，微观上从家庭状况、学校教育、儿童教育期望等方面来探讨人口流动的成因及规律，并以此作为制定地区教育资源配置的依据。诚然，定性分析是人口与教育研究的一个重要方面，但并不是相关研究的唯一视角。人口教育学研究的另一个重要方面是定量分析，即通过对人口流动现象发生的个别的、偶然的、定量的分析来把握人口流动现象必然的、一般的数量关系、数量特征、数量规律，从而了解人口流动现象产生的原因、存在的条件、变化的规律及发展的趋势等，进而制定出与之相关的运行模式和政策措施。数据统计分析是人口流动预测研究的基本方法。但是，传统的统计分析只能得到人口流动问题的现象性结果，与对学龄人口流动因果关系机理及内在规律认知的需求还有较大距离。因此，对于学龄人口流动的研究目前还局限于描述性分析。伴随着人口流动引发的其他问题研究，对其分析的角度必然要跳出传统的人口学、社会学、经济学和心理学等学科，将研究视野拓展到人口教育学、人口信息学等研究领域。

定量分析是通过对人口流动现象客观存在的数量研究，采用一系列的分析方法来探索人口流动现象量的规律性的一种分析方法。比如，通过定量分析可以探索在某一时期人口流动集中于哪类人、哪个年龄组、哪些地区、哪个时间范围，其集中程度如何、某些人口流动现象今后一段时间内的发展趋势、其下降和增长的数量是多少。而这些结论都是通过统计测算和统计分析后得出的，对学龄人口流动的研究正是在这些量的可靠结论的基础上去探索流动现象质的规定性，从而达到对学龄人口流动现象完整、准确的认识。由此可见，定量分析是人口流动，特别是人口流动与义务教育关系研究中不可缺少的方法，并且在人口流动研究中有着不可替代的作用。

（三）信息不完备情况下的学龄人口流动趋势灰色预测

现代人口学研究的显著特点是从系统论的角度建立人口系统，运用系统思想与方法研究人口发展中的若干问题。一般来说，单一的人口研究只是向人们展示了人口数量的增长现象和人口特征的时空分布，并不能体现明确的现实意义。实际上，人口问题研究是在一定社会、经济等背景下进行的研究。基于这种人口问题的研究模式，对学龄流动人口趋势的预测是针对义务教育资源配置背景下的学龄人口规模与特征研究，因此，学龄流动人口趋势预测属于人口与教育的关系预测研究。

学龄流动人口预测的系统思想是从学龄流动人口存在与演化的角度，建立学龄流动人口与义务教育相互影响关系系统，基于系统整体性、动态性等系统特征，获得学龄流动人口的数量与质量特征。以往流动人口研究的难题在于人口流动现象的复杂性，体现在与经济、社会等因素相互作用关系的复杂性上。同样，学龄流动人口与义务教育资源配置之间也是一种复杂性关系。因此，在构建学龄流动人口与义务教育配置系统基础上，运用复杂性系统研究方法，就可以描述它们之间的复杂性问题，这种研究角度为探索流动人口预测提出了新的研究模式路径。

学龄流动人口群体是一个具有不确定性、非线性的系统，而系统的不确定性、非线性是复杂系统的基本特征，所以，学龄流动人口系统是一个复杂系统。换言之，探索学龄流动人口的复杂性就是对具有不确定性学龄流动人口进行合理评价与预测。对具有不确定性的学龄流动人口预测的基本出发点是强调以系统思想为指导，以综合处理学龄流动人口不确定性信息为主要手段。它是在现有流动人口预测理论基础上，从复杂性角度进行学龄流动人口预测。

学龄流动人口变动的不确定性体现在三个方面。一是学龄流动人口信息的灰色性；二是学龄流动人口发生的随机性；三是学龄流动人口预测指标判断的模糊性。在对学龄流动人口预测中，影响学龄流动人口变动的因素，部分是已知的，部分是未知的。因此，有必要将学龄人口区域流动过程看作一个灰色系统，应用灰色预测模型对研究区域内学龄流动人口未来发展态势进行预测，这正符合灰色系统的特征。

由于学龄人口流动趋势预测指标涉及 10 余种统计数据的采集及计算，而且数据采集年限跨度在 10 年以上，因此，对部分县域数据的统计存在缺失情况。经过汇总，以辽宁省为例，主要缺失的区县年度数据包括：（1）2017—2018 年度部分区县常住人口数；（2）2017—2018 年度部分区县 GDP 地区生产总值（当年价格/万元）数据；（3）2017—2018 年度部分区县进出口贸易总额（万元）数据；（4）2017—2018 年度部分区县公共财政支出（万元）数据；（5）2017—2018 年度部分县、区第二、第三产业增加值（万元）数据；（6）2017—2018 年度部分区县社会消费品零售总额（万元）数据等。为了使研究数据完整，使研究模型顺利运行，必须估算出相应年度的对应数据，补齐缺失数据，以保证预测数据的连贯性，满足预测的需要。

在对缺失数据的估算中，本书采用修正的"等维灰数递补动态预测"模型，保持数据序列的等维，对缺失数据进行逐个预测，依次递补，直至完成对所有缺失数据的预测。

（四）多因素灰色预测模型

基于前文综合调节理论 PESE 分析框架，学龄流动人口数量规模受到多方面因素综合调节作用，而考虑到经典灰色预测模型 GM（1，1）在多因素合成预测方面无法满足研究需要，因此，采用 GM（1，N）模型建构学龄流动人口多因素灰色模型，通过基于 PESE 分析框架及专家咨询得到的 10 个二级指标，预测未来典型区域内以学龄人口流入为主的区县在不同年份的数量规模，使其充分反映学龄人口区域流动过程中错综复杂的因素作用，并对其发展变化的趋势进行分析判断。本预测模型建构的基本原理和主要步骤如下，具体方法参看相关文献。[1][2]

（1）建立学龄流动人口多因素灰色预测模型：

---

① 杨名桂，杨晓霞. 基于灰色预测模型的重庆市入境旅游客流量预测［J］. 西南师范大学学报（自然科学版），2010，35（3）：259-263.

② 陈相东，王彬. 多因素灰色预测模型及其应用［J］. 数学的实践与认识，2012，42（1）：80-83.

$$\hat{y}(t) = a_0 + a_1\hat{x}_1(t) + a_2\hat{x}_2(t) + \cdots + a_n\hat{x}_n(t) \tag{7.1}$$

公式（7.1）中：$\hat{y}(t)$ 为因变量在对应时间点 t 的预测值；$\hat{x}_i(t)$（$i = 1$，2，$\cdots$，n）为对应时间点 t 的预测值；估计参数为 $a_i(i = 1$，2，$\cdots$，n）。

（2）利用 GM（1，1）模型求出各因素在不同时间点 t 的预测值。

（3）确定估计参数 $a_i(i = 1$，2，$\cdots$，n）。根据观测数据 $y(1)$，$\cdots$，$y(m)$ 和 $x_i(1)$，$\cdots$，$x_i(m)(i = 1$，2，$\cdots$，n），代入公式（7.2），求出估计参数。

$$a = (a_0,\ a_1,\ \cdots,\ a_n)^T = (X^TX)^{-1}X^TY \tag{7.2}$$

其中，$X = \begin{bmatrix} 1\,x_1(1) \cdots x_n(1) \\ 1\,x_1(2) \cdots x_n(2) \\ \vdots\ \vdots\ \vdots\ \vdots \\ 1\,x_1(m) \cdots x_n(m) \end{bmatrix}$　$Y = \begin{bmatrix} y(1) \\ y(2) \\ \vdots \\ y(m) \end{bmatrix}$

（4）将各参数值代入相应公式，即可求得不同时间点 t 因变量的预测值。

基于上述预测模型及相关公式，结合本书的实际需要，选取典型区域进行预测及检验，在确保预测有效性的基础上，对其他典型区域进行大范围预测。

二、学龄流动人口多因素灰色预测

（一）试测区域的遴选标准及确定

由于省（区、市）内显示为学龄流动人口聚集状态的区县较多，为了使研究问题更加聚焦，也鉴于研究经费、能力所限，本书对上海市 17 个区县，辽宁省内甘井子区等 6 个区县，宁夏全区及平罗等 4 个县进行研究。通过计算学龄流动人口的绝对数量和在学龄人口总数中的占比与增速，来说明学龄流动人口在相对应区县（县级市）范围内的集聚趋势和点群分布态势，获得研究数据列表。根据 2018 年学龄流动人口总量、在校生占比及 2008—2018 年学龄流动人口年均增长率 3 个指标的计算结果，通过筛选，最后选取上海市虹口区、上海市浦东新区、大连市甘井子区、宁夏回族自治区（城市区域）、葫芦岛市连山区、沈阳市皇姑区、沈阳市浑南区、宁夏彭阳县 8 个区域作为典型区域进行预测，如表 7.1 所示。

表 7.1　学龄流动人口典型区县筛选列表

区域	2018 年学龄流动人口总量（人）	2018 年学龄流动人口在校生占比（%）	2008—2018 年学龄流动人口年均增长率（%）
上海市虹口区	7427	4.10	4.95
上海市浦东新区	82190	53.70	3.29
大连市甘井子区	38053	33.25	4.14
宁夏回族自治区（城市区域）	8739	7.28	−2.20
葫芦岛市连山区	9691	23.96	18.94
沈阳市皇姑区	7081	10.17	14.66
沈阳市浑南区	3900	9.97	9.91
宁夏彭阳县	−3426	−51.00	−8.50

数据来源：上海市虹口区、上海市浦东新区数据来源于上海市"七普"数据手册、普查资料汇编；大连市甘井子区、沈阳市皇姑区、沈阳市浑南区、葫芦岛市连山区数据来源于辽宁省政府统计数据；宁夏回族自治区（城市区域）数据来源于宁夏回族自治区教育厅统计数据，宁夏彭阳县数据来源于彭阳县教育局各年度《教育事业统计报表》。

根据上述筛选，综合考虑学龄流动人口体量、比重、年均增速三方面要素，选取具有代表性的学龄流动人口典型研究区域共计 8 个，即上海市虹口区、上海市浦东新区、大连市甘井子区、宁夏回族自治区（城市区域）、葫芦岛市连山区、沈阳市皇姑区、沈阳市浑南区、宁夏彭阳县。2008—2018 年，8 个典型区县学龄流动人口数量如表 7.2 所示。

表 7.2　2008—2018 年 8 个典型区县学龄流动人口数据

单位：人

年份	大连市甘井子区	葫芦岛市连山区	上海市虹口区	沈阳市皇姑区	宁夏回族自治区（城市区域）	上海市浦东新区	宁夏彭阳县
2008	30883	2160	3381	2752	8739	52209	−809
2009	31416	2693	3563	2760	8456	59035	−1516
2010	32399	5114	3941	5910	8002	61625	−1738
2011	35676	4533	3871	4965	7532	63354	−1914

148

续表

年份	大连市甘井子区	葫芦岛市连山区	上海市虹口区	沈阳市皇姑区	宁夏回族自治区（城市区域）	上海市浦东新区	宁夏彭阳县
2012	35798	5040	4787	5332	7027	64288	-2080
2013	34983	4893	4846	4491	6965	68546	-2278
2014	35221	6663	4882	3698	6213	72281	-2483
2015	36278	8370	6385	4997	5876	74166	-2514
2016	36293	9863	5148	6566	5532	76271	-2910
2017	36737	9578	5710	6853	5098	79572	-3122
2018	38053	9691	7427	7081	4984	82190	-3684

数据来源：所有研究数据来源同表 7.1。

基于上述分析，在选出的 8 个区县中，虽然葫芦岛市连山区学龄流动人口的体量不是最大的，但 11 年间，该区县的学龄流动人口数量和学龄人口流动率两个指标比较稳定，各项微观数据细致翔实，因此，我们选取葫芦岛市连山区进行预测模式的试测。

（二）预测指标变量的选取及数据来源

学龄流动人口预测模型的建立必须基于数据分析。根据两轮专家咨询的结果，确定某区域（市、区县）学龄人口流动趋势一级指标 4 项，二级指标 10 项，根据预测模型需要，将其标记为：（1）反映人口发展状况的预测因素：区域常住人口规模（万人）（X_1）、区域学龄人口流动率（%）（X_2）；（2）反映经济发展状况的预测因素：区域人均 GDP（元）（X_3）、区域产业结构优化指数（%）（X_4）、区域对外开放度指数（%）（X_5）；（3）反映社会影响的预测因素：区域公共财政支出（万元）（X_6）、区域社会消费品零售总额（万元）（X_7）；（4）反映教育影响的预测因素：区域教育事业费（万元）（X_8）、区域义务教育优质师资比重（%）（X_9）和区域公共财政预算义务教育小学拨款额（万元）（X_{10}），如表 7.3 所示。

表7.3　学龄人口流动趋势预测指标及代码

一级预测指标	指标代码	二级预测指标
人口预测因素 （2）	X_1	区域常住人口规模（万人）
	X_2	区域学龄人口流动率（%）
经济预测因素 （3）	X_3	区域人均GDP（元）
	X_4	区域产业结构优化指数（%）
	X_5	区域对外开放度指数（%）
社会预测因素 （2）	X_6	区域公共财政支出（万元）
	X_7	区域社会消费品零售总额（万元）
教育预测因素 （3）	X_8	区域教育事业费（万元）
	X_9	区域义务教育优质师资比重（%）
	X_{10}	区域公共财政预算义务教育小学拨款额（万元）

注：在指标设置中，对于以流出为主的农村区域，指标 X_4 区域产业结构优化指数与以流入为主区县计算方式不同，主要考虑以流出为主要特征的农村区域，第一产业与第二产业相对缺乏，一般第一产业占绝对主导地位，因此，在对农村区域 X_4 指标进行计算时，主要计算第一产业增加值占GDP比重与第一产业总值占GDP比重之比。

　　10个指标的具体指涉本书第三章已有详细解释，此处不再赘述。预测指标区域常住人口规模、人均GDP、产业结构优化指数、对外开放度指数、公共财政支出、社会消费品零售总额等数据来源于2008—2018年《中国统计年鉴》《辽宁统计年鉴》《上海统计年鉴》《宁夏回族自治区统计年鉴》，其中，缺少部分区县2017—2018年数据，缺失数据根据修正的"等维灰数递补动态预测"模型进行补齐；预测指标学龄人口流动率、义务教育优质师资比重、公共财政预算义务教育小学拨款额等数据来源于政府统计数据。

　　为了详细呈现预测及验证过程，下面以葫芦岛市连山区2008—2018年PESE综合数据为例，进行多因素灰色预测，相关原始数据列表如表7.4所示。

表7.4　2008—2018年葫芦岛市连山区流动学龄人口预测原始数据

年份	Y 学龄流动人口数量（人）	X_1 常住人口规模（百人）	X_2 学龄人口流动率（%）×1000	X_3 人均GDP（元）	X_4 产业结构优化指数（%）×100	X_5 对外开放度指数（%）×100	X_6 人均公共财政支出（元）	X_7 人均社会消费品零售总额（元）	X_8 生均教育事业费（元）	X_9 生均义务教育优质师资比重（%）×100	X_{10} 生均公共财政预算义务教育小学拨款额（元）
2008	2160	6300	3980	13583.6	12168	2976	1554.8	8635.9	4400.6	6543	2731.2
2009	2693	6350	5130	14889.2	12003	8198	2020.2	10676.7	4719.1	6544	3093.7
2010	5114	6400	10040	24399.9	5229	9456	1940.5	13786.7	5404.4	6793	3445.5
2011	4533	6300	8570	31308.1	3882	9665	2487.9	16305.7	5576.8	7018	3712.1
2012	5040	4300	12467	43474.7	3704	10686	4066.6	24258.7	8189.2	7114	4764.1
2013	4893	4270	11420	44623.5	4174	13233	4184.9	27581.8	8942.5	7133	4770.1
2014	6663	4250	15650	41462.4	4424	18545	4342.2	30927.9	8404.1	7076	4253.6
2015	8370	4210	19860	42172.4	4741	29437	4451.3	33676.1	11337.9	8056	5657.3
2016	9863	4260	23760	36756.7	5779	15618	4287.5	36244.7	13140.1	8493	7057.9
2017	9578	4160	23850	38452.4	6389	22134	4676.1	39411.7	13335.2	8549	7099.4
2018	9691	4110	23960	37245.6	7790	22388	4957.7	42082.3	14470.8	8023	6329.8

注：为了计算需要，对部分指标单位进行换算，已在表中标注。

（三）预测模型的试测：以葫芦岛市连山区为例

1. 计算葫芦岛市连山区10个指标预测值

基于表7.4的数据，研究设定 Y 为小学学龄流动人口规模，$X_1 \sim X_{10}$ 分别代表10个预测指标。对10个指标分别进行 GM（1，1）灰色预测，建立 $\hat{X}_i(t)$（$i = 1, 2, \cdots, 10$）灰色预测模型，通过计算平均相对误差 α 进行模型检验，计算数据显示，α_i（$i = 1, 2, \cdots, 10$）分别为 3.80%、2.19%、4.96%、3.81%、2.65%、2.19%、1.72%、2.61%、1.58%、4.37%，各指标变量精度均小于5%，达到二级精度水平，适合构建预测模型，如表7.5所示。

表7.5 2019—2024年葫芦岛市连山区各指标预测值及平均相对误差 α

年份	X_1 常住人口规模（百人）	X_2 学龄人口流动率（%）×1000	X_3 人均GDP（元）	X_4 产业结构优化指数（%）×100	X_5 对外开放度指数（%）×100	X_6 人均公共财政支出（元）	X_7 人均社会消费品零售总额（元）	X_8 生均教育事业费（元）	X_9 生均义务教育优质师资比重（%）×100	X_{10} 生均公共财政预算义务教育小学拨款额（元）
2019	4085	24070	37973.8	7863.43	21739.3	5070.10	45083.8	15469.4	8269.5	7757.90
2020	4045	24180	38218.2	8507.82	21777.6	5260.88	48002.6	16428.8	8265.2	8317.34
2021	4005	24290	38462.7	9152.21	21815.9	5451.66	50921.4	17388.2	8260.9	8876.78
2022	3965	24400	38707.2	9796.61	21854.2	5642.44	53840.2	18347.5	8256.6	9436.22
2023	3925	24510	38951.6	10441.00	21892.5	5833.22	56759.0	19306.9	8252.3	9995.66
2024	3885	24620	39196.1	11085.39	21930.8	6024.00	59677.8	20266.3	8248.0	10555.10
α	0.0380	0.0219	0.0496	0.0381	0.0265	0.0219	0.0172	0.0261	0.0158	0.0437

注：灰色预测模型对单因素的预测要充分考虑特定时空条件下的特殊影响因素或指标外因素影响，如果特殊影响因素对预测数值影响较大，应在公式中设置 ε 作为特殊影响因素，计入预测数据，调整预测系数。一般认为，浮动范围在 $\pm 5\%$ 内的误差是可以接受的。

鉴于2019年全球爆发新冠肺炎疫情，影响全球经济发展态势，在2019—2021年的预测公式中加入特殊影响因素 ε，以调整新冠肺炎疫情对中国乃至全球经济产生的影响，从而计算对学龄流动人口的影响。数据显示，2019年以来，新冠肺炎疫情确实对国内经济产生破坏性影响，尤其是旅游、餐饮、房地产等线下产业，这些产业也是吸纳非户籍劳动力人口的主要产业形式，同时，第一、第二产业也受到严重冲击。但是，从中国政府防控阻击疫情中的超强动员与资源调配力来看，尽管全球新冠肺炎疫情防控形势依然紧张，中国经济的增长韧性依然强劲，[①] 尤其在旅游、餐饮、娱乐等服务性行业中，虽然其全面恢复过程会稍微长一些，但要考虑到服务行业的补偿性消费特征，体现在经济增长上，可能会在疫情低谷后出现消费反弹高峰，同时，应对疫情出现的线上产业的形式，也形成了对经济增长的补充力量，成为危机中经济机体再造升级的强劲驱动力。

2. 预测指标相关性描述及主成分分析

研究进一步对10个指标进行相关分析，对指标原始数据进行标准化处理，

① 张锐. 新冠肺炎疫情淬炼中国经济增长韧性［N］. 国际金融报，2020-03-02（3）. http：//paper. people. com. cn/gjjrb/html/2020-03/02/content_ 1973800. htm.

并将标准化得分另存为变量对 10 个指标进行基于描述统计的因子分析，计算因子得分系数矩阵，得到相关矩阵系数，如表 7.6 所示。

表 7.6　原始数据标准化处理相关系数矩阵

	X_1	X_2	X_3	X_4	X_5	X_6	X_7	X_8	X_9	X_{10}
X_1	1.000	0.732	0.945	0.971	0.891	0.719	0.672	0.525	0.377	0.249
X_2	0.732	1.000	0.817	0.538	0.591	0.877	0.891	0.733	0.687	0.702
X_3	0.945	0.817	1.000	0.907	0.892	0.767	0.728	0.683	0.623	0.579
X_4	0.971	0.538	0.907	1.000	0.719	0.801	0.672	0.528	0.544	0.692
X_5	0.891	0.591	0.892	0.719	1.000	0.687	0.542	0.395	0.381	0.298
X_6	0.719	0.877	0.767	0.801	0.687	1.000	0.656	0.579	0.499	0.487
X_7	0.672	0.891	0.728	0.672	0.542	0.656	1.000	0.377	0.412	0.257
X_8	0.525	0.733	0.683	0.528	0.395	0.579	0.377	1.000	0.923	0.917
X_9	0.377	0.687	0.623	0.544	0.381	0.499	0.412	0.923	1.000	0.951
X_{10}	0.249	0.702	0.579	0.692	0.298	0.487	0.257	0.917	0.951	1.000

相关矩阵表明，各项指标之间具有较强相关性，集中体现在 X_4、X_8 两个指标因子上。比如，常住人口规模、人均 GDP、产业结构优化指数、对外开放度指数、人均公共财政支出、人均社会消费品零售总额等指标之间相关系数较大，说明指标信息之间存在重叠，可通过主成分分析法进行简化、降维，更有利于得到科学有效的数据信息。

对数据进行主成分分析，得到主成分特征根和相应贡献率，如表 7.7 所示，两个主成分的累计方差贡献率达到 89.117%，表明其涵盖了大部分信息，解释为第一主成分和第二主成分能够代表最初的 10 个预测指标来分析区域学龄人口流动规模。

表 7.7　主成分解释的总方差

成分	初始特征值			提取平方和载入		
	合计	方差百分比	累计%	合计	方差百分比	累计%
1	6.352	76.753	76.753	6.352	76.753	76.753
2	1.869	12.486	89.239	1.869	12.486	89.239
3	0.453	6.608	95.847			

成分	初始特征值			提取平方和载入		
	合计	方差百分比	累计%	合计	方差百分比	累计%
4	0.239	3.022	98.869			
5	0.152	0.434	99.303			
6	0.119	0.310	99.613			
7	0.034	0.217	99.83			
8	0.006	0.091	99.921			
9	0.003	0.048	99.969			
10	0.001	0.031	100.000			

主成分总方差显示，指标 X_1、X_3、X_4、X_5、X_6、X_7 在第一主成分上有较高载荷，相关性强，因此，第一主成分主要反映区域经济发展情况；指标 X_2、X_8、X_9、X_{10} 在第二主成分上有较高载荷，主要反映区域教育发展水平。

对两个主成分进行线性回归分析，得到主成分回归分析的参数估计及假设检验，结果显示，相关系数 $R = 0.903$，可决系数 $R^2 = 0.815$，说明模型拟合较好，可以用于学龄流动人口的规模预测研究。预测模型因素系数和检验值如表 7.8 所示。

表 7.8 预测模型因素系数及检验值

α_0	α_1	α_2	α_3	α_4	α_5	α_6	α_7	α_8	α_9	α_{10}	R	R^2	F	Sig.
149.679	0.212	0.158	0.276	0.126	0.057	0.225	−0.234	0.102	−0.163	0.136	0.903	0.815	24.766	0.000

根据表 7.8 系数，可得出本研究多因素灰色预测模型，具体如下：

$$\hat{y}(t) = 149.679 + 0.212\hat{x}_1(t) + 0.158\hat{x}_2(t) + 0.276\hat{x}_3(t) + 0.126\hat{x}_4(t) +$$

$$0.057\hat{x}_5(t) + 0.225\hat{x}_6(t) - 0.234\hat{x}_7(t) + 0.102\hat{x}_8(t) - 0.163\hat{x}_9(t) +$$

$$0.136\hat{x}_{10}(t)$$

$$(7.3)$$

将表 7.5 中 2019—2024 年葫芦岛市连山区各指标 $\hat{x}_1(t)$，$\hat{x}_2(t)$，…，$\hat{x}_{10}(t)$ 10 个预测值代回到公式（7.1），得到 2019—2024 年葫芦岛市连山区学龄流动人口规模预测，如表 7.9 所示。

表 7.9　2019—2024 年葫芦岛市连山区小学学龄流动人口规模预测

指标	2019（E）年	2020（E）年	2021（E）年	2022（E）年	2023（E）年	2024（E）年
小学学龄流动人口规模（人）	9799	9912	9840	10052	10217	9983
年增长率（%）	1.1144	1.1532	−0.726	2.1545	1.6415	−2.2900

将 2019—2024 年的预测值补充到 2008—2018 年的数据中，生成 2008—2024 年葫芦岛市连山区学龄流动人口发展态势图，从而完成葫芦岛市连山区小学学龄人口流动趋势预测，如图 7.1 所示。

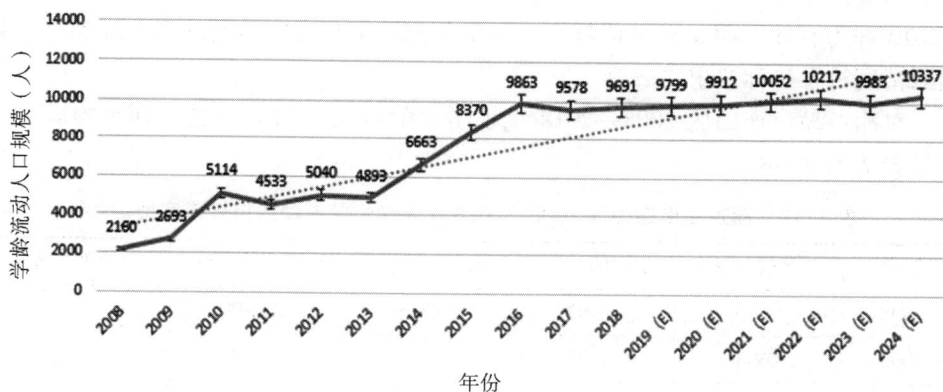

图 7.1　2008—2024 年葫芦岛市连山区学龄流动人口发展态势

注：时间后面标注"E"，其对应的值为预测模型计算所得。为了说明某一时间点（t）上的预测误差，预测值按百分比计算误差情况，并在图中标记误差范围，表明学龄流动人口规模的预测实质是规模范围的预测。

对葫芦岛市连山区学龄流动人口发展态势的预测数据显示，2019（E）年开始，新冠肺炎疫情并没有对学龄流动人口规模产生太大的负面影响，虽然 2019—2024 年学龄流动人口涨幅不大，但是仍然保持平稳增长的态势。根据数据推测，经济对劳动力人口收入的影响在短期内不会对已经随迁到城市就读的学龄人口规模产生太大影响，但对于计划安排子女随迁的劳动力人口家庭可能产生较大的阻碍。在这种阻碍下，确实在经济方面有支持能力的家庭会按照原计划携带子女到城市就学，而经济基础薄弱的家庭，这一计划可能暂缓或终止。因此，对于葫芦岛市连山区来说，2019 年开始的 2~3 年时间是调整小学资源配置数量及质量的最佳时机，可以通过提高小学的标准化建设水平和内涵建设水平，提升连山区小学对学龄流动人口群体的应对能力。

3. 预测模型的回推检验及规模范围的确定

为了检验预测模型在数据预测中的精度，本书对葫芦岛市连山区预测数据进行了回推检验，即使用预测模型回推 2008—2018 年学龄流动人口的规模，计算实际值和预测值之间的偏离情况。回推检验主要使用 RES（残差）、APE（绝对百分比误差）和 MAPE（平均绝对百分比误差）3 个指标进行预测效能的评价。其中，残差分析主要评估数据周期性及可信性情况，以显示模型的抗干扰能力；绝对百分比误差主要评估实际值与预测值之间的绝对差异情况，并计算其差异值与实际值的占比情况；平均绝对百分比误差是取所有预测年份的绝对百分比误差的平均值，以表征预测结果与测量值之间的离散程度等。一般认为，MAPE 值小于 10%即为有效，而 MAPE 值越小，说明预测结果与真实情况的拟合度越高，其预测精度符合达标要求。

对葫芦岛市连山区 2008—2018 年小学学龄流动人口规模进行回推检验，结果如表 7.10 所示。

表 7.10 葫芦岛市连山区 2008—2018 年小学学龄流动人口规模回推检验

年份	实际值（人）	预测值（人）	RES（t）（人）	APE（t）（%）	MAPE（%）
2008	2160	2385	−225	10.400	
2009	2693	2890	−197	7.310	
2010	5114	4928	186	4.991	
2011	4533	4629	−96	2.127	
2012	5040	5491	−451	11.275	
2013	4893	5489	−596	12.180	7.3589
2014	6663	6947	−284	4.262	
2015	8370	8970	−600	7.168	
2016	9863	9447	416	4.218	
2017	9578	10458	−880	9.188	
2018	9691	9852	−750	7.739	

使用学龄流动人口预测模型，基于 2008—2018 年葫芦岛市连山区的 10 个预测指标，对连山区学龄流动人口规模进行回推检验，结果显示，预测值与实际产生的学龄流动人口规模与区域人口、经济、社会、教育等（尤其是区域经济和教育的发展水平）综合因素有较强的耦合性。预测数值与实际数值有一定误差，最后 MAPE＝7.3589%＜10%，误差处于合理范围，说明本书提出的多因素灰色预测模型能够有效预测区县范围的学龄人口流动态势。

对预测数据的 RES 检验显示，绝大多数年份中预测值都大于实际值，这从一定程度上说明，人口、经济、社会、教育等因素的综合调节作用对学龄流动人口规模产生的影响反映在小学教育的现实状况中具有一定的滞后性，其对劳动力人口家庭作出子女随迁决策的影响，往往是通过劳动力人口传递给劳动力家庭的，传递的过程有 1～2 年的滞后期。由此可以推断，小学教育资源的配置应具有一定的超前性，要对学龄人口流动的趋势具有先见性的预估，可以参照预测值进行小学资源的配置。

笔者认为，对学龄流动人口规模的预测并不是对数值的预测，而是对范围数据的预测，因此，结合表 7.10，通过回推检测求出的 MAPE 均值＝7.3589%的数据，进一步基于 ±7.3589%的浮动范围，计算 2019（E）—2024（E）年的学龄流动人口预测的规模范围，得到数据范围，如表 7.11 所示。

表 7.11　2019—2024 年葫芦岛市连山区小学学龄流动人口规模浮动范围预测

	2019（E）年	2020（E）年	2021（E）年	2022（E）年	2023（E）年	2024（E）年
小学学龄流动人口规模（人）	9799	9912	9840	10052	10217	9983
小学学龄流动人口规模浮动范围（人）	9077～10520	9182～10641	9116～10564	9312～10792	9465～10969	9248～10718

（四）基于预测模型的典型区域学龄流动人口规模预测

根据表 7.1 对学龄流动人口典型区县的筛选，选取预测典型区域共计 8 个，即上海市虹口区、上海市浦东新区、大连市甘井子区、宁夏回族自治区（城市区域）、葫芦岛市连山区、沈阳市皇姑区、沈阳市浑南区、宁夏彭阳县，其中，预测的原始数据时间范围是 2008—2018 年，预测模型运算时间为 2019—2024 年，合计 6 年。

经过预测模型的运行及检验，得到包括葫芦岛市连山区等 8 个典型区县在 2019—2024 年小学学龄流动人口的规模发展态势及学龄流动人口规模的浮动范围，如表 7.12 所示。

表 7.12　8 个典型区县在 2019—2024 年小学学龄流动人口的规模发展态势及浮动范围

	2019（E）年	2020（E）年	2021（E）年	2022（E）年	2023（E）年	2024（E）年	MAPE 年（%）
葫芦岛市连山区	9799	9912	9840	10052	10217	9983	7.3589
浮动范围	9077~10520	9182~10641	9116~10564	9312~10792	9465~10969	9248~10718	
上海市虹口区	7527	7790	8172	8573	8993	9233	8.2845
浮动范围	6898~8021	7088~8320	7436~8825	7801~9259	8145~9573	8834~10324	
大连市甘井子区	37960	38842	40340	41437	42166	42662	8.4262
浮动范围	34761~41159	35569~42115	36941~43739	37946~44929	38613~45719	39067~46257	
宁夏回族自治区（城市区域）	8894	8971	9027	9855	10793	11240	7.6355
浮动范围	8030~9358	8286~9656	8338~9716	9103~10607	9969~11617	10382~12098	
沈阳市皇姑区	8099	7960	8337	9433	10364	12683	7.2443
浮动范围	7512~8686	7383~8537	7733~8941	8750~10116	9613~11115	11764~13602	
上海市浦东新区	83284	84820	87534	90335	93225	100208	6.9053
浮动范围	78745~90465	75162~92582	80215~94841	83907~97487	88602~100136	90795~104359	
宁夏彭阳县	−3685	−3906	−4140	−4356	−4529	−4890	6.0805
浮动范围	−3809~−3293	−4676~−3740	−4407~−3637	−4528~−3990	−4811~−4109	−5241~−4427	
沈阳市浑南区	4251	4408	3872	3609	3310	2584	6.7394
浮动范围	3993~4509	4140~4676	3637~4107	3390~3828	3109~3511	2427~2741	

根据预测数值，得到2019—2024年8个典型区县学龄流动人口预测规模数，2008—2024年学龄流动人口发展态势如图7.2所示。

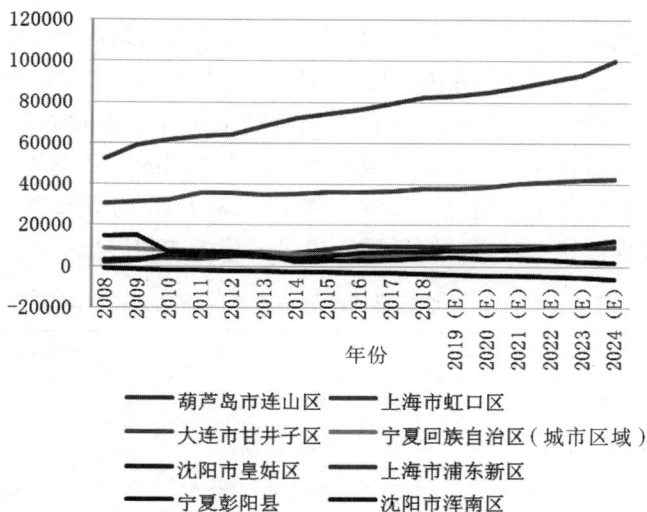

图7.2 2008—2024（E）年8个典型区县学龄流动人口流动态势

根据2008—2024年8个典型区县学龄流动人口预测数据及发展态势图，得到典型区域学龄流动人口主要呈以下三种发展态势：一是学龄流动人口规模保持稳定增长态势，包括上海市浦东新区、大连市甘井子区，发展曲线呈稳步增长态势。二是学龄流动人口规模保持平稳发展态势，包括葫芦岛市连山区、沈阳市皇姑区、上海市虹口区，没有显著波动，发展态势较为平稳。三是学龄流动人口规模呈下滑态势，包括沈阳市浑南区和宁夏彭阳县等区域，如表7.13所示。

表7.13 8个典型区县学龄流动人口基本发展态势

↗	稳增	上海市浦东新区、大连市甘井子区
→	持平	上海市虹口区、沈阳市皇姑区、葫芦岛市连山区
↘	下滑	沈阳市浑南区、宁夏回族自治区（城市区域）、宁夏彭阳县

三、基于模型预测的规律性结论

上述三种态势基本代表了我国流动学龄人口集聚区域的基本状况，基于前文建构的综合调节理论 PESE 分析框架，不同区县在人口、经济、社会、教育等方面存在着多种不同的组合样态，其在不同的时空条件下也面临着多种发展趋势，相关因素共同映射在学龄人口流动规模中，形成不同的发展态势。结合不同区县在政府规划中的功能划分情况，得到表 7.14，表 7.14 为研究进一步分析学龄人口流动的一般性规律，获得关键性结论提供了分析基础。

表 7.14　8 个典型区县功能划分及学龄流动人口发展态势

区、县名称	区县的功能划分	学龄流动人口发展态势
上海市虹口区	城市核心区	平稳态势
上海市浦东新区	国家级新区	增长态势
大连市甘井子区	城市功能拓展区	增长态势
葫芦岛市连山区	城市核心区	平稳态势
沈阳市皇姑区	城市核心区	平衡态势
沈阳市浑南区	城市发展新区	下滑态势
宁夏回族自治区（城市区域）	城市核心区	下滑态势
宁夏彭阳县	农村	下滑态势

1. 处于学龄流动人口增长态势区县的基本规律

典型区县中，学龄流动人口处于增长态势的区域主要是城市发展新区、城市功能拓展区、经济技术开发区或功能园区。尽管在预测数据中，相关区县都表现出了学龄流动人口的增长态势，但其增长的驱动力却存在显著差异。

（1）部分区县以经济驱动为主。研究数据显示，作为国家级新区的上海市浦东新区之所以产生流动人口及学龄流动人口的猛增，主要是基于经济驱动的增长。国家级新区作为国家经济发展政策的特殊区域，持续、固定的资产投入和重大项目建设的带动作用，引发区域人口的超常规高速增长，而流动人口及其随迁子女对人口超速增长有极大的贡献率。同时，流动人口规模直接影响区域人力资本的聚集保有和规模效应。基于这样的分析，我们就能理解上海市浦东新区 10 余年的人口猛增主要是基于经济发展需要的，是其经济发展的基础和动能，而其公共教育、医疗等资源的合理高效配置也是必须要积极面对和妥善引导的。

从上海市浦东新区的人口发展特征来看，它与一般的城市拓展区有一定的共性特征，即较容易形成流动人口及其家庭的集聚效应。类似的区域还有深圳、广州、东莞、成都等一线城市，具有经济发达、优势产业集聚、政策支持度高等特点。北京市的部分区县也体现出了典型的经济驱动特征，2015年北京市统计数据显示，海淀、朝阳两区义务教育阶段的在校生占比超过北京市在校生总量的30%，城市功能拓展区集聚了全市44.8%的小学生，但其小学学校的数量占全市总数的29.1%。其中，学龄流动人口向城市功能拓展区和城市发展新区集中的趋势明显，除海淀区、朝阳区外，丰台、昌平、通州、大兴等区也有相同趋势。

（2）部分区县以教育驱动为主。笔者认为，学龄流动人口家庭在务工与教育方面存在一定程度的空间分异。具体来说，在地级市层面，两者总体是同趋势流动的；但在区县层面，学龄流动人口生活与受教育的区域往往与其父母务工区域存在较大的空间分异。

以研究区县的产业结构优化指数（%）为例，前文已经介绍，区域产业结构优化指数是指区域第三产业增加值占GDP比重与第二产业增加值占GDP比重之比。一般认为，第三产业是吸纳非户籍劳动力人口的主要产业，因此，产业结构优化指数主要通过反映某一研究区域中第三产业与第二产业的比重情况来表征研究区域对非户籍劳动力人口（流动人口）的吸纳能力。从这个意义上来说，产业结构优化指数越高，代表区域的产业结构优化程度越好，吸纳外来劳动力人口越多。为了说明空间分异情况，以下列出表现为增长态势的4个区县，以及大连市中山区[①]的产业结构优化指数数据，如表7.15所示。

表7.15　辽宁省部分区县产业结构优化指数

年份	大连市金州区	大连市甘井子区	朝阳市双塔区	沈阳市皇姑区	营口市鲅鱼圈区	大连市中山区	沈阳市浑南区	葫芦岛市连山区
2008	0.317545	0.454291	1.358535	2.913184	0.628684	10.49590	0.984985	1.216827
2009	0.505337	0.418791	1.676317	3.188388	0.518853	25.77508	1.055588	1.200285
2010	0.338680	0.368803	1.772822	2.421649	0.566756	25.05030	0.292651	0.52286
2011	0.356859	0.351928	1.321952	2.577403	0.586641	24.90983	0.30105	0.388223

① 大连市中山区经济发达，产业结构优化程度较高，第一、第二产业比重极低。由于2008—2018年，该区学龄流动人口数量一直保持在3100~5300人，且呈逐年递减趋势，因此，研究没有将中山区选为典型区县进行预测。

年份	大连市金州区	大连市甘井子区	朝阳市双塔区	沈阳市皇姑区	营口市鲅鱼圈区	大连市中山区	沈阳市浑南区	葫芦岛市连山区
2012	0.372505	0.371317	1.373972	2.675892	0.649037	23.954530	0.357268	0.370443
2013	0.665087	0.669057	1.439427	2.879595	0.711162	25.283540	0.413288	0.417385
2014	0.536322	0.707849	1.544826	4.338044	0.938569	23.356300	0.622379	0.442448
2015	0.596329	0.774593	2.900853	4.753212	1.062434	25.952820	0.592864	0.474066
2016	0.559792	0.899843	4.719559	4.571552	1.183322	25.777000	1.162328	0.577897
2017	0.590387	0.960208	4.955812	4.197714	1.425630	26.983420	1.170384	0.638891
2018	0.612947	1.088548	5.241048	4.380180	1.326577	26.739470	1.247990	0.778968

根据表 7.15 的数据，以大连市甘井子区和中山区为例，2008—2018 年中山区产业结构优化指数始终居高，持续 10 年保持在 25～27，远超过其他学龄流动人口集聚的区县，甚至在辽宁省内其产业结构的优化程度都是遥遥领先的。中山区是大连市的中心城区，是大连市的商贸、金融、信息中心，区内第三产业占绝对份额。这说明，中山区第三产业的发达对外来劳动力人口具有强大的吸引力及吸纳能力。但由于中山区生活成本高、学校容纳能力有限，因此，并未在中山区小学中产生显著学龄流动人口集聚现象，中山区劳动力的随迁子女被就近分流到其他区县居住和就学。由此判断，大量学龄流动人口家庭的劳动力人口与其随迁子女之间存在空间分异现象，一方面，父母在产业结构优化区域工作；另一方面，劳动力家庭在居住成本较低、对学龄流动人口有吸纳能力的区域生活和就学。目前，大连市整体交通便利，地上公交系统与轨道交通发展迅速，仅轨道交通一项，现已建成大连地铁 1 号线、2 号线，大连快轨九里线、九里支线、金石滩线、保税区线等多条线路，建立了强大的城市交通、城际交通网。城市轨道交通线路的发达为流动人口家庭实现工作与居住分异提供了支持条件，也真正扩大了城市区县间的沟通和交流。经过实地测试，从甘井子区辛寨子乘坐地铁到中山区中山广场，仅需 25～30 分钟；从大连火车站到开发区，仅需 33 分钟左右；从大连火车站到保税区，仅需 35 分钟左右。对于许多交通发达的超大城市或大城市而言，工作与居住的分异现象是非常普遍的。例如，北京市的六环路，已经将北京城区的范围扩大到了原中心城区的几十倍，这也是城市化发展进程中的一种典型发展方式。

　　从空间分异的角度来说，甘井子区作为大连市的城市功能拓展区，学龄流动人口的集聚主要是基于教育驱动，区内学校就学门槛低、生活成本低，对于经济条件一般的外来人口家庭来说，是具有过渡性质的首选区域。近年来，甘井子区在公共财政投入方面也进行了很大的努力，在一定程度上改善了区内的医疗卫生、公共交通、文化娱乐等方面的建设，提升了甘井子区的综合宜居水平。但这种就学、居住与工作之间的分异也显著增加了甘井子区的教育资源供给压力，相当于以甘井子区一区之力承担市内其他几区的部分学龄流动人口，必然会导致教育资源的短缺和匮乏。

　　（3）部分区县呈现教育与经济的双重驱动。根据表7.15的数据，沈阳市皇姑区与朝阳市双塔区产业结构优化指数较高，两区县所在区位如图7.3所示。同时表现为学龄流动人口集聚的增长态势，是典型的教育与经济双重驱动的结果。

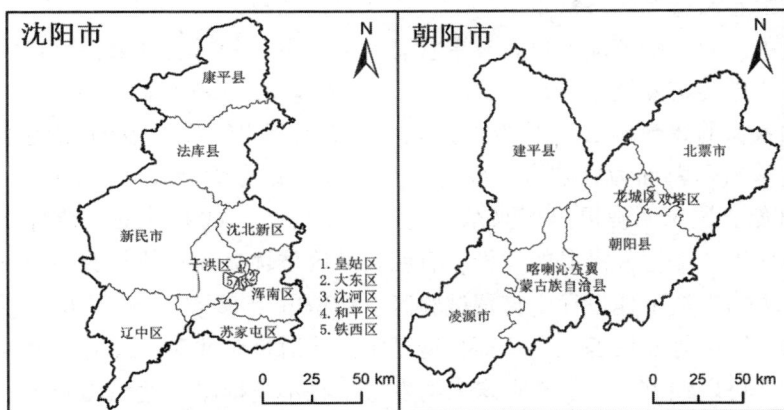

图7.3　沈阳市皇姑区与朝阳市双塔区所在区位示意图

　　朝阳市双塔区位于朝阳市的城市核心区，沈阳市皇姑区属于老城区，同样也是沈阳市传统政治经济中心。从二者产业结构优化指数的变化态势来看，2008—2014年，皇姑区产业结构优化程度要高于双塔区，但双塔区在2015—2018年发展较快，并迅速超过皇姑区。总体来说，二者产业结构都处于相对优化的水平，这意味着两区对于非户籍劳动力人口具有一定的吸纳能力。

　　近10年间，皇姑区现代服务业、高新技术企业增值较高，其中，2010年年末数据显示，皇姑区现代服务业增加值达222亿元，年均增长26.1%左右；高新技术产业呈跨越式前进，在规模上高新技术企业实现产值130亿元，年均增长12.4%，其对外来劳动力人口具有较强的吸引力及吸纳能力。同时，皇姑区虽然位于城市核心区域，但是属于传统意义上的市内5区的核心，因此，在城市建设、房屋建筑、居住成本等方面，比浑南区等新城区要低，而且皇姑区的义务教育整体资源配置水平全省知名，达到辽宁省义务教育均衡发展示范区标准，其中，小学教师的学历达标率已经达到100%。综合上述条件，有学龄人口的流动人口家庭在皇姑区工作和就学是非常理想的选择。

双塔区是朝阳市的城市核心区，近几年的快速发展主要依托招商引资，2014年以来，引进亿元以上项目20余个，仅2014年，完成招商引资额62.5亿元。从生活成本来说，双塔区虽然地处市中心，但与周边区县的消费水平没有太大的差别。具有一定劳动能力、经济基础，并且有学龄人口就学需求的非户籍劳动力人口家庭，较容易在双塔区实现务工和就学的双重目标。因此，第三产业吸纳能力强、生活成本适中、小学教育吸纳能力强的区域，特别适合有学龄人口就学需求的流动人口家庭，而在相应区域出现小学学龄流动人口集聚现象，更证明了流动人口家庭在教育和经济双重驱动下进行选择的结果。

综合上述对学龄流动人口呈集聚状态的区县进行分析的结果，就辽宁省以往以工业为主的经济发展态势来说，省内14个地级市、100个区县（县级市）中，学龄流动人口的集聚区县（县级市）几乎不存在纯粹的类似深圳市的强经济驱动特征，基本都表现为以教育、经济双重驱动或以教育驱动为主的特征。但从2018年开始，国家明确提出振兴东北老工业基地重大战略计划，结合辽宁省作为东北地区唯一沿边又沿海的省份，有明显的区位优势和对外开放的条件。近几年在国家大力支持下建设辽宁自贸试验区、跨境电商综合区、外贸出口示范基地以及进口示范区等发展基地，逐渐打造辽宁经济对接东北亚、沟通欧亚大陆桥的门户优势。可以预见，辽宁省在未来的发展中将不断推出产业结构升级、加快基础设施建设、刺激需求扩张等举措，以提高辽宁省对人才及劳动力人口的吸引力，而反映在人口城市化进程中的学龄流动人口问题也可能会出现新的发展态势。

2. 处于学龄流动人口下降或平稳态势区县的基本规律

在预测的其他区县中，也有部分区县的学龄流动人口呈现下降或平稳态势，如沈阳市浑南区和铁岭市银州区呈现出一定的下降态势，而葫芦岛市连山区和营口市鲅鱼圈区则表现出平稳的态势。

（1）城区发展的功能定位影响学龄人口的流入。如图7.4所示，浑南区的学龄流动人口在2009—2010年经历了断崖式下降，在2010—2012年的小幅回升后，又在2012—2014年经历大幅下滑，在2014年降入谷底，随后又几经波折，呈现缓降的趋势。对于浑南区而言，学龄流动人口的变动趋势与浑南区的发展功能定位有密切关系。浑南区，时名东陵区，2010年将原东陵区浑河以南的区域和浑南新区（沈阳高新区）、航高基地整合为沈阳市东陵区（浑南新区），各区合署办公。2014 年，经民政部批复，正式更名为浑南区。更名后，沈阳市委、市政府迁往浑南区，形成新市府，着力将浑南区打造为未来的城市核心区，相当于在沈阳市现有建设基础上，又在浑南区打造了"另一个沈阳"；随后，辽宁省图书馆、博物馆等政府部门及文化机构迁到浑南区，为浑南区的发展更进一步提供了"近水楼台先得月"的政治保证。2017 年，又相继建成了辽宁自贸区沈阳片区，诸多利好政策强势拉动浑南区的投资和建设，一系列高新技术产业纷纷落户浑南区，大大促进了当地经济的发展。经济的发展和城区功能定位的变化，带动了市政、房地产、优质义务教育学校等综合配套的建设发展，吸引了大批周边（如本溪市、抚顺市）等有条件和有需求的人群通过购房的方式入驻浑南区。因此，浑南区作为未来重点建设的新区，其居住成本及就学成本远高于之前基本处于"城乡接合部"定位的东陵区，才导致了区内学龄流动人口的急剧下滑，原有浑南区的学龄流动人口基本分流到其他临近区县的小学，这也直接导致 2015—2017 年沈阳市和平区某小学连续三年学龄流动人口数量达到 1200～1400 人，成为学龄流动人口"巨型校"。

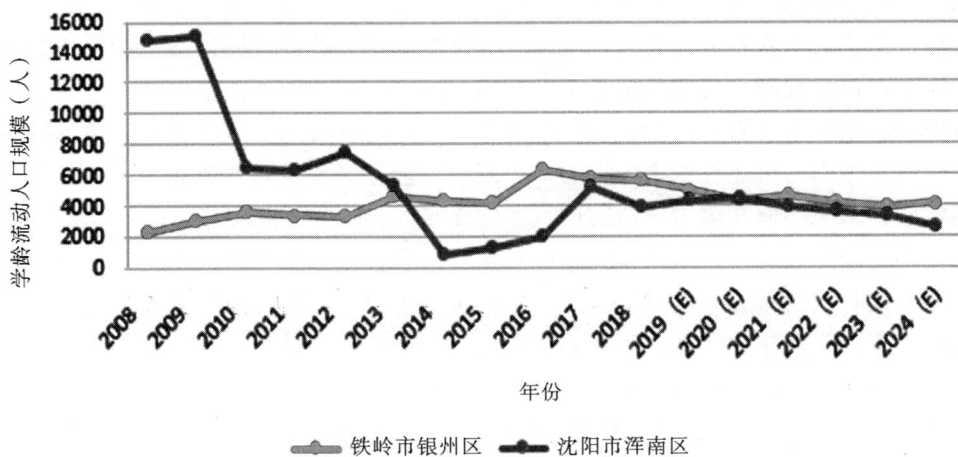

图 7.4 2008—2024 年沈阳市浑南区与铁岭市银州区学龄流动人口预测态势

（2）产业发展对劳动力人口的吸纳力影响学龄人口的流入。从区县的功能定位来说，葫芦岛市连山区和铁岭市银州区属于城市核心区，营口市鲅鱼圈区属于开发区及功能园区。对于3区而言，虽然2008—2018年的数据显示其学龄流动人口规模呈逐年小幅上升趋势，但对其进行基于PESE分析框架的模型预测显示，在2019—2024年，3区内学龄人口将处于持平或下降趋势。

区内学龄流动人口的发展趋势实际反映了其务工父母所在区域对劳动力的需求情况。以葫芦岛市连山区为例，近年来，连山区学龄流动人口的规模呈逐年增长状态，尤其是2014—2018年，连山区多所学校成为辽宁省内学龄流动人口"超大型校"，甚至"巨型校"，这说明连山区对于务工人员确实有一定的吸纳能力。但是对照表7.15中连山区产业结构优化指数，发现连山区内产业结构优化程度较低，2010年以来，第三产业增加值明显大幅低于第二产业增加值，说明连山区的经济产值主要来源于第二产业。经过调研，连山区内拥有丰富的矿山资源，主要产业以矿山开采、机械制造加工、传统建材为主。2008—2010年，产业发展模式有所转变，但由于模式转型尚处于探索阶段，2010年以后的6年，连山区又出现以第二产业为主的发展模式。近年来，随着产业模式的转型逐渐成熟，连山区内综合市场、专业批发市场、现代物流企业等各类市场繁荣活跃，以旅游、电信、中介等为代表的现代服务业发展取得突破性发展，第三产业增加值的比重也逐步提升。但是，由于连山区仍然以第二产业为主，这意味着尽管目前对外来劳动力人口有一定的需求，但其需求水平是有限的。因此，基于数据预测的分析，连山区可能在未来5年的中短期内，仍然保持以第二产业为主的产业发展模式，第三产业与第二产业的比重才能逐步完成优化的过程。

根据研究数据，连山区与龙港区毗邻，产业类型互相支撑，在客运交通方面市区要比其他县城方便。从综合数据看，连山区GDP最高，城区最为繁华，是葫芦岛市相对发达的区域，而龙港区是重点发展区域。尽管如此，在生活成本方面，连山区与龙港区的消费水平同其他区县并没有太大差别，但是教育资源比其他区县要好很多，因此，在2019—2024年的预测时间段，连山区总体学龄流动人口规模不会有太大幅度的提升，仍然基本保持平稳发展态势，但对于在2014—2018年表现为学龄流动人口"超大型校"，尤其是"巨型校"小学，要密切关注其集聚态势。葫芦岛市连山区与龙港区所在区位如图7.5所示。

图 7.5 葫芦岛市连山区与龙港区所在区位示意图

与此表现出类似态势的铁岭市银州区和营口市鲅鱼圈区,同样具有产业结构调整方面的需要。尤其对于营口市鲅鱼圈区来说,区内兴建多种产业园区、功能园区,经济的发展速度非常快,但仅靠区内人员就可以满足产业发展的需要,因而,对于外来人口的吸纳水平不是很高。

(3)劳动力人口流失是导致经济不利区域教育衰败的根本原因。对宁夏回族自治区(城市区域)和宁夏彭阳县的预测数据显示,除城市区域流动人口增长外,宁夏农村区域呈现劳动力人口及教育人口流失状态,这与全国各区县农村劳动力人口及受教育人口流失的趋势基本一致。"七普"数据显示,10 年间,宁夏乡村人口总量为 2524000 人,占全区人口总量的 35.04%,比"六普"乡村人口减少了 759003 人。劳动力人口流失直接导致教育人口紧缩,"农村教育"特征不断淡化。

通过上述对学龄流动人口集聚区域的基本规律进行挖掘和归纳,得到如下结论:

首先,经济发展状况是劳动力人口家庭化迁移的第一动力,直接反映了学龄人口随父母迁移的趋势。务工、经商是劳动力人口区域流动的主要原因,随着流动人口在推动经济发展中的作用增强,流动人口在城市中的身份与收益得到认同和发展，流动人口家庭的经济属性向多元方面转化，并进一步形成了其教育、生活等多方面流动需求。其次，学龄人口区域流动一般遵循向优原则，总体呈现向比学龄人口原居住地更加优质的教育资源区位集中的态势。但在整体迁移过程中，往往先向生活成本低、教育吸纳能力强的城市功能拓展区域流动，再向教育资源优质区域流动，在流动过程中，逐渐形成带状连片区域与点状膨胀区域的结构格局。总体来说，学龄人口区域流动规律，主要受人口、经济、社会、教育等多因素综合驱动，在不同区县的 PESE 多种样态组合中，要将预测数据与研究区县的具体情况相结合，通过具体分析，寻求准确、有效的治理方式。最后，城乡义务教育学龄人口在空间布局上的一增一减，必然会导致城市学龄流动人口的增加和农村及经济落后区域学龄人口的减少，进而影响农村学校的良性发展，引发农村义务教育学校在规模、数量、班额等方面发生关联性变化。

第八章 基于学龄人口流动趋势预测的义务教育资源配置

基于学龄人口流动趋势预测的小学教育资源配置研究，其目的是不断完善义务教育资源配置模式、运行机制及其与社会经济发展过程的相互关系与作用，尤其是在人口流动常态化的社会现实状况下。尽管义务教育资源配置理论研究已经相当成熟，在单纯的、普适性的义务教育资源规模和标准化配置研究方面，已经取得了较多的研究成果，但是，在应用于社会实践时还存在着一定的距离，缺乏从多元的影响因素角度对义务教育资源配置模式的中观、微观研究。实际上，义务教育资源数量配置特征及标准化建设取决于学龄人口结构的变化及学龄人口教育需求的实现程度，对资源数量标准化配置的效果取决于义务教育系统的治理能力。在义务教育资源数量特征的配置方面，现有的研究主要是基于户籍学龄人口可测条件下，从供给式角度分析义务教育资源配置问题。实际上，在学龄人口结构发生不确定性变动的现实状况下，义务教育资源数量配置的可控性以及治理的有效性是义务教育资源配置系统需要解决的重要问题。

一、学龄人口区域流动视角下义务教育资源配置的基本原则

在学龄人口无序流动背景下，义务教育资源的合理配置不能回避两个基本问题：一是如何在学龄流动人口无序流动和增长的情况下，通过合理配置教育资源，保证义务教育实现"符合学生身心发展特征"的教育目标；二是怎样实现义务教育资源配置的标准化及最优化，其中，最优原则不同于最大化原则，旨在保证户籍学龄人口与非户籍学龄人口之间均达成满意状态。因此，本书首先确定学龄人口流动背景下，义务教育阶段教育资源配置应遵循的基本原则。

（一）高层次统筹原则

义务教育资源配置问题在学龄人口组成发生结构性变化的特殊时期，呈现出超越以往的复杂性特征。一方面，学龄人口结构由以户籍学龄人口为主，向常态化的户籍学龄人口与非户籍学龄人口（流动学龄人口）并存转变，二者在未来城市化发展进程中还将逐渐形成稳定的态势，并形成一个交织存在的共同体，因此，义务教育资源的配置也必将面对学龄人口组成群体多样化的挑战，面临结构性调整的转变。另一方面，户籍学龄人口与非户籍学龄人口在接受义务教育过程中，都有寻求个体成长与发展的教育需求，这一需求在学生"乡—城"流动和"城—城"流动的迁移决策中起着十分重要的促进作用，因此，义务教育资源配置要及时关注和感知不同学生群体提高教育需求层次的变化趋势，尤其是把学龄流动人口同样享有优质均衡教育资源的强烈诉求，纳入义务教育资源配置及发展规划的核心范畴。

要解决学龄人口流动带来的一系列复杂问题，首先应将高层次统筹思想作为问题解决的基本原则和主要思路，逐步解决教育资源配置不均衡、不协调的问题。目前，学龄人口在区域间、区域内的流动具有突出的不稳定、无序等特点，这导致目前我国地方政府义务教育资源配置"以县为主"的统筹层次难以及时应对学龄人口区县间的不规律变动。当然，我们应该看到，县级统筹在学龄人口相对固定在户籍地就学阶段具有一定管理的有效性及便利性，但当学龄人口超出县域范围流动时，以县级为主的统筹层次表现出严重滞后的特点，尤其对于跨县、跨市，甚至跨省流动的学龄人口，不能做到及时、有效、合理的统筹与规划。

另外，如前文所述，学龄流动人口家庭存在务工与就学的空间分异问题，即父母在 A 区县务工，创造产值，但其家庭及子女在生活成本较低、学校吸纳能力较强的 B 区县生活和就学，这种状况也必须通过提高统筹层次进行义务教育资源的配置和调控，减少居住成本和就学区域的教育载荷，提高学龄流动人口集聚区县的教育财政投入，提高高层次统筹条件下义务教育资源均衡配置及义务教育的均衡发展。

以大连市甘井子区为例，近年来，学龄流动人口占常住学龄人口总数的 50% 左右且居高不下，为保证如此大体量学生就学的公平与效率，区政府累计财政额外拨款高达 3.73 亿元。以 2019 年的数据为例，2019 年比 2018 年义务教育阶段学生增加 6600 人，那么按照每校 24 个班、每班 45 人、每校 1080 人的规模计算，甘井子区财政仅在学校建设一项就相当于增建 6 所学校，其负担和压力可想而知。

而在市级财政统筹中，现行政策中仅明确规定各义务教育学校农民工子女（不完全包括随迁子女）校服订购费用的80%由市级财政承担；另外，由学生个人进行申报的贫困家庭补助由市级财政承担。也就是说，现阶段市级财政针对学龄流动人口就学的生均经费配套政策、相关补助办法，在市级层面缺乏财政统筹和政策应对，必要的长线规划及短线应急响应策略等相关明确的支持性政策尚显不足。

因此，要通过高层次统筹，如市一级统筹或省一级统筹，将学龄流动人口变动状况纳入高层次教育统筹规划，而不是仅由流入地区县进行统筹，以适应流入地学龄人口结构性变化的需要，逐步满足和实现学龄流动人口最基本的教育需求。

（二）区域特色化原则

针对不同区域义务教育资源配置的现实状况，配置主体除了要尽可能提高统筹层次外，还要承认区域差异，并针对不同区域、不同学龄人口结构及学龄人口流动趋势的特点，在保证达成基本配置标准的基础上，进行区域特色化配置模式的开发和创新，对区域义务教育资源的配置要充分考虑学龄人口结构及流动特点。尤其要考虑到义务教育资源配置的可持续投入及动态发展的特点，做好区域教育资源配置的短线及长线规划，找准短期内亟须解决的问题，做专项及攻坚配置，同时设定长线规划方案，对3年、5年、10年义务教育资源要达到的水平进行超前预测与规划，并保证整体规划在一定时间内保持稳定及动态平衡。

同时，要承认区域差异，结合不同区域特点及学龄人口结构进行区域特色化配置模式的探索。由于我国地域广阔，东部、中部、西部地区间的经济水平、开放程度、城市化进程等方面差异显著，具体到城乡之间，"优质校"与"薄弱校"之间更是差距悬殊。当然，现实差距的产生既有历史性的经济落后、生产力发展水平低下等原因，也有自然区位劣势带来的地区开放交流不便、基础教育薄弱等原因，而区域间发展禀赋的差异直接导致义务教育资源配置在数量、质量等方面表现出不同的配置重心和配置策略，不仅是我国很多义务教育不均衡区域中出现大量类似贫困地区儿童上学难、进城务工人员子女就近上学问题、城市大班额学校等教育热点、难点问题长期难以解决的根本原因，也是教育资源落后地区劳动力人口举家外流、子女随迁的主要原因。不难理解，在当地教育资源严重低于全国基本标准的地区，有较高教育需求的劳动力家庭，通过外流务工不仅能够获得更好的经济回报，还可以快速获得更优质的教育资源，这无疑是一条改变家庭命运的捷径。

义务教育的区域特色体现在地区生活与文化环境方面的特点，是由各自特定的环境因素决定的。义务教育资源配置原则要符合区域人文与生活特点，才能达到资源配置的效用。也就是说，在义务教育资源配置中，必须针对不同地区的学龄人口特征，亦即，义务教育资源需面向不同地域特点、不同家庭环境背景以及不同民族特点进行具有区域特点的个性化配置。

（三）人民满意原则

2021 年 3 月 6 日，习近平总书记在看望参加全国政协十三届四次会议的医药卫生界、教育界委员时的讲话中明确指出，要"着力构建优质均衡的基本公共教育服务体系，建设高质量教育体系，办好人民满意的教育"。①

义务教育资源要遵循人民满意原则。结合义务资源配置的实际情况，笔者认为，要使义务教育资源的配置越来越充分地满足义务教育阶段学生群体日益增长的教育需求，适应学生群体结构多样化的变化趋势。同时，通过资源的合理、优化配置，能够统筹兼顾学生身心发展的短期利益和长远利益。首先，义务教育资源的配置应十分关注学龄人口家庭教育需求的变化趋势，根据学龄人口家庭教育需求的变化趋势进行资源配置模式的调整和多样化配置方案的实施。其次，遵循学生满意的配置原则，并不必须是强调教育资源的最大化配置，但一定是对有限资源的最优化配置，具体是指保证户籍学龄人口与学龄流动人口之间均达成满意状态。

我国新《义务教育法》义务教育资源配置也提出了建立以民为本的基本原则。从每个适龄儿童、少年获得平等的教育权利，通过强制性、免费性实施义务教育以及政府要合理配置教育资源、均衡安排义务教育经费、缩小义务教育阶段学校之间的办学差距等方面，构建了以民为本的教育资源配置理念。这种配置理念体现在义务教育资源配置上，并不是一种概念性原则，而是体现了如何实现的模式。例如，如何为学龄流动人口提供平等接受义务教育的条件，如何通过教育资源配置为学龄儿童提供自主发挥个性化的时间和空间等。

---

① 新华社.习近平看望参加政协会议的医药卫生界教育界委员［N/OL］.中国政府网［2021-03-06］.http：//www.gov.cn/xinwen/2021-03-06/content_ 5591047.htm.

二、学龄人口区域流动背景下义务教育资源配置治理能力的提升

作为准公共产品，义务教育资源配置必须体现公益性质，以保证个体和社会在教育资源上的平均分配，促进教育公平的实现，推动社会主义和谐社会的建设。从理论角度来说，义务教育阶段教育资源的配置是单一行政区划内对教育硬件设施的投入，以实现国家投入的均衡化和标准化，城乡间、居民间受教育权利和义务的对等与公平。义务教育均衡发展既包括国家法律层面的制约，也包含区域、城乡、群体间的资源分配，还内蕴学校内部协调管理与教学资源的有序推进。

（一）学龄人口区域流动与义务教育资源优化配置

义务教育资源均衡配置是我国教育平衡地区、城乡差异，实现义务教育阶段学生健康成长的题中之义。实现义务教育资源均衡配置与发展，要让每一位适龄儿童和学生都有机会接受良好的教育，向每一个人提供公平教育条件，为每个学生的教育提供均等化教学设施，实现教育效果的公平、公正。实现教育资源均衡配置，要注重教学活动和设备资源的均衡，促进物质层面的教育公平，提升师资力量个体化均衡，着眼于学校长远发展的完善性。义务学校和教研部门要充分借助教育资源的精准定位、科学评估和重新架构，在利用既有教育资源的基础上促进学生的健康提升。

（二）学龄人口流动背景下，义务教育资源配置的多元应对模式

由于义务教育资源配备不均衡和不完善，所以实现学校教育的均衡面临着诸多问题和困难。面对上述问题，包容性多元模式提供了一种全新解决路径。

1. 政府公办普通学校模式

在公办学校模式下，学龄人口的流入地政府在教育资源配置中占有主导地位，针对当前区域由于学龄人口的流入导致的义务教育资源配置的不平衡、不完善和不合理问题进行统筹规划。通过政府财政支付转移和专项扶持资金投入，优化义务教育硬件设施，配建高标准设备，确保义务生在学校受到良好的教育。同时，针对部分地区存在的公办普通学校少的现状，积极展开学校的扩建和完善，建设更多学校，使之成为满足不同阶段义务生就近入学的重要支撑。此外，针对

部分学校出现的教师数量较少的现象，加大师资投入力度，不断引进教师人才，充实一线教学队伍，充分满足学生的学习需求。在公办义务教育学校有足够应对能力的典型区域，对于学龄人口流入导致的教育资源紧缺问题，可以通过建设公办义务教育学校的方式，缓解教育压力，解决由于学龄人口流入导致的教育资源不足的问题。

2. 公助民办教育模式

当前，尤其是以经济驱动的学龄人口流入典型区域，部分区域存在公立学校不足的问题，针对这种情况，流入地政府往往也转向鼓励兴建私营教育的方式解决教育资源不足的问题，采取义务教育公助民办的基本思路。具体来说，充分认识当前教育教学中私立学校的重要意义和作用，引导民营资本投身义务教育事业。同时，充分发挥政府部门在教育发展中的指导作用，提升民办教育的政府扶持力度，让更多义务生在民办学校接受与公立学校同等重要的教育机会和教育内容。尤其是部分留守儿童、进城务工子女的入学问题，政府要加大政策扶持力度，通过优惠政策不断改善上述儿童的教育环境，让他们能享受到同样的义务教育。

三、基于学龄流动人口预测视角的义务教育资源优化配置方案

（一）提高统筹层次，建立义务教育资源配置的弹性平衡机制

当前，劳动力人口的流入已成为城市发展的重要潜在资源和推动力量，但同时，其学龄阶段子女的同趋流入也对流入地义务教育学校产生了较大的影响和冲击。因此，必须准确把握、超前预判、弹性调控学龄流动人口就学情况，最大限度地确保义务教育优质均衡目标的实现。

以大连市小学为例，大连市域范围不大，但在市内各区、各校之间，义务教育资源生均配置水平普遍存在差异，且差异较大。这种差异除了有市内各区区域产业结构、经济发展水平、资源配置模式等宏观因素外，还有学生群体的组成和来源等微观因素的冲击作用。

大连市内各区间经济发展水平和模式的差异是导致学龄流动人口区间分布不均衡的根本原因。调研数据显示，甘井子区的绝大部分区域与沙河口区的部分区域呈绝对密集状态，西岗区、中山区的边缘位置呈比较密集状态，4 区中，除甘

井子区学龄流动人口总量呈先降后缓慢上升的状态,其余 3 区均呈总体走低的状态。

根据前文的分析,学龄流动人口在区县超限①集聚,主要与区域及学校周边的产业结构、区位特点及居住成本等社会发展和生活因素密切相关。例如,以西岗区小市场和水产批发市场周边等城市中心区域及甘井子区南关岭、辛寨子、革镇堡周边等城市拓展区域为例,由于商圈分布、城市建设需要、基础产业发展等原因导致外来人员务工集聚,从而直接引发对应区域内学龄流动人口的集聚,同时,相应学龄人口密集的区域还承担了一部分在市内其他 3 区务工的劳动力人口家庭的学龄人口。由学龄流动人口就学引发的资源紧张问题是城市化进程中的衍生物,其原因是多方面的。然而,探究其主要原因,还在于现行义务教育资源配置主要由区级财政进行统筹,而市级财政统筹在配套政策跟进和具体管理办法落实方面都明显滞后和被动。

笔者认为,要充分考虑学龄流动人口集聚学校的不同类型和特殊情况,加强调研,以项目治理为抓手,对学龄流动人口超限集聚的中小学,在充分考虑教育资源区域整体配置基础上,根据学校实际需求,进行经费、师资及教学硬件等教育需要的弹性匹配。一方面,有效应对学龄流动人口的无序流动、大量涌入对流入区域学校义务教育资源的冲击和稀释;另一方面,满足义务教育阶段多元主体之间的多样性需求。

1. 利用"项目制"弹性配置策略为义务教育赋权赋能,实现大连市全域义务教育优质均衡发展的目标

教育是城市发展水平的标签,尤其是义务教育综合发展水平,更体现了城市化发展的文化活力和实力。"项目制"弹性配置策略,一方面为义务教育赋权,通过专项治理机制的建立,使随迁子女获得精准的关注,充分享有优质均衡教育资源的资格。比如,建立教育券制度,向学龄流动人口发放教育券,作为用于支付和补偿学龄流动人口就读学校的专项教育经费,学校可凭券到政府兑换教育经费。另一方面为义务教育赋能,即在赋权基础上,通过专项方案设计、专项经费支持,推进学龄流动人口密集学校教育资源的优化和改进,促使义务教育优质均衡发展,有实质性的进步。比如,针对学龄流动人口密集区域的学校,可划定学

---

① 超限:根据教育部办公厅印发的《关于做好 2018 年普通中小学招生工作的通知》精神,各省(市、区)要统筹义务教育和普通高中、公办和民办中小学、户籍学龄人口和随迁子女、重点大城市和市县招生入学工作。要确保 2018 年实现义务教育阶段学校基本消除 66 人以上超大班额目标。因此,本建议将 66 人及以上班额,且随迁子女超过 50% 的小学,认定为学龄流动人口超限集聚学校。

区弹性治理圈，制定弹性就学预案，在政府或教育局备案，以便在随迁子女突发密集就学年份可以快速响应。

2. 针对流动学龄人口高聚集区域，划定弹性治理圈，建立区域间、区域内及校际的发展共同体，建立专项资源共享机制及具体办法

调研发现，学龄流动人口就学与产业集聚、居住成本及位置等因素显著相关，因此，应在市域范围制作随迁子女就学的空间集散分布图，标注学龄流动人口高聚集区域，直观地划定弹性治理圈，建立区域间、区域内及校际的资源发展共同体，建立专项资源共享机制及具体办法，提高资源的共享率和贡献率。比如，针对学龄流动人口"超限密集学校"，可以建设信息化共享专项，形成弹性治理圈的资源共享、合作共赢的具体机制及操作办法，划定弹性就学学区圈，对超限学员进行就近疏导。

3. 针对市域内大班额、大校额现象，建立学龄流动人口就学高峰调控专项基金

由市一级财政调配专项资金，制定学龄流动人口就学专项补助办法，建立学龄流动人口就学高峰应急调控基金，并确定基金使用的弹性标准。学龄流动人口就学高峰调控专项基金的使用方案必须包括以下几方面：

（1）当学龄流动人口在校就读人数超过学校学生总数的50%，且学校学生总数超过计划承载能力约47%时，[①] 启动学龄流动人口就学高峰调控专项基金和紧急调控办法。

（2）《城市普通中小学校校舍建设标准》规定，应在高峰调控基金中设置标准学校建设专项经费，根据需要扩建或新建校舍，保证义务教育小学学校硬件设施能满足优质均衡的需要。

（3）在高峰调控基金中，设置学龄流动人口就学补助及教师超工作量补助。

上述基金应根据全市各区比例进行单独列支，并及时划拨到学校，学校有自主使用权，并由学校承担基金的列支明细，市财政及审计部门行使监督审计权利。

---

① 根据教育部《义务教育阶段学校办学基本标准》及《关于做好2018年普通中小学招生工作的通知》的文件精神，小学标准班级限额45人，最多不能超过66人，因此计算超额人数占比要控制在47%以下。

4. 小学教育资源"项目制"弹性配置应坚持政策先行、全域超前规划的治理思路

打破现行义务教育体制中的资源配置壁垒，必要时可以借助市、区级教育委员会的主导功能，聚焦问题，制定专项治理的规划与方案设计，协调政府、财政、教育、督导等职能部门，组织项目落实。

（二）搭建信息预测监控及比对平台，及时发布学位预警

学龄流动人口规模猛增，对流入地教育发展的影响主要体现在三个方面：一是教育的需求量将会急剧增加；二是教育费用会迅速提高；三是对教育学位数量的需求会快速增加。传统意义上小学教育的基本形态是：基于户籍学龄人口的区域数量分布，就近入学接受义务教育。这种完全供给制下的小学教育资源配置是根据区域经济发展水平确定的教育财政投入比例，教育投入依据政府的各类学校办学所需教育资源的配置标准，基于户籍学龄人口在数量上的教育资源配置。

人口流动促进社会经济发展是毋庸置疑的，同时所引发的学龄人口流动给传统义务教育带来了较大的影响。对我国人口流动趋势预测分析可以发现，伴随着社会经济发展，未来人口流动增长趋势面向年轻化和老龄化，在2025—2035年，人口流动年轻化将趋向常态化。人口流动年轻化表明家庭化人口流动成为主流，具体来说，接受义务教育的适龄儿童将成为学龄人口流动的主体，因此，城市中小学教育将会受到学龄人口流动的影响，基于传统供给制的中小学教育资源配置将面临严峻的挑战。

因此，笔者建议结合小学教育资源分布的具体特征，搭建学龄人口流动信息预测比对平台，及时发布学位预警信息。例如，结合学龄流动人口密集小学所在的区县功能及其义务教育资源配置的基本特征，建立信息预测比对平台，及时发布学位预警。一般来说，政府对于区县功能的定位包括城市核心区、城市拓展区、城市发展新区、经济技术开发区及功能园区等。根据具有不同功能定位的区县在小学教育资源配置中的具体特征，进行信息监控及比对。

1. 城市核心区

一般认为，城市核心区是一个综合概念，代表城市在政治、经济、文化等城市核心功能的集中体现，对于人才、物质、信息等具有集聚效应，同时，对周边的区县产生一定的辐射作用，是各类优质资源较为集中的区域。虽然城市核心区具有很多传统意义上学校声誉较高的教育资源，但是核心区的形成往往需要长时间的积累，区内义务教育学校的规模和学校设施对学龄流动人口的吸纳能力十分有限，而且核心区的消费水平、生活成本也较周边区县更高一些，这从一定程度

上遏制了学龄人口的流入。对于城市核心区域的学龄流动人口而言，基本会处于相对稳定的状态，比如，大连市中山区、西岗区，学龄流动人口数量逐年下降。但是对于沈阳市皇姑区来说，情况稍有不同，皇姑区虽然是城市核心区，但属于老城区，而且由于市府南迁，带动城市建设向南发展，导致皇姑区的生活成本要低于城市新区，而且优质教育资源在皇姑区仍然具有一定的品牌效应，因此，皇姑区的学龄流动人口逐年增长。

2. 城市拓展区

城市拓展区，即原有的城乡接合资源区域。随着城市化进程和新近进城务工的家庭式流动人口增长，城乡接合区域的义务教育资源配置是备受关注的问题。位于城乡交界带状区域（或曾经位于城乡交界带状区域）的学校，容易出现大规模、大班型的情况，这与城乡之间的人口流动方式有密切关系。如何在义务教育入学机会公平和教育资源均衡配置的前提下，保证城乡接合区域享有优质资源，是地区义务教育资源配置多元治理中要重点解决的问题。应加强对人口预测与城市化演进过程的分析，制定适宜的人口引导政策，进行调控。

对于城市拓展区来说，学龄人口流动率在20%~30%时，优质资源配置弹性系数要达到与之相匹配的水平，即配置弹性系数要保证0.2~0.3的增长度。目前，城市拓展区的义务教育学校大班情况比较突出，属于学龄流动人口不稳定区域，要重点结合弹性机制要求，进行教育资源的弹性配置。

3. 新开发区域及重点建设功能园区

随着城市经济的增长与区域的开发建设，不断形成新的产业经济地带和人口居住区域，新的教育资源区域也随之形成。在此牵引下，本地区户籍学龄人口与学龄流动人口构成了本区域的学龄人口。从新开发建设的区域性质来看，学龄人口与义务教育资源是逐步融合的关系。例如，教育资源配置数量与质量需要在区域的人口与教育关系的认识中得到完善。因此，这种新开发资源区域属于学龄人口不稳定区域。

通过对以上三种主要的学龄人口流动区域进行信息预测数据的监控与比对，对不同区域学龄人口的变化态势进行提前掌控和规划；同时，建立学龄流动人口的诊断与评价机制，通过2008年以来约13年的学龄人口的流动及流向数据，建立分析模型，确定流动学龄人口聚集高风险区域；广泛收集数据，加强对流动家庭迁移意愿及教育需求的调研，做好相关研究跟进工作，及时对数据进行处理和分析；对区域内学龄人口超限聚集的"超大型校"，尤其是"巨型校"进行监控，提前2~3年发布学位预警。

在此基础上，应借助充分的调研，确定研究区县内学龄流动人口集聚的驱动力是以教育驱动为主还是教育与经济双重驱动，并做好相应配套建设，对于有新建功能园区、经济技术开发区规划需要的区县，要提前做好人口城市化的配套准备，尤其是学前教育和义务教育配套；对于已相对成熟的区县来说，要做好人口引流方案，做好学龄人口数量及规模的预测工作，及时兴建新校区或新建小学；加强对流动学龄人口教育需求倾向变化的调查与预判，增加学龄流动人口及其家庭教育体验的反馈与评价，及时获取义务教育资源配置的相关影响因素的动态信息，对其动态变化方向予以关注，并将其纳入预测模型的计算。

（三）建立基础教育资源配置阶梯式适配标准，加强义务教育标准化建设和内涵建设

本书始终坚持在一定的时空条件下展开研究。义务教育资源优化配置同样必须坚持在一定的时空条件基础上，以耦合协调的配置理念为基本价值取向，对配置区域的学龄流动人口进行基于经济、社会、人口、教育等基本要素的综合协调配置，从而建立义务教育资源优化配置模式同经济、社会、人口、教育等领域的关系链接，实现科学、合理、优化的资源配置模式。在对辽宁省 2008—2018 年 14 个地级市、100 个区县（县级市）义务教育学校的配置情况进行全面调查的基础上发现，受经济发展、自然条件、社会环境、资源禀赋等因素的影响，辽宁省义务教育资源配置仍然存在较大差异。尽管各区县（县级市）在各级政府要求下，不断提高资源投入的力度和强度，但对于中小学的资源建设来说，仍然未必能在短时间内达到理论意义上的适配，因此，必须建立符合区县实际的阶梯式教育资源适配标准，逐步推进各类区域基础教育资源配置呈阶梯式良性发展，逐步实现标准化建设。

第六章中的 2018 年学龄流动人口"超大型校"（包括"巨型校"）小学教育资源配置明细表（表 6.11）显示，2018 年，辽宁省共有 33 所学龄流动人口，"超大型校"，其中，"巨型校"10 所、学龄人口流动率超过 50% 的学校 19 所。在 33 所小学的资源配置明细表中，除了对标《通知》精神中关于中小学标准化建设 8 项指标外，还根据研究需要，增加了班级数、学生总数、生班比、学龄人口流动率、网络多媒体教室 5 项指标。通过分析，在学校标准化建设中比较充足的教育资源是教学仪器设备、计算机数量、图书、多媒体教室 4 项。而处于缺乏或不足状态的指标主要是生均体育运动场馆面积、生均教学辅助用房面积、生师比、班级数、学生总数及班均人数 6 项指标。这 6 项指标，主要反映出小学在建设面积规划、师资配备等方面的问题。因此，要推进学校标准化建设，必须着力解决这 6 项指标中的问题。

但是，应该看到，辽宁省内各地级市及区县（县级市）之间在资源分布、人口居住密度、分布方式、资源配备及利用效率等方面都普遍存在较大差异，现有的基础教育资源配置的适配标准并不能完全适用于学龄流动人口集聚区县义务教育资源的适配情况，因此，研究认为，必须采用动态、弹性平衡的适配标准，建立指向均衡配置目标的阶梯式适配标准，同时加强资源薄弱学校的内涵建设，通过相应措施，引导学龄流动人口集聚区县的中小学分解目标，并循序渐进地达到适配标准。具体建议如下：

1. 根据特定区县中的典型学校的实际情况，具体制定阶梯适配标准及实现方案，必要时要做到一校一案

具体来说，就是根据学校在配置中存在的具体"短板"，进行目标拆解，制订2~3年的阶梯式配置计划，由易到难，有针对性地解决资源薄弱问题。根据第六章2018年学龄流动人口"超大型校"（包括"巨型校"）小学教育资源配置明细表（表6.11），选取学校S1~S5进行分析，学校S1~S5的具体配置情况如表8.1所示。

表8.1 学校S1~S5的配置明细

学校代码	指标1:生均教学及辅助用房面积(m²)	指标2:生均体育运动场馆面积(m²)	指标3:生均教学仪器设备值(元)	指标4:每百生拥有计算机台数(台)	指标5:生均图书册数(册)	指标6:师生比	指标7:生均高规定学历教师数(人)	指标8:生均中级及以上专业技术职务教师数(人)	补充指标1:班级数(个)	补充指标2:学生总数(人)	补充指标3:生均班比	补充指标4:学龄人口流动率(%)	补充指标5:网络多媒体教室(间)
S1	3.42	4.60	1147.3	13.43	29.32	24.60	0.047	0.035	69	4059	58.83	40.33	83
S2	1.45	4.84	2219.9	17.28	30.27	20.07	0.052	0.040	52	2709	52.09	45.25	53
S3	2.74	4.09	804.8	13.96	31.58	18.50	0.051	0.048	41	2442	59.56	47.62	49
S4	5.34	10.75	4556.7	20.05	49.23	18.06	0.054	0.037	40	2005	50.13	43.14	60
S5	1.29	2.70	1162.6	14.48	26.83	28.29	0.035	0.023	38	2065	54.34	53.26	38

以《通知》中关于中小学标准化建设 8 项指标为依据，如表 8.2 所示，对选取的 5 所学校的资源配置情况进行分析。

表 8.2 辽宁省小学标准化建设 8 项指标

	班型—人数	指标 1：生均教学及辅助用房面积（m²）	指标 2：生均体育运动场馆面积（m²）	指标 3：生均教学仪器设备值（元）	指标 4：每百生拥有计算机台数（台）	指标 5：生均图书册数（册）	指标 6：职生比	指标 7：生均高于规定学历教师数（人）	指标 8：生均中级及以上专业技术职务教师数（人）
普通小学	12 班 540 人（45 人/班）	2.94	10.87	1706.76	14	30	1：19	0.047	0.040～0.042
	18 班 810 人（45 人/班）	2.51	7.25	1373.39	14	30	1：19	0.047	0.040～0.042
	24 班 1080 人（45 人/班）	2.31	11.67	1251.12	14	30	1：19	0.047	0.040～0.042
	30 班 1350 人（45 人/班）	2.18	13.56	1156.94	14	30	1：19	0.047	0.040～0.042

经过对标，以学校 S1 为例，学生总数达 4059 人，其补充指标 1 和补充指标 3 的数据显示，该校属于"超大型校"中的"巨型校"。学校 S1 除了生均教学辅助面积、教学仪器和图书量 3 项指标达标之外，其他指标均有不足。具体来说，（1）学生数、班级数严重超标；（2）生均体育场馆面积低于标准；（3）生班比虽然超标，但仍在教育部《义务教育阶段学校办学基本标准》及《关于做好 2018 年普通中小学招生工作的通知》的文件规定的最多 66 人的范围内；（4）职生比与生均中级及以上专业技术职务教师数在标准以下。

通过对学校 S1 配置情况的分析，提出如下改进方案：（1）加强师资队伍建设，在 2～3 年内通过教师公开招聘提高学校师资力量，加强高质量师资队伍的建设；（2）通过对专家、教育管理部门、家长（尤其是学龄流动人口家长）进行调研，判断学校在未来 3～5 年内的学龄人口增长情况；（3）根据学龄人口流动趋势的预测结果，决定是否需要在人口密集区域兴建新学校或建设分校区，以缓解学校的承载压力；（4）探讨与社会力量或社区联合，合力解决学生活动场地或实践场所问题。

基于上述分析，阶梯式配置标准要结合研究学校的实际问题，不能搞"一刀切"式的阶梯标准，通过精准分析，合理控制学校规模，超前、及时建立新学校或学校的新校区、分校区，争取做到对点问题的精准解决，其他学校也可以按照上述思路进行对标并建立阶梯式适配标准。

2. 加强学校软性资源的内涵建设

加强教育资源的内涵建设，比如，充分发掘信息与技术资源的功能维度，弥补有限硬件资源带来的教学资源不足，提高有限资源的使用效率。从辽宁省目前的教育资源配置总量来看，已基本达到国家均衡水平，这说明教育资源的硬件配置总体数据已经基本达标或趋于优质，但是要警惕综合水平达标对不达标数据的掩盖效应。对于某些低于标准的指标，要通过多渠道扩容和内涵建设的方式进行改进。

（1）应将配置的重点转到软性建设及内涵建设上。以表8.1为例，学校S1、S2和S5，生均中级及以上专业技术职务教师数分别为0.035人、0.040人、0.023人（相当于100位学生配备分别3.47位、3.98位、2.23位中级以上专业技术职务教师），低于标准0.040~0.042人（相当于100位学生配备4~4.2位中级以上专业技术职务教师）的范围。优质师资的缺乏并非短时间内可以解决，因此，可以通过组织教师进修、学习，请优秀教师到校研讨、授课等"走出去、请进来"的方式，提升教师自身的教学能力及科研水平，使有限的师资队伍发挥更大的能力。同时，加强教师队伍的梯队建设，使更多年轻、优秀的教师成长进步，进入骨干教师梯队，夯实师资队伍基础。

（2）提高硬件设备的利用效率，加强教育资源的内涵建设，充分发挥网络优质教育资源的共建、共享优势，不断增加现有教学设施的价值载荷，为其赋能。比如，充分发掘信息与技术资源的功能维度，弥补有限硬件资源带来的教学效率的增长，从辽宁省目前的教育资源配置数量及质量来看，已经达到国家均衡水平，这说明教育资源的硬件配置已经达标或趋于优质，应将配置的重点转到软性建设上来。表8.1中，通过补充指标1和补充指标5的对比发现，5所学校的多媒体教室间数均大于或等于班级个数，表明5所学校在信息化建设中，都能做到充分保证网络平台数量的充足。那么，在此基础上，加强信息与技术资源的开发、使用、共享平台的建设就具备了硬件设备的基础，可以通过网络平台建立区内、市内、省内优质课程建设、优质师资共享项目，既提高了信息化设备的利用率和使用效率，又在一定程度上弥补了优质师资不足的问题，一举多得。对于硬件资源的开发，要围绕软件资源的支撑技术及平台，包括对相关信息与技术平台的研发和使用效率的提高策略等方面。以此为契机，不断向小学教育资源的内涵建设和高质量配置等目标推进。

2020 年全球新冠肺炎疫情的爆发，给我国乃至世界的经济发展带来了巨大的冲击，尽管我国是疫情期间第一个实现经济正增长的国家，但我国经济发展仍遭受着应激性紧缩带来的影响，必然对城市流动人口群体的流动活性产生强烈的抑制作用。在这样的背景下，已经进入城市就学的学龄流动人口群体未必能受到影响，因为流动人口家庭会尽最大努力维系和保持其在城市中扎根的奋斗成果，但对于有流入城市愿望，还没有进入城市的劳动力人口和家庭，会有明显的阻碍作用。从这个角度来说，城市学龄流动人口数量不会在短期内持续高强度增长，其涨幅放缓的过程，对于城市教育资源的优化和调整是一个难得的契机。

四、基于大连市甘井子区学龄流动人口预测 数据的配置建议

（一）对大连市甘井子区的调研

2006 年前后，大连市在行政区划上基本完成了全域城市化的建设，实现了由县向区、由村镇向社区的转变。[①] 但应该看到，在大连市内 4 区中，尤其是甘井子区，城乡二元体制并没有随着行政区划的改变而在本质上发生改变，区内城乡二元结构特征明显，是大连市城市化进程中改革建设的重点区域，也在一定程度上代表了我国城市化发展中城乡义务教育资源配置与规划中的普遍矛盾和主要问题。城乡二元的分隔仍起着不可忽视的实际作用，深刻地影响着我国义务教育，尤其是小学教育的高水平、均衡配置与全面发展。在大连城市化进程推进过程中，外来务工人员数量的增长是衡量城市化推进进程的重要指标和评估依据。2018 年，笔者对大连市甘井子区 2003—2018 年义务教育小学阶段学龄流动人口就学情况进行了全面调研，考察学龄流动人口的校际分布情况及空间变动趋势。调研发现，大连市甘井子区有清晰而明显的城乡边界，而且城乡之间的连接不是一条清晰的交界线，而是以交界线为中轴，辐射出一条带状区域，带状区域由不成熟到日益成熟逐步推进的过程，实际上反映了甘井子区城市化推进的进程。

对大连市 15 年、10 年及 5 年前的阶段数据进行分析，结果显示，位于城乡交界带状区域（或曾经位于城乡交界带状区域）的学校呈辐射状散开，并呈现显

---

① 大连市政府对甘井子区的城市功能定位进行调整，将其由城乡接合部转变为城市拓展区。

著的梯度推进的发展态势，具体表现为：

（1） 10~15 年前的城乡交界带状区域，现在趋于稳定，学龄流动人口数量占学生总数的 10%~20%，如机场前街道、周水子街道、甘井子街道所属辖区内的部分小学。

（2） 5~10 年前的城乡交界带状区域，比例有所降低但仍处于高水平状态，学龄流动人口数量占学生总数的 40%~50%，如红旗街道、泡崖街道、泉水街道辖区内的部分小学。

（3） 至今 5 年左右的城乡交界带状区域，流动人口异常密集，学龄流动人口数量占学生总数的 70%~80%，如营城子街道、辛寨子街道、革镇堡街道、南关岭街道、大连湾街道等辖区内的小学。

根据上述调研结论，我们可以大胆推测，在城市化进程中，城乡交界带状区域会首先呈现外来人口的密集增长和无序流动的特征，外来务工人口向城市流动的基本路径是首先流动到城乡交界的位置，再向城市边缘流动。因此，城乡交界带状区域的义务教育小学阶段往往呈现与外来人口流动同驱性的特征，大规模、大班型学校在城乡交界带状区域密集出现，就是一个有力的证明。

应该看到，城乡交界带状区域是推进城市化进程的带有过渡性质的关键区域，对带状区域学龄流动人口的预测与超前规划以及对小学教育资源的合理配置是城市化推进过程中不可忽视，也不能回避、无法跨越的重要环节与步骤。

（二） 基于有限资源合理配置的思考及资源配置建议

大连市甘井子区小学流动学龄人口的布局演变及资源配置中存在的问题，是我国学龄流动人口及其教育资源配置中存在的普遍问题，这与我国城乡之间的人口流动方式有密切关系。从深层次分析，这是复杂的社会问题，解决的根源在于城区有次序、分步骤推进城市化发展，尤其是做好学龄流动人口在城市拓展区的带状区域教育资源的合理布局和规划工作，加强对非户籍人口预测与城市化演进过程的分析，制定适宜的人口引导政策，减少人口无序流动造成的教育资源紧张、不足等问题，真正推动大连市各区协调发展的城市化进程。

1. 根据小学的有效服务范围，调整学区划分方式，划定"大学区"弹性治理圈

计算小学的有效服务范围，确定服务底线和足够的弹性空间。针对学龄流动人口集聚状态的小学，本书根据城市小学有效服务半径的配置要求，确定城市小学的弹性空间范围。通过前文分析可知，学龄流动人口密集学校教育资源的优化配置可以通过划定弹性治理圈进行压力均摊，那么，弹性治理圈的精准划定应通

过对小学服务范围的划定予以确定。

目前，大连市甘井子区的小学学区划分方式在供需平衡中存在一定的问题，具体表现为划分原则不合理和划分区域不合理。在现实中，学区基本是以街道、小区等边界为划分依据，导致一些学区的划分并不是呈均匀的近似几何形状，它可能包含了较远的区域，或是学区内的小学并不处于学区中心位置，而可能出现在学区边缘位置。这些问题不能排除小学在历史沿革中自然选择的结果，但同时还有一些人为因素，如学区房政策的出台和实施直接导致了小学学区划分区域不合理的问题。甘井子区比较有代表性的是大连市第八十中学附属小学和大连市甘井子区实验小学。学区房政策实质上体现了家庭社会综合资本的博弈，家庭的经济收入、受教育程度等都在这一博弈过程中转化为优质教育资源，这在社会快速发展、城市优势资源迅速集结的时代背景下是不可避免的。因此，应该正视和承认问题的存在，并积极探讨对城市优质教育资源的合理分配和利用，将城市中的优质教育资源作为区域小学资源优化的带动力量。

在现行教育阶段，"就近入学"是我国实行义务教育过程中必须依据的一项重要政策，但同时应该看到，"就近入学"这一政策在解决义务教育事实上的不公平和切实促进义务教育优质均衡发展方面的局限性。要在学区划分基础上加强校际合作，促进校际优质资源的交流和互补。

在弹性"大学区"划定过程中，全国各地也有许多有益经验。比如，大连市西岗区的一些做法值得借鉴。2011 年，西岗区推行了"片区—校群"管理模式，是对"大学区"举措的尝试。西岗区根据中小学学区划分情况，把全区 30 所中小学分为 9 个片区，其目的是通过优质资源集中、共享和管理方式的互补互动，提高教学质量，达到提升质量、稳定特色的目标。对于大连市甘井子区现阶段发展需要而言，可以有以下三方面的尝试：

第一，组成"强强联合""强弱帮扶""优势互补"的校际合作"大学区"，最大限度地提升优质教育覆盖面，促进学龄流动人口接受资源充足而均衡的发展需要。针对城市小学，可在单校学区划分基础上，以街道为界，划定边界清晰、包含多所小学的"大学区"，"大学区"应包含优质学校和薄弱学校，形成由强弱学校搭配或资源差异搭配而组成的发展共同体，学龄流动人口可以就近加入由多所城市小学组成的"大学区"。

第二，实现校际教师稳定、有效的交流机制，开展密切的"大学区"教育教学协作。"大学区"要集中区域内优质的教师资源、学科课程资源、软硬件资源，组建"大学区"学科专家团队，由优质学校牵头，发挥优质学校的榜样带头作用，发掘其成功经验及理念，最重要的是帮助薄弱学校分析其薄弱之处。搭建教师间定期沟通的平台以及共同备课、说课、评课的机制，只有这样，才能做到校际间的积极互动，逐步在课程标准、教学内容、教学教法学法及质量标准等方面达成共识，充分带动薄弱学校从教学理念到教学实施策略的提升。

第三，面对成功经验，资源薄弱学校不能照搬照抄，要深入发掘自身独特的文化资源，立足本身，进行原生态文化资源的开发。在"大学区"共谋利益的基础上，允许各个学校发展自己的个性与特色，真正调动起每个学校的潜在教育资源。在这个过程中，各学校通过交流，应该达到互相启发、共同进步的目的，而不是资源薄弱学校对优质学校经验的简单模仿和不加消化的吸收，尤其是针对学龄流动人口集聚的就学状态，应推出有效的资源共享与互助方案。

2. 位于城市拓展区学龄流动人口密集带状区域（或曾经位于带状区域）的小学，容易出现大规模、大班型的情况，这与城区之间的人口流动方式有密切关系，应加强对人口预测与城市化演进过程的分析，制定适宜的人口引导政策，进行调控。

20世纪90年代以来，随着我国城市发展建设的需要和城市准入门槛的降低，劳动力人口的乡城流动日益活跃，而其流动的基本规律是劳动力人口先流动到城市拓展区边界的位置，再向城市中心区域流动。因此，城市拓展区学龄流动人口密集的带状区域会在城市化进程推进中，首先呈现出人口密集增长、无序流动的特征，但应该认识到，带状区域是推动城市化进程的带有过渡性质的关键区域，对带状区域的合理规划和对带状区域包括学校在内的公共服务设施的超前规划，是城市化进程中不可忽视的重要环节。

大规模、大班型学校的出现，反映了城市化进程忽视城市拓展区边缘带状区域公共服务设施规划的现实问题。虽然在本书中，我们运用弹性配置的方式对甘井子区小学进行"大学区"优化，但应该看到的是，甘井子区在小学布局中存在的问题，从深层次分析，是复杂的社会问题，解决的根源在于甘井子区全域有次序、分步骤地推进城市化发展，尤其是做好城乡交界带状区域教育布局的合理规划；加强对人口预测与城市化演进过程的分析；制定适宜的人口引导政策；减少人口无序流动造成的教育资源紧张与不足，真正推动甘井子区的城市化发展进程。

目前，从城区功能来说，甘井子区作为城市拓展区，是大连市城市发展与建设的重要组成部分，具有与主城区相协调的发展需要，建议通过有效的产业和适当的人口政策引导人口去公共服务设施完备的地区接受教育和生活，促进公共教育与当地经济、环境相匹配，协调发展。

因此，建议重新规划城市拓展区的学龄流动人口带状区域及其附近的基础教育设施布局，根据其现行产业的特点和人口流动的基本规律，合理化教育等公共服务设施的基本配置，这也是在城市化发展过程中，使城市经济、教育、人口结构更为合理的必经之路，更是现代社会的基础设施，任何国家或城市在其城市化推进过程中，都无一例外地重视义务教育作为公共服务的基本设施在其地区发展中不可替代的作用，都坚持通过建立和完善教育系统来促进地方和国家的发展。因此，要通过政策调控非户籍人口在区域间的无序流动状态，加强对劳动力人口和学龄人口流动规律的预测，解决因为人口的无序流动给农村教育资源配置带来的巨大麻烦，调整教育投资结构，优化教育网点布局。只有这样，才能使无序流动的学龄人口逐渐稳定，进而提升农村小学的内涵建设。

结束语

（一）本书获得的主要研究结论

第一，学龄人口区域流动受区域人口、经济、社会、教育等因素的综合作用影响，因此，对学龄人口流动趋势的预测必须基于综合调节理论 PESE 分析框架，借助权威专家的权重赋值，最终确立学龄人口流动趋势预测模型。

第二，目前，我国学龄流动人口区域集聚呈现新态势，形成珠三角、长三角等核心连片聚集及北京市、上海市、深圳市、大连市等多个点式膨胀聚集区域，在人口城镇化发展过程中，学龄流动人口在义务教育和升学方面逐渐有了更为迫切的需求，其对优质教育资源的追求正逐渐成为影响人口流动和集聚的重要驱动机制，学龄人口区域流动的不确定性加强，对义务教育阶段的教育资源的动态、弹性配置提出了迫切需求。

研究发现，学龄流动人口家庭主要基于经济和教育的双重驱动进行迁移决策，因此，对于以"不确定流动"为主要特征的学龄人口群体而言，对其流向和流量的预测是配置的重要依据，直接关系区域内义务教育学校教育资源的供需情况和供需格局。教育资源配置与规划需要结合学龄人口的流动趋势进行统筹分析，以保持教育资源的弹性和动态配置，提高教育资源的利用效率。

第三，建立义务教育阶段教育资源配置的弹性平衡机制，针对流动学龄人口高聚集区域，划定弹性治理圈，建立区域间、区域内及校际的发展共同体，建立专项资源共享机制及具体办法；针对市域内大班额、大校额现象，建立学龄流动人口就学高峰调控专项基金；学校教育资源"项目制"弹性配置应坚持政策先行、全域超前规划的治理思路。同时，政府对于区县功能的定位包括城市核心区、城市拓展区、城市发展新区、经济技术开发区及功能园区等。根据具有不同功能定位的区县在小学教育资源配置中的具体特征进行信息监控及比对，主要包括：根据特定区县中典型学校的实际情况，具体制定阶梯适配标准及实现方案，尽量做到一校一案；加强学校软性资源的标准化建设和内涵建设。

（二）有待完善的问题

第一，目前获取的关于我国中小学教育资源配置情况的相关数据，更多的是对可量化硬件数据的采集和分析，在研究推进的过程中，由于不能获得关于中小学教育资源使用情况的准确、客观的数据和水平评估，以至于在推断和评判资源配置效率的问题上，还存在很多缺憾。在后续的研究中，或者有其他学者对这方面问题感兴趣，希望能够有所推进，建立基于学龄人口区域流动的小学教育资源数量及质量的全面评估。同时，在资源配置数据统计方面，也希望相关统计部门做一些内涵数据的收集及评估，以方便研究者对数据进行深度分析，并据此提出翔实而精准的建议和意见。

第二，因为新冠肺炎疫情的影响，我们要做好两手准备，一方面，加强乡村义务教育小学的建设；另一方面，在疫情影响过后的 3~5 年内，做好城市流动人口反弹的准备，当然，现今时代互联网技术的发展与成熟，也会为流动人口及学龄流动人口的留城就学提供信息与技术的支持。

第三，由于本书仅针对学龄流动人口群体进行预测，并不考虑户籍人口的自然变动情况，结合其他研究结论，我国在 2021 年迎来"二孩政策"以来的学龄人口自然增长，因此，户籍学龄人口与区域学龄流动人口二者共同对学校教育产生关联性影响。在未来研究中，可以根据研究区域的需要，对户籍学龄人口与学龄流动人口两者作合并研究，对常住学龄人口的变化趋势进行预测。

（三）未来研究展望

本书对于微观数据的选取主要基于学龄人口流动规模及学校教育资源配置数量等客观数据，但其实在学龄人口流动过程中，学龄流动人口家庭的主观选择也是影响其流动意愿的一个重要因素。但是，现有的研究并没有从学龄人口的教育属性角度对义务教育资源配置进行研究。也就是说，学龄人口流动与义务教育资源配置的关系是一种对优质教育的需求与供给的关系，而这种关系具有不连续教育选择倾向和不确定的资源配置属性。

本书及时关注了学龄人口个体及家庭在执行迁移策略过程中的个人及家庭禀赋、情境要素、教育需求倾向、受教育体验，将其纳入小学教育资源配置的影响及驱动因素中，描述和解释学龄人口流动背后"迁移决策"发生的机制和模式，以便对学龄人口流动趋势进行合理的预测和资源的动态配置。

社会选择理论的核心内容是研究与探讨个人选择行为（个人选择偏好）与集体选择行为之间的关系，也就是说，这种关系的建立有助于解决各种社会决策能否满足个体行为选择需要、能否对社会系统的行为属性进行有效划分、对运行方式的评价以及对发展趋势的预测等问题。

社会选择理论研究的出发点在于对社会选择的界定。从现有的研究成果可以看出，有两种情形下的社会选择对象：一是个人偏好与社会决策之间的关系，即基于偏好论的社会选择；二是基于福利论的社会选择。

1. 基于偏好论的社会选择

这种社会选择理论主要是研究个人偏好和集体选择之间的关系，从而探讨社会事务中的有关决策能否满足个人偏好。现有的主要观点是：（1）个人选择建立在一定的理性假设基础上，并且每个人都有自己的价值偏好和评价标准；（2）不同个体之间的选择偏好和标准具有差异性；（3）在社会进步与发展中，如何将不同的个人偏好融合为社会偏好是社会选择理论研究的目标。也就是说，从不同差别中寻求一致性是社会选择的理想状态。

2. 基于福利论的社会选择

由于社会选择为社会经济决策提供了重要的理论依据，成为福利经济学研究的基础。基于这种研究角度有以下三种观点：（1）在由个人组成的社会中，存在着符合个人价值偏好的自我评价标准，探讨这些自我评价标准的差异性是有意义的；（2）如何将福利经济学中的社会评价标准推广到非经济范畴中是一个有价值的课题；（3）社会选择理论研究最有意义的是，如何在尊重个人选择基础上建立一种社会选择标准。

实际上，虽然社会选择理论建立的初衷是研究基于个人选择的组织选择行为，其基本问题是能否从个体偏好中得到符合总体特征的组织（集体）选择，如果这种情形是可行的，那么，采用什么样的研究路径则是解决问题的关键。也就是说，如果能够对不同社会形态进行有效的评价，我们就可以制定相应的社会福利政策。从中可看出，对社会选择问题的探究不仅是福利经济学的核心内容，对于其他社会事务的政策制定也具有重要意义。

附　　录

附录 A　义务教育学校标准化建设指标

　　以辽宁省为例，根据《辽宁省教育厅关于进一步加强义务教育学校标准化建设工作的通知》要求，辽宁省普通中小学标准化建设指标如表 A1 所示，详见辽教发〔2013〕97 号文件附件内容。

表 A1　辽宁省普通中小学标准化建设指标

	班型—人数	指标 1：生均教学及辅助用房面积（m²）	指标 2：生均体育运动场馆面积（m²）	指标 3：生均教学仪器设备值（元）	指标 4：每百生拥有计算机台数（台）	指标 5：生均图书册数（册）	指标 6：职生比	指标 7：生均高于规定学历教师数（人）	指标 8：生均中级及以上专业技术职务教师数（人）
普通小学	12 班 540 人（45 人/班）	2.94	10.87	1706.76	14	30	1∶19	0.047	0.040~0.042
	18 班 810 人（45 人/班）	2.51	7.25	1373.39	14	30	1∶19	0.047	0.040~0.042
	24 班 1080 人（45 人/班）	2.31	11.67	1251.12	14	30	1∶19	0.047	0.040~0.042
	30 班 1350 人（45 人/班）	2.18	13.56	1156.94	14	30	1∶19	0.047	0.040~0.042

续表

班型—人数	指标 1:生均教学及辅助用房面积（m²）	指标 2:生均体育运动场馆面积（m²）	指标 3:生均教学仪器设备值（元）	指标 4:每百生拥有计算机台数（台）	指标 5:生均图书册数（册）	指标 6:职生比	指标 7:生均高于规定学历教师数（人）	指标 8:生均中级及以上专业技术职务教师数（人）
普通中学	12班600人（50人/班）	3.17	9.78	2833.84	14	40	1:13.5	0.058	0.052~0.058
	18班900人（50人/班）	2.83	13.08	2101.23	14	40	1:13.5	0.059	0.052~0.059
	24班1200人（50人/班）	2.65	10.50	1738.39	14	40	1:13.5	0.059	0.052~0.059
	30班1500人（50人/班）	2.25	12.20	1577.63	14	40	1:13.5	0.059	0.052~0.059

附录 B　典型区域行政区划代码[①]

　　根据研究需要，通过便民查询网，对行政区划进行查询，获得上海市、宁夏回族自治区、辽宁省行政区划代码，如表 B1 所示。

表 B1　典型区域行政区划代码

省/直辖市	所辖行政区	行政区划代码	县/县级市/区	代　　码
上海市 （部分） 310000000000	黄浦区	310101000000	南京东路街道	310101002000
			外滩街道	310101013000
			半淞园路街道	310101015000
			小东门街道	310101017000
			豫园街道	310101018000
			老西门街道	310101019000
			五里桥街道	310101020000
			打浦桥街道	310101021000
			淮海中路街道	310101022000
			瑞金二路街道	310101023000
	徐汇区	310104000000	天平路街道	310104003000
			湖南路街道	310104004000
			斜土路街道	310104007000
			枫林路街道	310104008000
			长桥街道	310104010000
			田林街道	310104011000
			虹梅路街道	310104012000
			康健新村街道	310104013000
			徐家汇街道	310104014000
			凌云路街道	310104015000
			龙华街道	310104016000
			漕河泾街道	310104017000
			华泾镇	310104103000
			漕河泾新兴技术开发区	310104501000

　　[①]　便民查询网.行政区划查询.https://xingzhengquhua.bmcx.com/210000000000__xing-zhengquhua/.

续表

省/直辖市	所辖行政区	行政区划代码	县/县级市/区	代　码
	虹口区	310109000000	欧阳路街道	310109009000
			曲阳路街道	310109010000
			广中路街道	310109011000
			嘉兴路街道	310109014000
			凉城新村街道	310109016000
			四川北路街道	310109017000
			北外滩街道	310109018000
			江湾镇街道	310109019000
	浦东新区	310115000000	潍坊新村街道	310115004000
			陆家嘴街道	310115005000
			周家渡街道	310115007000
			塘桥街道	310115008000
			上钢新村街道	310115009000
			南码头路街道	310115010000
			沪东新村街道	310115011000
			金杨新村街道	310115012000
			洋泾街道	310115013000
			浦兴路街道	310115014000
			东明路街道	310115015000
			花木街道	310115016000
			川沙新镇	310115103000
			高桥镇	310115104000
			北蔡镇	310115105000
			合庆镇	310115110000
			唐镇	310115114000
			曹路镇	310115117000
			金桥镇	310115120000
			高行镇	310115121000
			高东镇	310115123000
			张江镇	310115125000
			三林镇	310115130000
			惠南镇	310115131000

续表

省/直辖市	所辖行政区	行政区划代码	县/县级市/区	代　码
			周浦镇	310115132000
			新场镇	310115133000
			大团镇	310115134000
			康桥镇	310115136000
			航头镇	310115137000
			祝桥镇	310115139000
			泥城镇	310115140000
			宣桥镇	310115141000
			书院镇	310115142000
			万祥镇	310115143000
			老港镇	310115144000
			南汇新城镇	310115145000
			芦潮港农场	310115401000
			东海农场	310115402000
			朝阳农场	310115403000
			中国（上海）自由贸易试验区（保税片区）	310115501000
			金桥经济技术开发区	310115502000
			张江高科技园区	310115503000
宁夏回族自治区（部分）640000000000	银川市	640100000000	市辖区	640101000000
			兴庆区	640104000000
			西夏区	640105000000
			金凤区	640106000000
			永宁县	640121000000
			贺兰县	640122000000
			灵武市	640181000000
	石嘴山市	640200000000	市辖区	640201000000
			大武口区	640202000000
			惠农区	640205000000
			平罗县	640221000000

续表

省/直辖市	所辖行政区	行政区划代码	县/县级市/区	代　　码
辽宁省 210000000000	沈阳市	210100000000	市辖区	210101000000
			和平区	210102000000
			沈河区	210103000000
			大东区	210104000000
			皇姑区	210105000000
			铁西区	210106000000
			苏家屯区	210111000000
			浑南区	210112000000
			沈北新区	210113000000
			于洪区	210114000000
			辽中区	210115000000
			康平县	210123000000
			法库县	210124000000
			新民市	210181000000
	大连市	210200000000	市辖区	210201000000
			中山区	210202000000
			西岗区	210203000000
			沙河口区	210204000000
			甘井子区	210211000000
			旅顺口区	210212000000
			金州区	210213000000
			普兰店区	210214000000
			长海县	210224000000
			瓦房店市	210281000000
			庄河市	210283000000

省/直辖市	所辖行政区	行政区划代码	县/县级市/区	代　码
			市辖区	210301000000
			铁东区	210302000000
			铁西区	210303000000
	鞍山市	210300000000	立山区	210304000000
			千山区	210311000000
			台安县	210321000000
			岫岩满族自治县	210323000000
			海城市	210381000000
			市辖区	210401000000
			新抚区	210402000000
			东洲区	210403000000
	抚顺市	210400000000	望花区	210404000000
			顺城区	210411000000
			抚顺县	210421000000
			新宾满族自治县	210422000000
			清原满族自治县	210423000000
			市辖区	210501000000
			平山区	210502000000
			溪湖区	210503000000
	本溪市	210500000000	明山区	210504000000
			南芬区	210505000000
			本溪满族自治县	210521000000
			桓仁满族自治县	210522000000
			市辖区	210601000000
			元宝区	210602000000
			振兴区	210603000000
	丹东市	210600000000	振安区	210604000000
			宽甸满族自治县	210624000000
			东港市	210681000000
			凤城市	210682000000

续表

省/直辖市	所辖行政区	行政区划代码	县/县级市/区	代　码
	锦州市	210700000000	市辖区	210701000000
			古塔区	210702000000
			凌河区	210703000000
			太和区	210711000000
			黑山县	210726000000
			义县	210727000000
			凌海市	210781000000
			北镇市	210782000000
	营口市	210800000000	市辖区	210801000000
			站前区	210802000000
			西市区	210803000000
			鲅鱼圈区	210804000000
			老边区	210811000000
			盖州市	210881000000
			大石桥市	210882000000
	阜新市	210900000000	市辖区	210901000000
			海州区	210902000000
			新邱区	210903000000
			太平区	210904000000
			清河门区	210905000000
			细河区	210911000000
			阜新蒙古族自治县	210921000000
			彰武县	210922000000
	辽阳市	211000000000	市辖区	211001000000
			白塔区	211002000000
			文圣区	211003000000
			宏伟区	211004000000
			弓长岭区	211005000000
			太子河区	211011000000
			辽阳县	211021000000
			灯塔市	211081000000

省/直辖市	所辖行政区	行政区划代码	县/县级市/区	代　码
	盘锦市	211100000000	市辖区	211101000000
			双台子区	211102000000
			兴隆台区	211103000000
			大洼区	211104000000
			盘山县	211122000000
	铁岭市	211200000000	市辖区	211201000000
			银州区	211202000000
			清河区	211204000000
			铁岭县	211221000000
			西丰县	211223000000
			昌图县	211224000000
			调兵山市	211281000000
			开原市	211282000000
	朝阳市	211300000000	市辖区	211301000000
			双塔区	211302000000
			龙城区	211303000000
			朝阳县	211321000000
			建平县	211322000000
			喀喇沁左翼蒙古族自治县	211324000000
			北票市	211381000000
			凌源市	211382000000
	葫芦岛市	211400000000	市辖区	211401000000
			连山区	211402000000
			龙港区	211403000000
			南票区	211404000000
			绥中县	211421000000
			建昌县	211422000000
			兴城市	211481000000

附录C 学龄流动人口"超大型校"（包括"巨型校"）代码

本书对义务教育学校学龄流动人口学校规模变化趋势进行分析，涉及学龄流动人口"超大型校"（包括"巨型校"）信息，对其进行代码处理，学校具体代码如表C1所示。

表C1 33所学龄流动人口"超大型校"（包括"巨型校"）信息代码表

学校编号	学校代码	机构代码	学校标识码
学校1	S1	211402000000	2121000524
学校2	S2	210213000000	2121003808
学校3	S3	211302000000	2121000097
学校4	S4	210106000000	3121005688
学校5	S5	210111000000	2121002871
学校6	S6	210213000000	2121004433
学校7	S7	210102000000	2121004497
学校8	S8	210212B40000	2121000065
学校9	S9	210211000000	2121005167
学校10	S10	210211000000	2121005175
学校11	S11	210213000000	2121005023
学校12	S12	210213000000	2121004919
学校13	S13	211402000000	2121000503
学校14	S14	210213000000	2121004174
学校15	S15	210213000000	2121004960
学校16	S16	210212B40000	2121000067
学校17	S17	210104000000	2121004153
学校18	S18	211402000000	2121000501
学校19	S19	210213000000	2121007110
学校20	S20	211402000000	2121000527
学校21	S21	210213000000	2121004970

续表

学校编号	学校代码	机构代码	学校标识码
学校 22	S22	211302000000	2121000094
学校 23	S23	210211000000	2121004775
学校 24	S24	210211000000	2121005177
学校 25	S25	210213000000	2121004843
学校 26	S26	210213000000	2121004195
学校 27	S27	210114000000	2121002806
学校 28	S28	210105000000	2121002945
学校 29	S29	210211000000	2121004432
学校 30	S30	210211000000	2121005554
学校 31	S31	210105000000	2121000150
学校 32	S32	210213000000	2121004340
学校 33	S33	211302000000	2121000103

附录 D 德尔菲法专家咨询提纲

各位专家：

本书的研究主题是基于学龄人口流动趋势预测的义务教育资源配置研究，根据研究需要，借助专家的专业权威及经验判断，对相关要素指标及权威数据进行咨询。

目前，研究已经基于综合调节理论 PESE 分析框架建构了学龄人口区域流动的一级指标，请专家在 PESE 分析框架中提到的人口、经济、社会、教育 4 个一级指标下，进一步提出学龄人口区域流动的二级指标，并对应提出权威数据表征及来源。请参照以下表述，填写表 D1。

1. 人口要素中，哪些具体指标可以表征出引发学龄流动人口流动的影响作用？这些指标是否可以对应权威部门的统计数据？

2. 经济要素中，哪些具体指标可以表征出引发学龄流动人口流动的影响作用？这些指标是否可以对应权威部门的统计数据？

3. 社会要素中，哪些具体指标可以表征出引发学龄流动人口流动的影响作用？这些指标是否可以对应权威部门的统计数据？

4. 教育要素中，哪些具体指标可以表征出引发学龄流动人口流动的影响作用？这些指标是否可以对应权威部门的统计数据？

表 D1 学龄流动人口预测指标及数据采集咨询表

一级指标	二级指标	权威数据表征	备　注
人口要素			

续表

一级指标	二级指标	权威数据表征	备　注
经济要素			
社会要素			
教育要素			

附录 E　2008—2018 年学龄流动人口信息采集表

2008—2018 年学龄流动人口校级信息采集表及范例，如表 E1 所示。

表 E1　2008—2018 年学龄流动人口校级信息采集表（摘录）

省/市/直辖市/自治区	区县	学校标识码	学校名称	小学部					
				在校生总数（人）			学龄流动人口（人）		
				合计	女	男	合计	女	男
上海市	虹口区	2131000437	上海市虹口区××实验小学	3974	1695	2179	748	278	470
上海市	浦东新区	2131000885	上海市浦东新区××小学	5895	3542	2353	2857	954	1903
银川市	兴庆区	2164000846	银川市兴庆区××小学	2754	934	1820	843	356	477
宁夏回族自治区	彭阳县古城镇	2164000661	彭阳县古城镇××小学	383	219	164	—	—	—
大连市	金州区	2121003808	大连市金州区××××小学	2709	1274	1435	1226	587	639
葫芦岛市	连山区	2121000524	葫芦岛市××××小学	4059	1886	2173	1637	723	914

附录 F　2008—2018 年义务教育标准化建设指标采集表

以辽宁省为例，14 个地级市、100 个区县（县级市）2008—2018 年学龄流动人口校级信息采集表及范例如表 F1 所示。

表 F1　2008—2018 年义务教育标准化建设校级信息采集表（摘录）

地市	区县	学校名称	班级（个）	在校生（人）	专任教师（人）	专科及以上学历毕业（人）	中级及以上专业技术职务（人）	建筑面积（m²）	教学及辅助用房面积（m²）	微机室面积（m²）	体育场（馆）面积（m²）	占地面积（m²）	图书（册）	计算机（台）	教学仪器设备值（万元）
沈阳市	和平区	××小学	56	2088	112	111	96	9678	3619	120	12940	26010	27735	203	210
沈阳市	和平区	××小学	46	1786	90	88	70	12598	9777	483	660	11846	37034	131	157